ॐ

신학을 전공한 휴머니스트 이윤기가
가슴으로 옮긴 불교 이야기

반야 심경

오쇼 라즈니쉬 지음

섬앤섬
somensum

차 례

7
첫 번째 이야기 : 일곱 가로장의 사다리

67
두 번째 이야기 : 식자우환

123
세 번째 이야기 : '무'의 향기

193
네 번째 이야기 : '무'에의 귀의

253
다섯 번째 이야기 : 저쪽에서 오는 메시지

313
옮긴이의 말 라즈니쉬가 '색즉시공'을 말하다

첫 번째 이야기

일곱 가로장의 사다리

Om namo Bhagavatyai
Arya – Prajnaparamitayai!

Arya – Avalokitesvaro bodhisattvo
gambhiram prajnaparamitacaryam
caramano vyavalokayati sma:
panca – skandhas tams ca
svabhavasunyan pasyati sma.

ॐ

觀自在菩薩 行深般若波羅蜜多時
照見五蘊皆空 度一切苦厄

아름답고도 거룩하신 지혜의 완성자께 예를 드린다.

관자재보살이 지혜의 완성을 실천할 때
존재의 다섯 가지 구성 요소에 실체가 없음을 보고
중생의 모든 괴로움과 재난을 건졌다.

여러분 안에 깃들어 있는 부처에게 문안 드린다.

여러분은 이를 의식하지 못하고 있는지도 모른다. 여러분은 이런 것을 꿈도 꾸어 보지 못했는지 모른다. 자신이 하나의 부처('부처'라고 할 경우에는 일반적인 의미에서의 '깨달은 자' '깨달음을 얻은 자', '불타'일 경우는 석가모니 부처)라는 것을. 누구든, 다른 어떤 것일 수 없다는 것을. 부처와 함께 한다는 것이 곧 실존의 본질적인 중핵이라는 것을. 이러한 것들은 미래에 일어날 일이 아니라 이미 일어났다는 사실을.

이것은 여러분이 온 데인 근원이다. 근원이며 목적지이다.

우리가 행동하여 온 것은 부처와 함께 하였기 때문이며, 우리 행동의 목적도 부처와 함께 하는 데 있다.

'부처와 함께 한다'는 이 한 마디가 일체를 싸안는다. 알파부터 오메가까지 한 바퀴에 해당하는 완결된 삶이다.

그런데도 여러분은 잠들어 있다.

여러분은 자신이 누구인가를 알지 못한다. 여러분이 부처가 되어야 한다는 법은 없다. 여러분이 그것을 인식해야 한다는 것뿐이다. 자기 자신의 근원으로 되돌아가야 하는 것뿐이다. 여러분 자신을 들여다보아야 한다는 것뿐이다.

자기 자신과의 직면, 이것이 여러분이 부처와 함께 하고 있음을 일깨울 것이다.

사람이 자기 자신을 보는 그날. 전 존재가 깬다.

한 사람이 깨는 것이 아니다. 어떻게 한 사람이 깰 수가 있는가? 한 사람이라는 그 관념 자체가 깨지 못한 마음의 일부에 다름 아니다.

내가 깬다는 것이 아니다. 사람이 깨기 전에 그 '나'는 떨어져 나가야 한다는 것이다.

그러면, 어떻게 해야 내가 깰 수 있을까? 그 도리가 참으로 어처구니가 없다.

내가 깨어나는 그날, 전 존재가 깨는 것이다. 그 순간 이후, 나는 부처 이외의 것은 볼 수가 없다. 갖가지 형상을 취하고 갖가지 이름을 갖는 천 가지 문제와 한 가지 문제를 한꺼번에 껴안는다.

한데 그래도 다 부처들이다.

그래서 나는 여러분 안에 깃들어 있는 부처에게 문안을 여쭙는다. 이렇게 많은 부처가 와서 여기에 모인 것이 내게는 그렇게 기쁠 수가 없다. 여러분이 여기 나에게 오셨다는 사실 자체가 여러분 자신에 대한 '인식'의 첫걸음에 다름 아니다.

여러분 가슴에 자리 잡은 나에 대한 경의, 여러분 가슴에 자리 잡은 나에 대한 사랑은 부처와 함께 하는 데 대한 여러분 자신의 경의이자 사랑이다.

나에 대한 신뢰는 여러분의 외부에 있는 것에 대한 신뢰가 아니다. 나에 대한 신뢰는 자기 자신에 대한 신뢰다. 나를 신뢰함으로써 여러분은 자기 자신에 대한 신뢰를 배운다. 나에게 가까이 옴으로써 여러분은 자기 자신에게 가까이 다가간다. 여러분이 이르러야 하는 곳은 '인식'에 불과하다. 금강석은 거기에 있다. 여러분은 이것을 잊고 있을 뿐이다. 혹은 처음부터 한 번도 떠올린 적이 없는지도 모르겠다.

에머슨^{Ralph W. Emerson}이 남긴 참으로 유명한 말 가운데, '인간은 폐허의 신이다', 이런 경구가 있다. 이 말에는 내가 동감하는 대목도 있고 그렇지 못한 대목도 있다.

이 통찰에는 진리가 있다. 인간은 마땅히 그러하여야 할 모습으로 존재하는 것이 아니다. 그 통찰은 확실히 옳다.

그러나 이것은 뒤집힌 통찰이다.

인간은 폐허의 신이 아니다. 인간은 제조製造 중에 있는 신이다. 인간은 움트고 있는 부처님이다. 싹은 바로 거기에 있다. 이 싹은 언제든지 꽃을 피울 수 있다. 얼마 안 되는 노력, 얼마 안 되는 도움……. 이렇게 말한다고 해서 도움이 꽃망울을 틔운다는 뜻은 아니다. 꽃망울은 이미 거기에 있는 것이다!

여러분의 노력은, 자신에게 이러한 사실을 깨우치는 역할을 하는 데 지나지 않는다. 여러분의 노력은 거기에 깃들어 있는 것을 여는 하나의 손이다. 그것은 하나의 '발견'이다. 그러나 '진실'은 이미 거기에 있다.

'진실'은 영원하다.

이러한 경문經文에 귀를 기울일 필요가 있다. 이것은 대장大藏의 불전佛典 가운데서도 가장 중요한 경전이므로.

그래서 이 경전을 《심경心經, The Heart Sutra》이라고 부르고 있다. 이것은 불교라고 하는 메시지의 심장에 해당하는 것이다.

나는 한 차례, 첫걸음에서부터 시작해보려 한다. 이 지점에서 출발하면서부터 불교는 의미를 지닌다. 여러분의 가슴 안에다 우선 자신이 부처님이라는 생각이 분명히 자리하게 해주기 바란다. 이것이 가정假定으로 보일지 모르겠다. 가설假說 같아 보일지 모른다는 것은 나도 알고 있다. 여러분은 그것을 전면적으로는 믿지 않는다. 그 편이 자연스럽다. 그 기분은 나도 잘 안다.

그래도 그것을 거기에 놓아두기 바란다. 단지 하나의 씨앗으로 그 사실의 주위에서 많은 일들이 일어날 것이다. 그리고 그 사실을 중심으로 비로소 이러한 경문이 이해될 수도 있는 것이다.

이것은 참으로 강렬하다. 극히 짧고 극히 응축되어 있기는 하다. 이것은 씨앗 같은 것이다.

그러나 자신은 부처인 것이다. 자신은 움트는 부처라는 이 이해의 토양이 있으면, 마음 안에 이러한 통찰력이 있으면 사태는 달라진다.

자신은 잠재적으로 '하나'가 되는 능력을 가지고 있는 것이다.

무엇 하나 빠진 것은 없다. 모든 것이 마련되어 있다. 단지 사상事象의 차례를 바르게 하면 될 뿐, 다소간의 각성이 필요할 뿐, 다소간의 의식意識이 필요할 뿐, '보물'은 거기에 있다.

자기 집 안으로 조그만 등 하나를 들여 놓으면 될 뿐이다.

한번 어둠이 물러가면, 여러분은 더 이상 비렁뱅이가 아니다. 여러분은 한 분 부처님이다. 여러분은 하나의 군주이다. 하나의 제왕이다. 이 전全 왕국은 여러분 몫이다.
　더구나 그것은 부름을 기다릴 뿐이니, 여러분이 그것의 소유권을 선언하기만 하면 되는 것이다.

　하지만, 자신을 비렁뱅이라고 한다면 이러한 것을 선언할 수 없다. 자신을 비렁뱅이라고 생각한다면, 선언은커녕 선언하는 꿈도 꿀 수가 없다.

　나는 비렁뱅이다, 나는 무식하다. 나는 죄인이다……, 이러한 관념은 한 시대에서 다른 한 시대에 이르도록 수많은 사람들이 설교단에서 부르짖는 바람에, 이제는 여러분 내부에다 엄청난 최면을 걸어 놓고 있다. 이 최면 상태에서 깨어나야 한다. 이 최면을 풀기 위해 나는, "여러분 안에 깃들어 계신 부처에게 문안드린다"는 말로 시작한 것이다.

　내게 있어서 여러분은 모두 부처이다. 깨어나려고 하는 여러분의 노력은 모두 어리석다.
　이 기본적인 사실을 받아들이기 바란다.
　여러분은 바로 부처다!
　이것을 우리가 묵계로 삼지 않으면 안 된다. 이것이 제대로 된 출발점이다. 여기에서 출발하지 않으면 여러분은 엉뚱한 길로 들어선다. 이것이야말로 제대로 된 시작이다.

이 통찰에서 출발할 필요가 있다.

그러면 이것이 '나 자신은 부처'라는 모종의 자아를 만들어낼지도 모른다……, 이런 걱정은 할 필요가 없다.

왜냐하면, 《심경》의 전全 과정課程 자체가 여러분에게, 자아야말로 유일하게 존재하는 것이 아님을 적시하여 줄 것이므로.

존재하지 않는 유일한 것!

이 밖의 모든 것이 참인 것이다.

세계는 환幻이고 혼魂은 실재한다. '나'는 진실이고 그 밖의 모든 것은 마야幻(Máyá, 고대 인도 베단타 학파의 술어로서, 환영幻影과 허위虛僞에 충만한 물질계. 또는 그것을 주는 여신의 초자연력을 이르는 말-역주)라고 가르치는 선생님들이 많이 있다. 불타는 반대로 말한다. 그는 오직 '나'만이 진실이 아니고 다른 모든 것이 참이라고 말한다.

그리고 나도 다른 관점보다는 불타의 관점에 동감한다.

불타의 통찰은 실로 투철하다. 가장 날카롭다고 해도 좋다. 어느 누구 하나 그 영역에 이르기까지 현실을 깊게 그리고 높이 꿰뚫어본 자는 없다.

그러니 서둘러 여러분 주위에다 이 풍토를 조성하고, 이 통찰을 마음에 새기는 데서 출발할 필요가 있다. 몸의 세포 하나하나에 이르기까지, 여러분 마음에 이는 생각 한 가닥 한 가닥에 이르기까지 그것을 선언하는 것이다. 여러분 존재의 이 구석에서 저 구석에 이르기까지 그것을 언명하는 것이다.

"나 자신은 부처다!" 이렇게.

그리고 그 '자신'이라는 것을 걱정하지 않는 것이 옳다. 그것은 우리가 보살펴주도록 하자.

'자기'와 부처인 상태는 공존할 수가 없다. 부처인 상태에 이르면 '자기'라는 것은, 등불을 들고 들어가면 어둠이 물러가듯이 그렇게 물러가고 마는 것이다.

경문經文에 들어가기 전에 먼저 이것을 알아두자. 그럴 듯한 뼈대를 짜려면 이것부터 이해해 둘 필요가 있다.

옛 불교 경전은 일곱 사원寺院에 대해 가르치고 있다. 수피 교(Sufism, 선禪과 상통하는 부분이 많은 이슬람교의 신비주의)가 일곱 골짜기를 말하고, 힌두교가 일곱 챠크라(Chakra, 우리 몸의 척수와 심장, 단전 주변에 있다는 영적 에너지의 중심점)를 말하는 것과 마찬가지로 불교는 일곱 사원에 대해서 말한다.

첫 번째 사원은 육체의(physical) 사원이다.
두 번째 사원은 정신 신체의(psycho-somatic) 사원이고,
세 번째 사원은 심리적(psychological) 사원이고,
네 번째 사원은 정신 영성의(psycho-spiritual) 사원이고,
다섯 번째 사원은 영성의(spiritual) 사원이며,
여섯 번째 사원은 영성 초월의(spiritual-transcendental) 사원이다.

그리고 일곱 번째 사원이자 구극의 사원, 사원 중의 사원은 초월의(transcendental) 사원이다.

이들 경문은 일곱 번째 사원에 속한다.
이들 경문은 일곱 번째 사원, 이 초월적이고 절대적인 곳으로 들어간 자의 선언이다. 산스크리트 말인 프라즈냐 파라미타 (prajna-paramita, 船若波羅蜜多)가 뜻하는 것이 바로 이것이다.
저쪽의, 저쪽으로부터 온, 저쪽에 대한 지혜.
높은 것도 낮은 것도, 이 세상 것도 저 세상 것도.
모든 종류의 자기 동화^{identification}를 완전히 초월할 때 비로소 오는 이 지혜,
모든 자기 동화를 초월하고, 어떤 것에도 동화되지 않는 오직 각성의 순수한 불길만이 연기 하나 없이 남을 때 오는 것.
불교도들이 이 조그만, 손바닥 안에 들어올 듯이 작은 경전을 섬기는 것도 다 이 때문이다. 그들은 이것을 '심경'이라고 불러 왔다.
종교의 심장 그 자체,
그리고 그 핵심인 듯이.

첫 번째 사원인 육체의 사원은 힌두교의 도해^{圖解}에서 말하는 무라다라 챠크라에 해당한다.
두 번째인 정신 신체의 사원은 스와디스타나 챠크라에,
세 번째인 심리의 사원은 마니퓨라에,

네 번째인 정신 영성의 사원은 아나하타,
다섯 번째 영성의 사원은 비슈다,
여섯 번째 영성 초월의 사원은 아쥬나,
일곱 번째 초월의 사원은 사하스라라에 해당한다고들 말한다.
'사하스라라'는 일천 장의 꽃잎이 있는 연꽃을 뜻한다. 이것은 구극적인 개화^{開花}의 상징이다. 무엇 하나 감추어진 것이 없이 일체가 드러나 있다. 현현^{顯現}하고 있다.
일천 장의 꽃잎이 있는 연꽃이 피었다. 하늘 전체가 그 방향^{芳香}, 그 아름다움, 그 축복으로 가득하다.
지금 바로 이 세계에서, 인간 존재의 심오하기 한량없는 중핵을 찾는 하나의 위대한 작업이 시작되고 있다. 이 노력이 우리를 어디까지 이끌어 갈 것인가를 이해하는 것은 나쁜 일은 아닐 것이다.

파블로프(Ivan Petrovich Pavlov, 조건 반사설을 창시한 러시아의 생리학자)나 스키너(Burrhus Frederic Skinner, 조건 반사설과 시행 착오설을 통일시킨 미국의 심리학자) 같은 행동주의자들은 육체적인 것, 즉 무라다라의 주위를 빙글빙글 돌고 있다.
그들은 인간에게는 육체밖에 없다고 생각한다. 그들은 첫째 사원에 너무 집착하고 있다. 육체적인 것에 빠져 다른 것은 깡그리 잊어버리고 있다.
이런 사람들은 육체적인 것, 물질적인 것을 통해서만 인간을 설명하려 하고 있다. 이런 태도는 하나의 장해가 된다. 왜냐하면 그들은 열려 있지 않기 때문이다.

처음부터 육체 이외의 것은 아무것도 아니라고 해버린다면 '탐험' 그 자체를 부정하는 것에 다름 아니다.

이것은 하나의 편견이다.

마르크스주의자, 행동주의자, 무신론자.

인간은 육체에서 더도 덜도 아니라고 믿는 자들.

그들의 그 신념 자체가, 보다 높은 차원의 리얼리티로 통하는 문을 닫아버린다. 그러고는 장님이 된다.

분명히 육체적인 것이라고 할 수 있는 것은 거기에 있다. 육체적인 것, 이것은 가장 명백하다. 그것은 어떤 증명도 필요로 하지 않는다. 육체적인 신체는 거기에 있다. 그것을 증명할 필요는 없다. 그것은 증명을 필요로 하지 않기 때문에 스스로 유일한 현실이 된다.

그렇다면 그것은 헛소리이다. 그렇게 된다면 인간은 일체의 존엄성을 상실하고 만다. 만일 삶 안에서 성장해야 하는 것도 없고, 삶을 향하여 성장해가야 할 것도 없다면 삶에 무슨 존엄성 같은 것이 있을 수 있겠는가. 그렇다면 인간은 '물物'이 될 뿐이다. 여러분에게는 이 이상의 어떤 일도 일어나지 않는다. 여러분은 그저 육체일 뿐이다.

여러분은 먹을 것이고, 그리고 쌀 것이다. 그렇고 말고. 여러분은 먹고, 사랑하고, 자식을 만들고 이런 짓을 밑도 끝도 없이 계속하다가 어느 날 죽을 것이다.

세속의, 참으로 하찮은 짓거리의 기계적인 반복—

거기에 무슨 의의가 있고, 의미가 있고, 시가 있겠는가? 거기에 무슨 춤이 있을 수 있겠는가?

스키너는 《자유와 존엄을 넘어서Beyond Freedom and Dignity》라는 책을 쓴 적이 있다.

그러나 그것은 '자유와 존엄 앞에서'라고 불러야 마땅할 책이다. 넘어서가 아니다. 그것은 앞에서다. 그것은 인간에 관한 한 가장 저속한 관점이다. 가장 추악한 관점이다.

육체라는 것이 늘 나쁜 것만은 아니다. 명심해주기 바란다. 나는 육체에 반대하는 사람이 아니다. 육체는 아름다운 사원이다. 추하다는 생각은, 여러분이 육체를 전부라고 여길 때 일어나는 것이다.

인간은 일곱 개의 가로장이 있는 사다리로 볼 수가 있다. 그런데 여러분은 인간을 그 첫 번째 가로장에다 동화시키고 만다. 이렇게 해서는 사다리를 타고 어디든 갈 수가 없다. 사다리는 거기에 있는데도.

그리고 그 사다리는 이 세상과 저 세상 사이에 가로놓여 있다. 그 사다리는 물질과 신神 사이에 놓여 있다.

첫 가로장은, 만일에 그것이 사다리 전체와의 관련 아래에서 사용된다면 전혀 문제되지 않는다. 첫발을 내딛는 데 사용된다면 참으로 아름다운 일이다.

사람은 육체에 감사해야 한다. 그러나 이 첫 가로장을 섬기다가 나머지 여섯 개의 가로장을 잊어버리고, 사다리 전체의 존재를 잊어버리고, 자신을 가두어 첫 가로장에 한정시키고 만다면 이 사다리는 사다리일 수가 없다.

무슨 까닭인가. 가로장이 가로장인 것은, 그것이 다음 가로장에 이어져 있을 때에 한하기 때문이다. 가로장이 가로장인 것은, 그것이 사다리의 일부일 때에 한한다.

만일에 그것이 가로장이 아니게 된다면 여러분은 그 가로장에 걸리고 만다.

따라서 물질적인 인간들은 늘 가로장에 걸리듯이, 걸려버리는 인간이다. 그들은 이내 무엇인가가 모자란다고 느낀다. 그들은 자기네들이 어디를 향하고 있는지 생각하지 않는다. 그들은 씩씩하게 돌아다니기는 하지만, 몇 번이고 같은 곳으로 되돌아온다. 그들은 지친 나머지 싫증을 느낀다. 그래서 어떻게 하면 자살할 수 있을까, 이런 생각에 시달린다.

인생살이에서 그들이 노력을 기울이는 일은 그것이 무엇이든 새로운 일을 일으킬 만한 흥분을 찾는 일뿐이다. 그러니 어떻게 '새로운' 일이 일어날 수 있겠는가? 우리가 끊임없이 열중하는 일체의 것, 그것은 심심풀이 장난감에서 더도 덜도 아니다.

프랑크 시드의 이 한 마디 말은 생각할 만하다.

"인간의 혼은 목적이나 의미를 찾아 헤맨다. 그리고 과학자들은 말한다. '옛다, 전화다.' 아니다. '옛다, 텔레비전이다!' 이것은 어머니를 부르며 울고 있는 아기에게 엿가락을 주거나 괴상한 표정으로 그 아기를 달래려고 하는 것이나 마찬가지다. 너절한 발명 발견의 격류는 인간을 거기에 열중하게 하고, 인간의 고뇌를 잊게 하는 데 큰 역할을 해 왔다."

현대 세계가 여러분에게 준 모든 것은 엿가락·심심풀이 장난감 이외의 아무것도 아니다. 그리고 여러분은 '어머니'를 부르며 울고 있었다. '사랑'을 부르며 울고 있었다. '의식'을 부르며 울고 있었다. 인생의 어떤 의미를 찾으며 울고 있었다.
그랬는데 모두가 이렇게 말한다.
"옜다, 전화다!"
"옜다, 텔레비전이다!"
"옜다, 이렇게 멋진 것 한 아름 가져 왔다!"
그리고 여러분은 잠깐 이런 것들과 더불어 논다. 그러고는, 물린 나머지 싫증을 느낀다. 그러면 그들은 새로운 심심풀이 장난감을 찾아 나선다.

이런 것은 대체 어찌된 일인가. 참으로 어처구니가 없는 일이어서, 도무지 믿어지지가 않을 정도다. 우리는 사다리의 첫 가로장에 걸려버린 것이다.

유념해주기 바란다. 여러분은 육체 안에 있다. 그러나 여러분은 육체가 아니다. 이 점에 대해서는 스스로를 다그쳐 늘 깨어 있을 필요가 있다.
여러분은 육체 안에서 살고 있다. 그리고 육체라는 것은 참 아름다운 집이다.

유념해주기 바란다. 나에게는 모든 정신주의자들이 시대에 관계없이 주장해 온 것처럼, 반육체적^{反肉體的}인 삶을 지향해야 한다거나 육체를 부정할 줄 알아야 할 것이라는 뜻을 내비칠 생각이 없다.

물질주의자들은 육체가 모든 것이라고 주장하는가 하면 이와는 극을 달리하면서,

"육체는 가공^{架空}의 것이다. 육체 같은 것은 없다! 환상을 깨뜨리듯이 육체를 깨뜨려라. 그러면 그대는 참 그대가 될 수 있다."

이렇게 주장하는 자들도 있다.

이 반대의 극단은 일종의 반동^{反動}에 지나지 않는다. 물질주의자 그 자체가 정신주의자라는 반동을 낳는다.

그러나 그들은 장사꾼으로 치면 한 패다. 그들은 그렇게 서로 다른 인종이 아니다.

육체는 아름답다. 육체는 참이다. 육체는 마땅히 사랑을 받아야 한다. 육체라는 것은 신들이 내린 크고 고마운 선물이다.

잠깐이라도 육체에 반대하지 말 것, 그리고 자신에게는 육체일 뿐이라고 생각하지 말 것.

여러분은 그보다 크다.

육체를 도약대로 쓸 필요가 있다.

두 번째는 정신 신체의 사원, 즉 스와디스타나다.

프로이트 류^流의 정신 분석은 여기에서 기능이 끝난다. 프로이트

류의 정신 분석은 스키너나 파블로프보다는 조금 더 높은 곳까지 오른다.

프로이트는 심리라고 하는 것의 신비에 조금은 지나치게 파고든다. 그는 단순한 행동주의자는 아니다. 그러나 그는 꿈에서는 한 걸음도 더 나아가지 못한다. 그는 꿈의 분석으로 시종한다.

꿈이라는 것은, 여러분 안에 하나의 환상으로 존재하는 것이다. 그것이 무엇인가를 나타내 보이고 있기는 하다. 꿈이라는 것은 상징적인 것이다. 꿈이라는 것은, 의식의 표면으로 떠오를 무의식으로부터의 메시지를 끌어내기도 한다.

그러나 거기에 붙잡힐 이유는 어디에도 없다. 꿈을 이용할 필요는 있다. 그러나 꿈이 되어버리지는 말 일이다.

여러분은 꿈이 아니다.

그리고 거기에 대해 프로이트 파(派)의 패거리들처럼 야단법석을 피울 필요는 더욱 없다. 그들의 노력은 송두리째 꿈의 세계라는 차원을 향하는 데 바쳐지고 있는 듯하다.

여기에 주목할 필요가 있다. 여기에 대해서는 분명한 입장을 취할 것.

이 메시지를 이해하기 바란다.

그러나 사실은, 꿈을 분석한답시고 어느 누구를 찾아갈 필요는 없다. 만일에 여러분이 자신의 꿈을 분석할 수 없다면 이를 분석할 수 있는 사람은 그 어디에도 없다.

여러분의 꿈은 여러분의 꿈이기 때문이다. 그리고 여러분의 꿈은 너무나 개인적이어서, 다른 누구도 그런 꿈을 꿀 수는 없다. 옛날의 어느 누구도 여러분이 꾼 꿈과 똑같은 꿈을 꾸었던 적이 없고, 앞으로 어느 누구도 여러분이 꾼 꿈과 똑같은 꿈을 꾸는 일은 없을 것이다. 그리고 어느 누구도 그것을 여러분에게 설명해줄 수 없다. 그 사람의 해석은 어디까지나 그 사람의 해석에 지나지 않는다. 그 꿈의 의미를 기웃거릴 수 있는 사람은 여러분 자신뿐이다.

다시 한번 말하거니와, 꿈 같은 것은 분석할 필요가 없다.

꿈을 그 전체로 보라. 분명히 정신을 가다듬고 보라. 그러면 그 메시지는 납득할 수 있을 것이다. 이것은 이것대로 가치가 있는 작업이다.

3년, 4년, 5년, 6년, 정신 분석에 붙잡혀 있을 필요 같은 것은 없다.

매일 밤 꿈을 꾸고, 낮에는 정신분석의에게 달려가 해석을 부탁하는 사람이 있다면, 이 사람은 꿈 같은 재질材質에 갇히고 만다.

첫 번째 사원이 무라다라, 즉 물질적인 것에 기대[憑]버리듯이, 두 번째는 성적性的인 것에 기대고 만다. 왜냐하면, 두 번째의 정신신체적인 리얼리티의 영역은 섹스이기 때문이다.

두 번째는 모든 것이 섹스라는 관점에서 해석된다. 여러분이 무슨 짓을 하건.

프로이트 파 사람에게도 가보라. 그는 그것을 섹스로 환원해버릴 것이다. 그에게는 그 이상의 것은 어떤 것도 존재하지 않는다.

그는 진흙 속에서 살고 있다. 그는 연꽃을 믿지 않는다.

그에게 연꽃을 들고 가보라. 그는 연꽃을 보고, 연꽃을 진흙으로 환원시켜버릴 것이 분명하다.

그는 이렇게 말할 것이다.

"이런 것은 아무것도 아니다. 오직 진흙일 뿐. 더러운 진흙에서 솟아오른 것이 아닌가? 만일에 더러운 진흙에서 나왔다면 더러운 진흙이지 별 수 있는가?"

즉 그들은 무엇이든 그 원인으로 환원하고, 그것을 참인 것으로 보아버린다.

그렇게 하면, 모든 시詩는 섹스로 환원되고 만다. 아름다운 모든 것은 섹스와 도착倒錯과 억압으로 환원되고 만다.

미켈란젤로가 위대한 예술가라고 하자. 이런 식으로 하면 그의 예술은 성적인 활동으로 환원되지 않을 수 없다.

그런데도 프로이트 파 사람들은 참으로 엉뚱한 데까지 치닫는다. 그들의 말인즉 이렇다.

미켈란젤로든 괴테든 바이런이든, 수백만 사람들을 즐겁게 했던 그들의 위대한 작품이라는 것은 모두 다 억압된 섹스의 산물에서 더도 덜도 아니다……

옳거니. 괴테는 자위自慰 하려다 타의에 의해 뜻을 이루지 못했는지도 모르지.

수백만의 사람들이 타의에 의해 자위를 방해받는다. 그러나 그들은 괴테가 되지 않는다.

이것은 터무니없는 말이다.

그러나 프로이트는 화장실에 관한 한 세계에서 알아주는 전문가이다.

그는 거기에 살고 있다. 그것이 그의 사원인 것이다. 예술은 질병에서 피어난다. 시는 병에서 피어난다. 무엇이든지 도착倒錯이라는 것에서 피어난다.

만일에 프로이트 파 분석학이 승리를 거둔다면, 이 세상에 칼리다사(Kalidasa, 5세기경의 인도 최대 시인, 극작가)도, 셰익스피어도, 미켈란젤로도, 모차르트도, 바그너도 없게 되고 만다.

어느 누구도 '정상'이 될 수 없기 때문이다.

지금 말한 인간들은 '이상'한 인간이다. 이러한 사람들은, 프로이트에 따르면, 심리적으로 병들어 있다.

이로써 가장 위대한 것이 가장 저급한 것으로 환원되고 만다.

프로이트에 따르면, 불타는 병자다. 무슨 까닭인가. 그가 말하는 것이 무엇이든, 모두 억압된 섹스의 산물에서 더도 덜도 아니므로.

이런 식의 접근은 인간의 위대성을 추악한 것으로 환원시키고 만다.

주의하기 바란다.

불타는 병자가 아니다. 실제로 병든 사람은 프로이트다.

불타의 정적, 불타의 환희, 불타의 축복 그것은 병이 아니다. 그것은 건강의 완전한 개화開花이다.

그런데 프로이트에 따르면, 정상적인 인간은 노래를 부른 적도 없고 춤도 추어 본 적이 없고 명상도 해본 적이 없는, 창조적인 것은 어떤 것도 해본 적이 없는 인간이다. 이것이 이른바 '정상'이란다.

회사에 가고, 집으로 돌아오고, 마시고, 먹고, 잠자고, 그리고 죽는다. 창조성의 흔적은 하나도 남기지 않는다. 어디에든 어떤 서명조차 남기지 않는다. 이렇듯 '정상적'인 인간은 실로 범용하고, 시답지 않고, 죽어버린 인간으로 보인다.

프로이트에 대해서는, 그 자신이 창조라는 것은 아무것도 할 수 없었기 때문에―그는 비창조적인 인간이었다―창조성 그 자체를 병으로 몰아 비난했을 것이라는 의심도 가능하다.

그가 범용한 인간이었을 가능성은 충분하다. 세계의 모든 위인들에게 악의를 품었던 것은 그가 범용했기 때문이다.

범용한 마음이라는 것은 위대한 것은 모조리 끌어내리려고 한다. 이 범용한 마음이라는 것은 자기보다 큰 것이 있다는 사실을 받아들이려 하지 않는다. 자기보다 큰 사람에게는 기분이 좋을 수가 없다. 범용한 족속에게는 이것이 곧 원수 갚음이다.

정신 분석학의 전모와, 인간의 삶에 대한 그들의 해석.

여기에 주의를 기울여주기 바란다.

이것은 첫 번째보다는 낫다. 그렇다. 첫 번째보다는 조금 앞으로 나아가 있다. 그러나 사람은 이보다 더 나아갈 수 있어야 한다. 나아가고 나아가 이윽고 뛰어넘는 노력을 그만두면 안 된다.

세 번째, 심리의 사원이다.

아들러(Alfred Adler, 오스트리아의 정신 분석학자, 사회주의자, 권력 추구욕을 열등감의 보상 작용으로 보았음)가 그 심리의 세계에 산다.

권력에의 의지—, 무엇 같아 보이기는 한다. 참으로 이기주의적이다. 그러나 무엇인가 있어 보이기도 한다.

프로이트보다는 훨씬 열려 있다. 그러나 문제는, 프로이트가 무엇이든 섹스로 환원하는 것과 마찬가지로 아들러는 모든 것을 열등감으로 환원하고 있다는 점이다. 사람들은 열등감을 안고 있기 때문에 위대해지고 싶어 한다는 것이다.

깨달음을 얻으려 하는 인간은 열등감을 가진 인간이며, 깨달음을 얻으려 하는 인간은 권력 여행을 하고 있는 인간이다. 이것은 틀린 생각이다.

왜냐하면 우리는 불타나 그리스도나 크리슈나(Krishna, 힌두교의 대표적인, 전지전능한 신. 대서사시 〈마하바라타〉의 주인공)같이 완전히 마음을 비우고 있기 때문에, 여행을 하고 있되 권력 여행을 하는 것은 아닌 듯한 사람들을 보아 왔기 때문이다. 게다가 불타가 깨달음의 꽃을 피웠을 때 그의 내부에 우월감 같은 것은 있지도 않았다.

뿐만이 아니다.

불타는 존재의 전체를 향해 고개를 숙인다. 그에게는 '나만이 신성하다'는 따위의 관념은 티끌만큼도 없다. 모든 것이 신성하다. 티끌마저도 거룩하다.

아니, 불타는 자신이 우월하다고도 생각지 않는다. 그리고 그에게는 다른 사람을 뛰어넘으려고 분투한 적도 없다.

불타는 이미 왕자로 태어났다. 열등감 같은 감정이 깃든 데가 없었다.

그는 처음부터 정상에 있었다. 열등감이 생길 여지가 없었다. 그는 그 나라에서 으뜸가는 부자였다. 그 나라에서 으뜸가는 권력자였다. 그 이상으로 성취해야 할 권력도 없었고 그 이상으로 손에 넣어야 할 부(富)도 없었다.

그는 이 지상에 태어난 가장 아름다운 인간의 하나였다. 애인으로는 최고의 미녀를 두었다. 그에게는 일체가 수중에 있었다.

그런데도 아들러는 왜 그러는지 열등감을 찾아내려 하고 있다. 그에게는 인간이 자아 이외의 목표를 가질 수 있다고는 믿어지지 않았기 때문이다.

이것만은 한 걸음 나아간 것이다. 프로이트보다는 낫다. 조금은 높다.

자아라고 하는 것은 섹스보다 조금은 높다. 크게는 피어날 수 없는 것이기는 하지만, 그래도 조금은 고급이라고 할 수 있다.

네 번째는 정신영성精神靈性 아나하타 곧, 심장의 중추다. 융(Carl Gustav Jung, 스위스의 정신 분석학자, 집단 무의식 개념을 제창했음. 신화, 원시인의 사고, 선, 주역 등에도 이해가 깊었음), 아사기올리(Roberto Assagioli, 이탈리아의 정신 의학자. 프로이트의 정신 분석에 대하여 정신 통합 이론을 제창했음) 같은 사람들이 이 영역을 통합한다. 이들은 파블로프나 프로이트, 아들러보다 더 높이 오른다.

이들은 보다 큰 가능성의 문을 연다. 이들은 비합리의 세계, 무의식의 세계를 받아들인다. 이들은 스스로를 이성理性 안으로 가두어 놓지 않는다. 이 점에서 이들은 다소 이성적인 사람들이었다.

이들은 비이성非理性도 받아들인다. 비이성도 부정하지 않고 받아들인다. 이것이 현대 심리학의 종점이다.

네 번째―

이 네 번째 가로장은, 사다리 전체로 보면 한 중간이다. 이쪽으로 가로장 셋, 저쪽으로 가로장 셋,

현대 심리학은 아직 완전한 과학이라고는 부르기 어렵다. 그것은 중간에 매달려 있다. 아무래도 안 될 것 같다. 무엇 하나 확실한 것이 없다. 경험적이라기보다는 가설적이다. 그것은 아직 실현의 도상에서 몸부림치고 있는 중이다.

다섯 번째는 영성靈性.

이슬람교, 힌두교, 기독교―

대조직大組織 종교는 다섯 번째에 붙들려 있다. 그들은 영적인 곳에서 앞으로 나설 수는 없다. 모든 조직 종교, 교회는 거기에 서서 어찌할 바를 모른다.

여섯 번째는 영성 초월.

요가나 그 밖의 방법론―

시대에서 시대로 세월이 흐르면서 세계 도처에서는 조직 종교와

는 털색깔이 다른, 교의적(教義的)이지는 않으나 보다 경험적인 메시지가 개발되어 왔다.

여러분은 자기의 몸이나 마음으로 무엇인가를 시도하지 않으면 안 된다. 여러분은 자기 자신 안에다 일정한 조화를 연출해내고 그 조화를 타고 가듯이, 그 조화의 구름을 타고 여러분 앞의 현실로부터 아득히 멀어질 때까지 나아가지 않으면 안 된다.

요가는 그 모든 것을 싸안을 수 있는 것이다. 그것이 여섯 번째다.

그리고 일곱 번째는 초월의 사원.

탄트라, 도(道), 선(禪).

불타의 자세는 일곱 번째에 속한다.

프리즈냐 파라미타.

그것은 초월적인 지혜. 형형색색인 신체가 모든 것을 초월하고, 여러분만의 순수한 각성, 유일한 관조자(觀照者), 순수한 주관에 이를 때 시작되는 지혜를 뜻한다.

이 초월적인 곳에 이르지 않는 한, 인간은 갖가지 장난감이나 엿가락 없이는 구원을 얻지 못한다.

허구의 의미를 깨닫지 못하고는 구원을 얻지 못한다.

얼마 전 나는 어느 미국 자동차 광고를 보았다. 근사한 자동차가 나와 있는데 그 차 위에는 이렇게 씌어 있었다.

"믿음에 값하는 것!"

인간이 이렇게까지 타락한 적은 일찍이 없었다. 믿음에 값하는 것이라니…….

여러분은 자동차를 믿는가? 그렇다. 사람들은 자동차를 믿는다. 사람들은 자기가 사는 집을 믿는다. 사람들은 자기 차를 믿는다. 사람들은 자기 은행 예금을 믿는다. 다시 한번 둘러보라. 아마 놀랄 것이다.

신은 사라져버렸다. 한데, 신앙은 사라지지 않았다.

이제 신은 없다. 그 대신 지금은 캐딜락이 있다. 링컨이 있다.

신은 사라져버렸다. 그러나 인간은 새로운 신들을 만들어내었다. 스탈린, 마오쩌둥.

신은 사라졌는데 인간은 새로운 신들을 만들어내었다.

영화 스타들이라는 이름의.

인간이 의식이 있는 동물로 일컬어지는 긴긴 역사를 통틀어, 이렇게까지 타락한 것은 처음이다.

때로 여러분이 신을 생각하고 그 이름을 부른다고 해도 이때 여러분이 내뱉은 말은 빈말에 지나지 않는다. 괴로울 때인지 욕구 불만을 견딜 수 없을 때인지 잘은 모르겠지만, 그럴 때가 아니면 여러분은 신을 부르지 않는다. 신을 아스피린쯤으로 아는 모양이다. 모든 종교가 여러분에게 강요하는 것이 바로 이것이다. 가로되, "하루에 세 번 신을 복용하시오. 그러면 아픔이 가실 것이외다."

신은 아스피린이 아니다. 신은 진통제가 아니다. 그런데도 여러분은 아플 때만 신을 찾는다.

어떤 사람들은 습관적으로 신을 찾는다.

성직자!

그는 직업적으로 신을 생각한다. 그 자신은 신과 아무 관계도 없다. 단지 수입원일 뿐이다. 그는 그래서 전문가가 된다.

어떤 사람은 습관적으로 신을 생각하고, 또 어떤 사람은 직업적으로 신을 생각한다. 이들이 신의 이름에 깊은 사랑을 기울일 리 없다. 어떤 사람들은 저희가 불행해지면 신의 이름을 부른다. 기쁨 안에서 축복 안에서 '그'를 부르는 사람은 거의 없다. 그때가 참으로 신의 이름을 부르기에 어울릴 터인데도.

무슨 까닭인가. 즐거울 때, 더할 나위 없이 즐거울 때 비로소 여러분은 신에게 가까워지는 것이므로.

불행할 때 여러분은 신에게서 멀어져 있다. 불행할 때 여러분은 닫혀 있다. 그러나 행복할 때 여러분은 열려 있다. 흐르고 있다. 이럴 때는 신과 손을 잡을 수 있다.

그러므로 여러분은 단지 습관적으로 깨어 있는 것에 지나지 않는다. 어릴 적부터 배워 왔기 때문에 신을 생각할 뿐이다. 따라서 지금은 일종의 습관이 되어 있다. 담배와 마찬가지다. 피워도 썩 즐거워지는 것은 아니다. 그러나 피우지 않으면 무엇인가가 모자라는 것 같다.

마치 담배를 피우는 것처럼 매일 아침 매일 밤 신을 생각하지만, 신에게 비는 소원은 하나도 이루어지지 않는다. 왜냐하면 이러한 기도는 마음에서 온 것이 아니기 때문이다. 이러한 기도는 입에 발린 것, 심리적인 것, 기계적인 것에 지나지 않는다. 그러나 신을 생각하지 않으면, 기도하지 않으면 무엇인가가 모자라는 것 같다는 느낌을 받는다. 그래서 이러한 습관은 이제 하나의 의식儀式이 되어 있다. 신을 의식화하는 것을 주의하기 바란다. 신을 직업화하는 것도.

유명한 이야기가 있다. 어느 유명한 요기, 즉 요가 행자行者에 관한 이야기이다.

어느 임금이 요가 행자에게, 만일에 사마디[三昧]에 빠진 채 일 년을 땅 속에 묻혀 지낼 수 있으면 상으로 아주 값진 말 한 필을 주겠노라고 약속했다. 임금은 그 행자가 말이라면 사족을 못 쓴다는 것을 알고 있었다. 사실 행자는 말을 아주 좋아하는 사람이었다.

요가 행자는 이 조건을 받아들이고 생매장을 당했다. 그런데 그로부터 일 년이 채 되기 전에 왕국이 뒤집히고 말았다. 따라서 생매장한 요가 행자를 파내야 한다는 것을 기억하는 사람은 아무도 없었다.

약 10년 후에야 어떤 사람이 그 사실을 기억해 내었다.

"그 행자, 어떻게 되었을까?"

이때 이 나라를 다스리던 임금은 에멜무지로 부하 몇을 보내서 행자가 묻힌 자리를 파내게 했다. 파 본즉, 행자는 의연하게, 깊은 트랜스[恍惚] 상태에 들어 있었다.

귀에다 대고 외는 만트라[眞言]를 듣고 눈을 뜬 그가 무엇이라고 했겠는가? 그는 말했다.
"말은 어디 있소? 말은?"

10년간이나 땅 속에 묻혀 침묵을 지켜 왔는데도, 그의 마음은 하나도 변하지 않았던 것이다.
"말은 어디 있소?"
이 사람이 정말 트랜스[恍惚] 상태에 빠져 있었던 것일까? 정말 사마디[三昧]에 들어 있었던 것일까? 그는 정말 신을 생각하고 있었던 것일까?
그는 말馬을 생각하고 있었음에 분명하다. 그는 단지, 직업적인 수준까지 숙달되어 있던 전문가였다. 그는 그 기술을 배운 것에 지나지 않는다. 그는 호흡을 멈추는 방법, 그리고 일종의 가사假死 상태에 드는 방법을 배운 것에 지나지 않는다.
그런데도 그것은 기술적인 것만도 아니었다. 10년간이나 긴 침묵 속에서 살아 있었으면서도 마음은 하나도 변한 것이 없었다. 10년이라는 세월은 흐르지 않은 것이나 다름없었다.
기술적으로 신을 생각한다면, 직업적으로 신을 생각한다면, 습관적·기계적으로 신을 생각한다면, 신은 그 생각에 자리 잡지 않는다.
'일체'는 가능하다.
그러나 일체의 가능성은 마음 안에서만 가능하다. 그래서 이 경전을 이렇게 부른다.
《반야심경般若心經》이라고.

무슨 일을 하건 그 일에 깊은 사랑을 기울이지 않으면, 깊이 관여하고 크게 관심 갖고 성실과 진정을 다하지 않으면, 실존을 송두리째 기울이지 않으면 아무 일도 되지 않는다.

어떤 사람들에게 종교는 목발 같은 것에 지나지 않는다. 거기에는 체온도 생명도 없다. 그 목발이 그들의 보행에 도움을 줄 수 있을지는 몰라도 그들의 일부가 될 수는 없다. 매일같이 붙였다 떼었다 해야 한다.

유념들 하기 바란다.

이러한 일은 이 지상에 사는 수백만의 사람들에게 있어 온 일이다. 여러분에게도 이런 일이 있을 수 있다.

의족을 만들지 말 것. 진짜 다리를 발달시킬 일이다. 이렇게 해야 여러분의 삶이 비로소 따사로워지고, 이렇게 해야 여러분의 삶은 입술에 발린 거짓 웃음, 겉모양만 그럴 듯한 가짜 행복에서 해방된다. 이렇게 해야 여러분은 가면에 가린 기쁨이 아닌 진짜 기쁨을 얻을 수 있게 된다.

대개의 경우 여러분은 매일 무엇인가를 쓰고 입고 다닌다. 어떤 사람은 아름다운 웃음을 쓰고, 어떤 사람은 자비로운 웃음을 쓰고, 어떤 사람은 자애로운 인격을 입고 다닌다. 그러나 이것은 옷과 다름이 없다. 옷 속에 든 여러분은 변한 것이 하나도 없다.

이 경문은 하나의 대변혁을 일으킬 수가 있다.

먼저, "나는 누구냐 Who am I?"는 물음에 대해서 생각해보자.

사람은 늘 자신에게 이런 질문을 던질 수 있어야 한다. 여러분이 처음으로 "나는 누구냐?"고 묻는다.

그러면 무라다라가 대답할 것이다.

"너는 몸이다. 어처구니없는 난센스다. 물을 필요가 없지 않은가? 다 알 것이므로."

그 다음에는 이런 대답이 건너올 것이다.

"너는 성욕이다."

또 그 다음에는 이런 대답이 건너올 것이다.

"너는 권력 여행이다. 자아다."

등등.

주의하기 바란다.

여러분은 그 어떤 대답도 건너오지 않을 때까지 질문을 멈추어선 안 된다.

만일, "너는 이것이다. 너는 저것이다." 이런 식의 대답이 건너오면 이 대답을 잘 선별할 수 있어야 한다.

이러한 대답은 어떤 중추가 제공하는 것에 지나지 않는다. 6가지 중추를 모두 통과하고, 각 중추에 해당하는 대답을 모두 소거(消去)해버리면, 아무리 "나는 누구냐?"고 물어도 더 이상 아무 대답도 오지 않는다.

완전한 고요.

여러분의 물음이 여러분 안에서 메아리친다.

"나는 누구냐?"

여기에는 정적이 있다. 어디에서도 어느 구석에서도 답이 나오지 않는다.

이때 여러분은 절대적이라고 할 수 있는 현존, 절대적이라고 할 수 있는 고요에 든다. 여기에는 어떤 파동도 존재하지 않는다.

"나는 누구냐?"

오직 정적뿐.

이때 하나의 기적이 일어난다. 여러분은 이때부터는 물음을 제기할 수도 없다. 대답하는 것도 바보스럽게 여겨진다. 이어 마지막으로는 물음 자체가 바보스럽게 여겨진다.

이제 갖가지 대답이 소멸한다. 다음에는 질문도 소멸한다. 질문과 대답, 이 두 가지는 짝을 짓지 않으면 우리 마음에 떠오르지 않기 때문이다. 이것은 동전의 앞뒤와 같은 것이다. 한쪽 면이 없다면 다른 한쪽 면도 존재할 수가 없다.

먼저 대답이 소멸하면 이어서 질문이 소멸한다. 그리고 질문과 대답이 소멸하는 것과 때를 같이 해서 여러분은 이해에 이른다. 이것이 '초월'이다.

여러분은 안다. 그러나 여러분은 말하지 않는다.

여러분은 안다. 그러나 여러분은 분명하게 언표^{言表} 하지 않는다.

여러분은 안다. 자신의 실존 그 자체로부터 '내가 누구'인지를.

그러나 그것은 언어화할 수가 없다.

그것은 저절로 생긴 이해다. 교전^{敎典}에서 온 것도 아니다. 빌려온 것도 아니다. 타인의 것도 아니다. 그것은 여러분의 내부에서 솟아나온 것이다.

그리고 이것이 솟아 나왔다면 여러분은 하나의 부처다. 이렇게 되면 여러분은 웃는다. 왜냐하면 사실은 처음부터 여러분은 자신이 부처라는 것을 알았으므로. 단지 그때까지 자신을 깊이 들여다본 적이 없었을 뿐, 자기 실존의 바깥쪽을 빙글빙글 돌고 있었을 뿐 한 번도 '내 집'으로 돌아온 적이 없었던 것이다.

철학자 쇼펜하우어가 길을 걷다가 생각에 몰두한 나머지 다른 보행자와 부딪치고 말았다. 철학자가 무심한 얼굴을 하고 있는 것을 보자, 호되게 부딪혔던 이 보행자가 발끈해서 호통을 쳤다.
"이것 보세요. 대체 자기 자신을 뭐라고 생각하고 이러는 거요?"
생각에 빠져 있던 철학자가 대답했다.
"내가 무엇이냐……, 그걸 알면 얼마나 좋겠소."
아무도 알려고 하지 않지만 자기를 알려고 하는 노력, 이 노력을 통하여 '여행'은 시작되는 것이다.

첫 구절,
"아름답고도 거룩하신 지혜의 완성자께 예를 드린다."

이것은 기도구祈禱句이다.
인도의 경전류經典類는 모두, 어떤 이유에서인지 기도구로 시작된다. 이것이 다른 나라, 다른 언어와 다르다.
그리스에서는 이렇지 않다.
그러나 인도에서는 이렇다. 인도에 대한 이해는 여기에서 시작한다.

즉 우리는 허공으로 솟은 대나무, '영원'은 우리 속을 흐르는 데 지나지 않는다. 이 '영원'에는 기도를 통해서만 이를 수 있다. 우리는 단지 영원의 도구일 뿐이다. 우리는 그것을 기도한다. 우리는 그 영원이 우리 안을 흐르도록 호소한다. 이《심경》을 쓴 이가 누구인지 아무도 모르는 것은 이 때문이다.

여기에는 어느 누구의 서명署名도 없다. 왜냐하면 이것을 쓴 이도 자기가 이것을 썼다고 믿지 못하기 때문이다. 그는 단지 도구에 지나지 않았다. 그는 속기사速記士 같은 존재에 지나지 않는다. 이를 구술口述한 이는 저쪽에 따로 있다. 이 구술에 따라 그는 단지 받아썼을 뿐이다. 저자는 그가 아니다. 필자筆者일 뿐.

"아름답고도 거룩하신 지혜의 완성자께 예를 드린다."

이것은 기도구이다. 몇 마디 되지 않는 말, 그러나 한 마디 한 마디에 참으로 깊은 뜻이 담겨져 있다.

"지혜의 완성자께 예를 드린다."

지혜의 완성자라는 말은 프라즈냐 파라미타prajna-paramita의 역어譯語이다. '프라즈냐'는 지혜를 의미한다. 이것은 지식이 아니다.

지식이라는 것은 마음을 통하여 오는 것이다. 지식이라는 것은 바깥에서 오는 것이다. 지식은 결코 오리지널한 것이 아니다! 지식이라는 것은 그 본성으로 보아 오리지널할 수가 없다. 그것은 빌려

온 것이다.

 그러나 지혜는 여러분의 독자적인 비전을 말한다. 그것은 바깥에서 온 것이 아니다. 그것은 여러분 안에서 자란 것이다. 그것은 가게에서 파는 플라스틱 조화 같은 것이 아니다.

 그것은 나무에서 자라고, 나무를 통해서 피는 진짜 장미다. 그것은 나무의 노래다. 그것은 내오무비^{內奧無比}한 중핵^{中核}에서 온다. 그 깊고 깊은 곳에서 솟아오른 것이다.
 어느 날 그것은 표현되지 않는 상태에 있다가 다른 날 그것이 표현된다. 어느 날 그것은 현현되지 않는 상태에 있다가 다른 날 현현한다.

 프라즈냐는 지혜^{wisdom}를 의미한다. 그러나 영어의 지혜와는 다르다. 영어에서는 지식^{knowledge}에는 경험이 포함되어 있지 않다. 대학에 가면 지식을 모아들일 수 있다.
 지혜라는 것은 삶의 길을 걸으면서 모아들인 경험이라는 뜻이다.
 따라서 젊은이는 지식인은 될 수 있지만 결코 현자^{賢者}는 될 수 없다. 지혜는 세월을 필요로 하기 때문이다. 젊은이는 철학 박사도 될 수 있고 문학 박사도 될 수 있다. 그것은 별로 어려운 일이 아니다. 그러나 현자는 나이든 사람만 될 수 있다. 지혜라는 것은 그 사람 자신의 경험을 통하여 모인 지식을 말한다. 그러나 그것은 바깥에서 오는 것이 아니다.

프라즈냐란, 보통 통용되는 의미로 따지자면 지식도 지혜도 아니다. 그것은 내밀^{內密}한 개화^{開花}다. 경험을 통한 것도 아니고, 타인을 통한 것도 아니다. 삶을 통해서도 아니고, 삶의 만남을 통해서도 아니다.

다르다.

단지 내부의 완전한 정적 속에서 오래 그곳에 숨어 있던 것이 작열한 것이다. 여러분은 내부에 그 지혜를 종자로 간직하고 있다. 거기에는 그 종자의 싹을 틔울 적당한 토양이 있을 뿐이다.

지혜는 원래 오리지널한 것이다. 그것은 원래 여러분의 것이다. 아니, 여러분의 것만도 아니다.

여기에서 정말 잘 들어주기 바란다.

'여러분의 것'이라고 해서, 여러분의 자아가 거기에 얽히어 있다는 뜻은 아니다. 그것은 여러분의 본성에서 온 것이라는 의미에서 여러분의 것이라는 뜻이다.

그러나 그것은 자아를 주장하는 듯한 그런 것은 아니다.

왜냐하면 자아라는 것은 여러분 마음의 일부일 뿐이지 여러분 내부에 있는 정적이 속하는 것은 아니기 때문이다.

'파라미타'는 '저쪽'이라는 뜻이다. 저쪽으로부터, 시공^{時空}의 저쪽으로부터—

여러분이 시간이 소멸되는 경지에 들 때, 공간을 소멸시키는 내밀한 곳에 들 때, 자신이 언제 어디에 있는지 알지 못할 때, 시간과 공간이 어떤 의미도 갖지 못할 때⋯⋯.

시간은 여러분의 바깥에 있고 공간도 여러분의 바깥에 있다. 여러분 내부에는 시간을 소실시키는 교차점이 있는 것이다.

어떤 사람이 예수에게 물었다.
"저희들에게, 하느님 나라에 대해 한 말씀해 주십시오. 거기에서는 어떤 일이 일어나고 있습니까?"
예수는 이렇게 말한 것으로 전해진다.
"거기에는 시간이라는 것이 없다"고.
거기에는 '영원'이 있다.
시간이 없는 순간 —
그것이 저쪽이다.
공간이 없는 공간, 시간이 없는 순간 —
여러분은 그렇다고 해서 갇히는 것은 아니다. 그곳에서 여러분은 자신이 어디에 있는지 상관하지 않는다.

여기 있는 나를 보라.
나는 내가 여기에 있다고 말하지 않는다. 왜냐하면 나는 거기에도 있기 때문이다. 나는 내가 지금 인도에 있다고도 말하지 않는다. 나는 중국에도 있기 때문이다.
나는 내가 이 행성行星 위에 있다고도 말하지 않는다. 왜냐하면 그것은 틀린 말이기 때문이다.
자아가 소멸될 때 여러분은 '전체'와 합일한다.
여러분이 어디에 있든 어디에도 없든, 여러분은 분리된 실체로서는 존재하지 않는다. 여러분은 녹아버린 것이다.

보라!
아침, 아름다운 나뭇잎 위에서 아침 햇살을 받으며 이슬방울이 빛나고 있다. 참으로 놀라운 광경이다.
이 이슬은 땅에 떨어져 결국은 대해大海로 흘러간다.
그것이 나뭇잎 위에 있을 때 거기에는 시간과 공간이 있었다. 그것은 한정되어 있었다. 그 자체의 개성을 지니고 있었다.
대해에 떨어지면서부터 그것은 자기가 어디로 가게 될지를 알지 못한다. 그것이 존재하지 않기 때문에 그런 것이 아니다. 결코 그렇지 않다. 그것은 어디에나 있다. 어디에서도 그 이슬의 모습을 볼 수 없는 것은 이 때문이다.
이슬이 있는 곳은 한정되어 있지 않다. 바다 전체가 그 있는 곳이 되었기 때문이다. 이제 그것은 다른 형태로는 존재하지 않는다.

여러분이 '전체'와 다르게는 존재하지 않게 되었을 때 거기에 프라즈냐 파라미타가 나타난다.
완전한 지혜, 저쪽으로부터의 지혜가 나타난다.

"아름답고 거룩한 지혜의 완성자께 예를 드린다."
아름다운 도발이다.
그것은 이렇게 말한다.
"나는, 저쪽으로 걸어 들어갈 때 오신 지혜에 대하여 경의를 표한다.”

그것은 아름다운 것이다. 거룩한 것이기도 하다.

신성한 까닭은 여러분이 '전체'와 합일했기 때문이고, 아름다운 까닭은 삶에다 온갖 추악한 뜻을 부여했던 자아가 사라져버렸기 때문이다.

사티얌 satyam

시밤 shivam

순데람 sunderam

그것은 진眞이고, 선善이고, 미美다. 그것이 세 가지 특성이다.

"지혜의 완성자께 예를 드린다."

'진실'―

이것이 진실의 정체다.

지혜의 완성―

아름다운 것, 고운 것, 거룩한 것, 선한 것―

어째서 그것을 거룩한 것으로 부르는가?

부처가 거기에서 생겨났기 때문이다. 그것이 부처의 모태였기 때문이다.

여러분은 이 지혜의 완성에 관여한 순간 하나의 부처가 된다. 여러분은 이슬방울이 대해에서 소멸될 때, 더 이상 분리될 수가 없을 때, '전체'와의 싸움을 그만둘 때, 자신을 비우고 '전체'와 하나가 되고 그 이상 대립하지 않게 될 때 부처가 된다.

그래서 내가 자꾸 강조하는 것이다.

자연과 하나가 되어라. 결코 자연과 대치하지 말 것, 결코 자연과 싸워 이기려 하지 말 것, 결코 그것을 정복하려 하지 말 것, 결코 그것을 패퇴시키려 하지 말 것.

패퇴시키려 하면 여러분이 파탄한다. 왜냐하면 부분이 전체를 패퇴시킬 수는 없으므로.

모두가 이 자연과 싸우는 데 골몰하고 있다. 그래서 모두 욕구 불만에 차 있다. 모두 패자가 되어 있다.

하나같이 '전체'를 정복하려고 한다. '강'이 흐르지 못하게 하려고 한다. 그러니 어느 날엔가는 지치지 않을 수 없다. 지쳐 흐느적거리기 마련이다.

여러분의 에너지에는 바닥이 있다. '강'은 막강하다.

어느 날 그 강이 여러분을 압도한다.

그런데도 여러분은 압도당하고 나서야 욕구 불만에 가득 찬 채 떨떠름한 마음으로 좌절한다.

만일 여러분이 기쁜 마음으로 좌절할 수 있다면 그것은 좌절이 아니라 자신의 '비움'이다.

이것은 패배가 아니다. 하나의 승리다.

여러분은 신과의 싸움에서 승리할 수 없다. 대립을 통해서는 결코 승리할 수 없다.

기억해주기 바란다.

신은 여러분과의 싸움에서 이기려 하지 않는다. 여러분의 패배는 자기 발생적인 것이다. 여러분이 지는 것은 여러분이 싸웠기 때문이다.

지고 싶으면 싸워라. 이기고 싶으면 비워라. 이것은 패러독스이다. 꺾일 용의가 있는 자가 승리한다. 진 사람만이 이 경기의 승자일 수 있다.

이기려고 해보라. 그러면 여러분의 패배는 확실하다. 패배는 시간 문제다. 시간 문제일 뿐 패배는 확실하다. 절대로 확실하다.

그것은 신성하다.
여러분이 '전체'와 하나이므로.
여러분은 그것과 함께 흐른다. 여러분은 그것과 함께 춤춘다. 여러분은 그것과 함께 노래한다.
여러분은 바람에 춤추는 나뭇잎 같은 존재다. 나뭇잎은 바람이 불 때만 춤춘다. 나뭇잎에는 의지가 없다. 이 무의지. 내가 산야스라고 부르는 것이 바로 이 무의지이다. 이 경문이 신성한 것이라고 일컬어지는 까닭인 것이다.

'성스러운 것[holy]'을 산스크리트 어로는 바가반디[bhagavanti]라고 한다. 이 말은 'holy'보다 훨씬 깊은 뜻으로 이해되어야 할 중요한 단어다.
'성스럽다'는 말에는 기독교의 냄새가 묻어 있다. 그러나 '바가반디'는 다르다.

'바가반디'—

'바가반디'는 '바가반bhagavan'의 여성형이다. 이 경문에는 '바가반'이라는 말이 쓰이지 않는다. '바가반' 대신에 여성형인 '바가반디'가 쓰인다.

왜냐하면 일체의 근원은 '여성'이기 때문이다.

남성이 아니다.

'음'이지 '양'이 아니다. 그것은 '어머니'이다. '아버지'가 아니다.

신을 '아버지'라고 부르는 기독교의 개념은 별로 아름답지 못하다. 그것은 남성의 에고 이외의 아무것도 아니다.

남성의 에고는, 신이 '여성'일 수도 있다는 생각을 용납하지 않는다. 남성의 에고가 신을 '남성'으로 만들었다.

믿어지지 않거든 기독교의 삼위일체를 보라. 셋 다 남성으로 되어 있다. 여기에 여성은 포함되어 있지 않다. 아버지인 성부, 아들인 성자, 그리고 성령.

흡사 남성 전용 클럽 같다.

그러나, 내 말을 잘 들어주기 바란다. 삶에 있어서는 '여성' 쪽이 '남성'보다 훨씬 본질적이다. 왜냐하면 자궁을 가진 것은 여성뿐이기 때문이다.

생명에게, 새로운 생명에게 삶을 부여하는 것은 여성뿐이다. 새로운 생명은 여성을 통하여 이 땅에 온다. 그것은 우연이 아니다.

그것이 여성을 통하여 오는 것은, 그 오는 것을 허용할 수 있는 것이 오직 여성뿐이기 때문이다. '여성'은 수용적이므로.
'남성'은 공격적이다.
그러나 여성은 받아들이고 흡수할 수가 있다. 하나의 통로가 될 수 있다.

경문은 '바가반'이라고 하지 않고 '바가반디'라고 말한다. 이것은 아주 중요한 의미를 갖는다.
모든 부처님들의 근본인 완전한 지혜는 일종의 여성적 요소, '어머니'인 것이다.
자궁은 어머니에게만 있다.
신을 아버지라고 생각한다면 여러분은 자신이 무엇을 하고 있는지 모르는 분들이다.
부친이라는 것은 부자연스러운 하나의 '제도'에 지나지 않는다. 부친이라는 것은 자연계에는 존재하지 않는다. 부친이라는 것은 몇 천년 전부터 존재해 온 것에 지나지 않는다.
그것은 인간이 만든 제도다.
모친은 모든 곳, 모든 시대에 존재한다. 모친이라는 것이야말로 자연이다.

부친이라는 개념이 등장한 것은 사유 재산이 나타난 뒤의 일이다. 부친이라는 개념은 경제의 일부를 이루는 개념이지 자연의 개념은 아니다. 만일에 사유 재산 개념이 사라진다면 ─ 그런 일이 있을 수 있다면 말이지만 — 부친이라는 개념도 사라질 것이다.

그러나 모친이라는 개념은 변함없이 남을 것이다. 모친이 없는 세계는 생각할 수가 없다. 그러나 부친이 없는 세계는 간단하게 상정할 수 있다.

부친 개념. 이것은 공격적이다.

혹시 이런 생각은 해본 적이 없는가?

자기 나라를 '아버지 나라'라고 부르는 것은 독일인들뿐이다. 다른 나라에서는 모두 '모국'이라고 부른다. 보라, 그래서 독일인들은 아주 시끄러운 인종이 아닌가?

'모국'이라면 문제는 간단하다. 그러나 자기 나라를 '부국父國'이라고 부르니, 독일인들에 의해 위험한 일들이 벌어지지 않았는가?

독일인들은 도무지 다소곳하지 못하다.

조만간 그 공격성이 겉으로 드러난다. 전쟁이 일어난다. 그 씨가 그 안에 있다.

신을 '아버지'로 파악해 온 종교는 모두 공격적인 종교다.

기독교는 공격적이다. 이슬람교도 그렇다. 유대교의 신이 화 잘 내고 오만한 신이라는 것은 주지의 사실이다. 유대의 신은 이렇게 말한다.

"내게로 귀의하지 않는 것은 내게 반대하는 것에 다름 아니다. 그런 놈은 그냥 두지 않는다. 나는 질투하는 신이다. 나만을 섬겨라!"

신을 '어머니'로 보는 사람들은 비폭력적이다. 불교도들은 단 한 번도 종교의 이름을 빈 전쟁을 일으킨 적이 없다. 그들은 한 사람도 강제적으로, 힘으로 개종시킨 적이 없다.

회교도들은 사람들의 의지가 어떻게 되었건, 본심이 어떻게 되었건, 의식이 어떻게 되었건 칼로써 그들을 개종시켜 왔다.

기독교도도 모든 수단을 동원하여 사람들을 기독교도로 만드는 데 여념이 없었다. 어떨 때는 칼로, 어떨 때는 빵으로, 또 어떨 때는 설득을 통하여.

단 한 명의 인간도 그 의지에 상관없이 개종시키지 않았던 종교는 불교뿐이다. 불교만이 비폭력의 종교다. 그것은 구극적 리얼리티에 대한 불교의 개념이 여성적인 것이기 때문에 그렇다.

"아름답고도 거룩한 지혜의 완성자께 예를 드린다."
잘 들어주기 바란다.
진실은 아름답다. 진실은 그것이 축복이기 때문에 아름답다. 진실은 추악할 수가 없다. 그리고 추악한 것은 진실일 수가 없다. 추악한 것은 가공架空의 것이다.

추한 사람을 보더라도 그 추한 외모에 괘념치 말고 깊은 곳을 보라. 아름답지 못한 이가 감추고 있는 아름다운 것이 보일 것이다.

추한 데 괘념하지 말 일이다. 추하다는 것은 여러분의 해석 안에 있을 뿐이다.

생은 아름답다. 진실은 아름답다. 존재는 아름다운 것이다. 그것은 추하다는 것 자체를 알지 못한다.

그리고 그것은 아름답다. 그것은 여성적이다. 그리고 그것은 신성하다.

유념하기 바란다.

'거룩하다'는 말. 세속적인 것, 현세적인 것에 대對하는 뜻으로 이 말을 쓰고 있는 것이나 아닌지.

그러나 그렇지 않다.

일체가 신성하다. 현세적이라거나 세속적인 것이라고 불러도 좋은 것은 하나도 없다. 일체가 신성하다. 왜냐하면 일체는 '하나'로 넘쳐날 듯이 가득 차 있는 것이므로.

존재하는 부처를 따르는 부처뿐!

부처 나무, 부처 개, 부처 새, 그리고 부처 사내, 부처 계집……. 일체가 부처다.

모든 것이 그 도상에 있다.

인간은 폐허의 신이 아니다. 인간은 제조 중에 있는 신이다. 그 도중에 있는 것이다.

두 번째 구절.

"관자재보살[Avalokitesvaro]이 지혜의 완성을 실천할 때 존재의 다섯 가지 구성 요소[五蘊]에 실체가 없음을 보고 중생의 모든 괴로움과 재난을 건졌다."

'아발로키타'라는 말은 불타의 이름이다. 문자 그대로의 의미는 '위에서 내려다보는 자'. 제7의 중추, 사하스라라, 초월의 사원에 서서 내려다보는 자라는 뜻이다.

사상事象의 필연으로 여러분이 보는 것은 하나같이 여러분의 입장에 의해 오염된다. 여러분이 존재하는 공간에 의해 오염된다.

첫째 가로장, 육체를 가지고 사는 인간이 무엇을 보면 그는 그 육체의 입장에서 볼 수밖에 없다. 육체적인 인간은 여러분을 보더라도 그 몸밖에 보지 못한다.

그에게 그 이상의 것은 눈에 띄지 않는다. 그 이상은 보이지 않는 것이다. 사상의 전망이라는 것은 여러분의 시각에 좌우된다.

성적性的으로 어지러운 사람, 성적인 공상에 사로잡힌 사람은 그 입장에서밖에는 볼 수가 없다. 화를 내고 있는 사람은 그 입장에서 본다.

자기 자신 가운데서 주의 깊게 살펴보라.

사물을 본다. 보면 볼 때마다 달리 보인다. 여러분 자신이 볼 때마다 달라져 있기 때문이다.

밤보다는 아침에 세계가 조금 더 아름답게 보인다. 아침에 여러분은 신선하다. 그리고 아침에 여러분은 꿈 한 번 꾸지 않고 깊고 긴 잠에서 갓 깨어났다. 여러분은 무의식적으로나마 초월적인 것을 맛보고 있다. 그래서 아침에는 무엇이든 조금 더 아름답게 보인다.

아침에 사람들은 자비와 사랑에 조금 더 다가서 있다. 아침에 사람들은 조금 더 순수하다. 아침에 사람들은 대개 무사기無邪氣하다.

그러나 밤이 오기 전에 아침의 그 사람이 제 입장에 오염되어 교활하고, 교묘하고, 추악하고, 폭력적이고, 기만적인 인간이 되어 버리고 만다. 물론 똑같은 사람이다.

그런데도 아침이면 초월적인 것에 조금 더 다가선다. 그런 사람이 밤이 올 때쯤이면 속된 인간, 세속적인 인간, 육체적인 인간이 되고, 제 초점을 거기에다 맞추는 인간이 되고 만다.

완성된 인간이란 일곱 챠크라 전부를 통달한 인간(이것이 바로 자유인이다), 어떤 데도 고정되지 않은 인간, 다이얼 같은 인간을 말한다. 이런 사람은 어떤 비전에도 들어맞는다.

이런 인간을 '무크타^{mukta}'라고 부른다. '참으로 자유로운 자'라는 뜻이다.

이런 인간은 모든 차원에 들 수 있되 그 차원의 영향을 입지 않는다. 그는 절대로 순수성을 잃지 않는다. 그 순수성은 초월적인 것에 속한 채 변하지 않는다.

불타는 지금도 와서 여러분의 몸에 손을 대고 여러분의 몸을 치료할 수 있다. 그도 육체를 빌려올 수도 있다. 그러나 그것은 그의 자유다.

그는 마음이 되어 여러분에게 사물을 이것저것 설명해줄 수도 있다. 그러나 그는 결코 마음이 아니다. 그는 와서 마음 뒤에 서서 그 마음을 부리는 것이다. 여러분이 자동차를 운전하는 것처럼. 여러분이 자동차를 운전할 때 결코 자동차가 되지는 않는다.
　이와 같이, 그는 사다리의 가로장을 모두 쓴다. 그는 사다리의 가로장 전부이다.
　그러나 그 구극적인 입장이 초월의 사원에 있다는 사실은 변하지 않는다. 이것의 그의 본성이다.

"관자재보살이 지혜의 완성을 실천할 때……."

　경문은 말한다. 이 '지혜의 완성'의 경지는 정적인 것이 아니다. 이것은 하나의 운동이다. 이것은 강의 흐름 같은 하나의 프로세스이다.
　이것은 명사가 아니다. 이것은 동사다. 이것은 계속해서 전개되어 나간다.
　힌두교도들이 이것을 천 장의 꽃잎이 있는 연꽃이라고 부른 것도 다 이 때문이다. '천'이라는 것은 무한이라는 것에 다름 아니다. 즉 무한의 상징이다. 꽃잎 위에 또 꽃잎……. 꽃잎에 또 꽃잎이 끝없이 피는 연화蓮花.
　이 여행은 결코 끝나지 않는다. 영원의 순례인 것이다.

"관자재보살이 지혜의 완성을 실천할 때……."

　그는 강의 흐름같이 저쪽 세계로 흘러가고 있다. 그는 '거룩하신

보살'이라고 불리고 있다. 여기에서도 산스크리트 원어의 뜻을 좀 살펴보아야 할 것 같다.

'거룩한'이란 말의 산스크리트 말은 '이즈바라^{isvara}'이다. '이즈바라'는 자기 자신이 풍부함으로 인하여 절대적으로까지 풍부한 자, 그 풍부함이 그 자신의 본성 자체 같은 자를 말한다. 어느 누구도 그것을 빼앗을 수 없고 어느 누구도 그것을 훔칠 수가 없다. 그것은 결코 그에게서 없어질 수 없는 것이다.

여러분이 가진 부^{富}의 일체는 빼앗는 사람 앞에서 빼앗기고 훔치는 자 앞에서는 도둑맞을 수 있는, 마침내는 없어지게 되어 있는 부다. 어느 날 죽음이 오는 날에는 그 모든 것이 여러분에게서 떠나간다.

그러나 그 사람 자신의 실존 그 자체가 내적인 다이아몬드라면, 죽음도 이 다이아몬드만은 빼앗을 수 없다.

죽음 같은 것은 문제가 아니다. 그것은 도둑맞을 수가 없다. 없어질 수가 없다. 그럴 때 이 사람은 '이즈바라'가 된다. 그럴 때 이 사람은 '거룩한 자'가 된다. 그럴 때 이 사람은 '바가반'이 된다.

'바가반'이라는 말은 제대로 '축복받은 자'라는 의미를 지닌다. 즉 이때 사람은 축복받은 자가 되는 것이다. 그가 받은 축복은 영원히 그의 것이다. 이 축복은 어떤 것에도 의존하지 않는다. 축복 그것만으로 독립되어 있다. 이 축복은 외적 요인이 환기시킨 그런 축복이 아니다. 누가 빼앗아갈 수 있는 그런 축복이 아니다. 이 축복에는 원인이 없다. 이 축복은 그 사람의 내적 본성인 것이다.

그리고 그를 '보살(bodhisattva)'이라고도 부른다. 보살이라는 것은 실로 아름다운 불교의 개념이다. 부처가 되지 못하였으면서도 시간과 공간을 자유자재로 넘나들 수 있는 자를 말한다. 다른 사람들을 돕기 위해.

보살이란 '본성적으로 부처인 자'라는 뜻이다. 언제든 망가져 사라져버릴 용의가 있는 자, 열반(nirvana)에 들 용의가 있는 자이다.

이 사람은, 무엇 하나 미해결인 채로는 남기지 않는다. 문제는 모두 해결되어 있다. 따라서 더 이상 여기에 있을 필요는 없다. 그런데도 그는 여기에 있다. 여기에서 더 배울 것도 없다. 그런데도 여기에 있다.

그리고 그 자신은 육체의 꼴로, 마음의 꼴로 자신을 보존하고 있다. 그는 사다리의 가로장 전부를 지니고 있다. 그는 저쪽에 이르러 있다. 그래서 사다리 전부를 지니고 있는 것이다. 자비로운 마음에서 사람들에게 손을 빌려주려고 여기에 있으므로.

이런 이야기가 있다.

불타가 열반涅槃의 문에 이르렀다.

문이 열리자 그를 맞으려고 천사들이 노래를 부르며 춤을 추었다. 왜냐하면 한 인간이 부처가 되는 일은 몇 백만 년을 기다려도 될까 말까 한 일이었기 때문이다.

그 문이 열렸으니 그날 대단한 잔치가 벌어지지 않았겠는가. 예전에 부처가 된, 부처라는 부처는 모두 모였다. 엄청난 축하연이 벌어졌다. 꽃잎이 날고 음악이 흘렀다. 큰 잔칫날이었으니까.

그런데 불타는 문턱을 넘으려 하지 않았다. 예전에 부처가 된 부처들이 모두 합장하고 불타에게 어서 들어오라고 말했다.

"어째서 밖에 서 계시는가?"

그 중 한 부처가 불타에게 물었다. 그때 불타는 이렇게 말한 것으로 전해진다.

"내 뒤에 오는 자가 모두 들어가지 않는 한 나도 이곳에 있겠습니다. 일단은 몸을 밖에다 두겠습니다. 일단 안으로 들어가면 나는 사라져버릴 테지요. 사라지면 나는 사람들을 도울 수 없을 테지요. 몇 백만이나 되는 사람들이 어둠 속을 헤매고 있습니다. 나 자신도 몇 번 거듭 태어나면서 내내 그렇게 헤매었습니다. 나는 그들에게 손을 내밀고 싶습니다. 그러니 문을 닫으소서. 모두 도착하면 내 손으로 문을 두드리겠습니다. 그때 안으로 들어가게 해주십시오."

참으로 아름다운 이야기가 아닌가.

이것이 보살의 경지다. 사라질 준비가 되었는데도 불구하고 육체에, 마음에, 세간에, 시간과 공간에 머무는 자. 다른 사람들을 도와주기 위해…….

불타는 말한다.

명상은 자기 문제를 해결하기에는 넉넉한 방법이지만 여기에는 무엇인가가 모자란다고.

자비다. 만일 명상에 자비가 깃든다면, 여러분은 사람들에게 손을 내밀어 그들의 문제 해결을 도와줄 수가 있다.

부처는 말한다.

명상은 순금이다. 그것은 그것 나름대로 완성된 것이다. 그러나 여기에 자비가 마련된다면 이 순금에서 향내가 난다. 이것은 참으로 높은 완성의 경지다. 새롭고도 색다른 완성이다…….

향내를 풍기는 황금.

황금은 그것만으로도 넉넉하다. 엄청나게 값진 것이다.

그러나 자비가 곁들여진다면, 명상은 향내를 풍긴다.

자비는 부처를 보살에 머물게 한다. 빠듯한 경계선이다. 며칠간, 몇 년간 이 사람은 이 경계에 처져 있다. 그러나 그리 오래는 처져 있지 않는다. 왜냐하면 사상事象이 저절로 사라지기 시작하기 때문이다. 육체에 집착하지 않으면 여러분은 육체에서 떨어져 나간다. 때로는 육체로 돌아올 수도 있고, 노력하면 육체를 쓸 수도 있다.

그러나 거기에 엉덩이를 대고 있는 것은 아니다. 여러분이 마음에서 떠나 버렸을 때에 이르면 이 마음이라는 것을 쓸 수는 있어도 전같이 쉽게 쓸 수는 없게 된다. 여러분은 더 이상 그 속을 흐르지 않는다. 그것을 쓰지 않을 때는 그것을 그곳에다 놓아 둘 뿐이다. 마음이라는 것은 일종의 기계 같은 것이니까 쓰지 않으면 녹슬기 시작한다.

어떤 사람이 일곱 번째 가로장에 도달했을 때 며칠간, 몇 년간 그는 다른 여섯 개의 가로장을 모두 쓸 수가 있다. 도로 내려와 그것을 쓸 수가 있다. 그러나 전같이 되지는 않는다. 그래서 이 가로장을 오르내릴 때마다 숨을 헐떡거리기 시작한다.

보살은 한 번의 삶이 계속될 동안만 '이곳'에 있는 것이다. 그 뒤는 사라져버리지 않을 수가 없다. 왜냐하면 메커니즘이 사라져버리므로.

그러나 성취한 사람들은 모두 최대한의 노력만은 기울이고 있다. 육체와 마음을 쓰고, 육체와 마음에 있는 사람들을 돕고, 육체와 마음의 언어밖에는 모르는 사람들에게 손을 빌어 주고, 제자들에게 손을 빌어 주려고.

"관자재보살이 지혜의 완성을 실천할 때 존재의 다섯 가지 구성 요소에 실체가 없음을 보고 중생의 모든 괴로움과 재난을 건졌다."

이 시각에서 보면……
가령 조금 전에 나는, 여러분 안에 깃들어 있는 부처에게 인사를 드린다고 했다. 그것은 저쪽에서 유래한 하나의 시각이다.
나는 여러분들을 잠재적인 부처로 본다. 그리고 또 하나 다른 시각으로는, 나는 여러분을 텅 빈 껍데기로 본다.

여러분이 자신이라고 생각하는 것도 빈 껍데기에 지나지 않는다. 어떤 사람은 자신을 남자라고 생각한다. 그것은 빈 관념이다. '의식'은 남성도 여성도 아니다.

어떤 사람은 자기 몸이 아름답다고 생각한다. 자기는 아름답다, 강하다, 이거다 저거다 하고 생각한다. 그것은 빈 관념이다. 자아가 여러분을 속이고 있는 데 지나지 않는다. 어떤 사람은 자기가 많은 것을 알고 있다고 생각한다. 그것도 무의미하다. 그의 메커니즘이 기억을 모았을 뿐 그는 그 기억에 속고 있는 것이다. 이런 것은 모두 빈 것이다. 그래서 초월의 관점에서 보았을 때 나는 여러분을 한 편으로는 부처님으로 보고 다른 한 편으로는 빈 껍데기로 보는 것이다.

불타는, 인간이 다섯 가지 요소로 이루어져 있다고 한다. 하나같이 아무것도 아닌 '다섯 가지 스칸다(panca skandha, 五蘊. 다섯 덩어리. 色[물질, 육체], 受[감각, 지각], 想[표상 작용], 行[의지], 識[의식]을 가리킴)'로 이루어져 있다는 것이다. 그리고 이 다섯 가지의 조화에 따라서 자아라고 부르는 부산물이 나타난다.

자기—

그것은 시계 장치와 같은 것이다. 시계는 째깍째깍 소리를 낸다. 그 소리는 분명하게 들려온다. 여러분은 그 시계소리를 들어 볼 수 있다. 이 째깍거리는 소리가 어디에서 나는지 알아보고 싶으면 부품을 모두 뜯어보면 된다.

그 소리가 어디에서 났지?

어디에서 났는지 찾을 수가 없다. 그 소리는 하나의 부산물이다. 그것은 몇 가지 부품을 조립한 것에 지나지 않는다. 몇 가지 부품이 함께 움직이면서 그 소리를 낸 것이다. 그것이 여러분의 '자기'다.

다섯 가지 요소가 함께 움직이며 '자기'라고 하는 째깍째깍 소리를 낸다. 그러나 그것은 아무것도 아닌 것이다. 그 안에는 아무것도 없다. 그 안에서 실체가 있는 것을 찾아보려고 해봐야 아무것도 찾을 수 없을 것이다.

삶이라는 것은 빈 것이다.

우리가 알고 있는 삶은 빈 것이다. 이것은 불타의 가장 깊은 직관, 가장 깊은 통찰의 하나다.

한편으로는, 삶이라는 것은 꽉 차 있는 것이기도 하다. 그러나 우리는 거기에 대해서는 아무것도 알지 못한다. 이 공허로부터 여러분은 '가득함'을 향해 나아가지 않으면 안 된다. 그러나 그 가득함은 지금 현재로서는 우리들 생각이 미치는 곳에 있는 것이 아니다.

왜냐하면 그 가득함이라는 것은 우리들의 이 상태에서 보면 역시 비어 있어 보이기 때문이다. 그러나 그 상태에서 본다면 여러분의 가득함이야말로 빈 상태인 것이다.

왕이 거지로 보이고, 지식인과 박식한 인간이 어리석은 자, 무지한 자로 보이는 것이다.

짧은 이야기 하나.

어느 성자가 새 제자에게 이렇게 말했다.

"종교적인 삶의 방식에 대한 너의 견해나, 네가 그런 견해를 갖게 된 내력을 모두 써내어 보아라."

그 제자는 물러가서 그 생각에 몰두했다. 일 년 뒤 그가 스승을 찾아뵙고 이렇게 말했다.

"애를 써 보았습니다. 아직 완성된 글이라고는 할 수 없지만 제가 도道를 구하여 참구參究하는 바의 일단은 이로써 아실 수 있지 않을까 생각합니다."

스승은 몇천 단어에 달하는 그 글을 보고는 젊은 제자에게 이렇게 말했다.

"잘 했다. 논지도 이만하면 분명하다. 그러나 좀 긴 듯하니 줄여서 가져와 보아라."

제자는 다시 물러갔다. 5년 뒤에는 그 긴 글을 백 쪽으로 줄여 가지고 다시 찾아왔다.

스승은 웃으면서 다 읽고 나서 말했다.

"실로 핵심을 정확하게 보고 있구나. 너의 사상은 명쾌하면서도 힘이 있구나. 그러나 아직도 긴 듯하니 더 줄여서 가져와 보아라."

거기에 이르기까지 참으로 용맹정진(잠을 자지 않고 계속해서 좌선坐禪하는 것)을 계속해 온 제자는 다시 물러갔다. 그리고 10년 뒤 그는 다시 스승을 찾아와 예를 다하고 5쪽짜리 글을 내어 보이면서 말했다.

"이것이 신앙의 진수이옵니다. 제 삶의 중핵이옵나이다. 여기에까지 이르게 하신 스승께서 저를 축복해주십시오."

스승은 천천히 그것을 읽어 보고 나서 또 말했다.

"실로 놀라운 통찰이다. 이 간결함과 아름다움이 내 마음에 든다. 완성된 것이나 다름없으니 마지막으로 한 번 청서淸書해 보아라."

이윽고 스승이 이승을 뜰 때가 되자 그 제자가 다시 나타나 스승의 축복을 받기 위해 무릎을 꿇고 종이 한 장을 꺼내었다. 아무것도 씌어져 있지 않은 백지였다.

스승은 제자의 머리에 손을 얹고 말했다.

"이로써, 이로써 너도 깨쳤구나."

그 초월적인 시각에서 보면 여러분이 지니고 있는 것이야말로 텅 빈 것이다. 여러분의 시각, 여러분의 신경증적인 시각에서 보면 내가 가지고 있는 것이 비어 보인다.

불타는, 여러분 쪽에서 보면 비어 보인다. 순수한 공空으로 보인다. 여러분의 관념 때문에, 여러분의 집착 때문에, 사물에 대한 여러분의 소유벽 때문에 불타는 비어 보인다.

그러나 불타는 꽉 차 있다. 여러분이야말로 비어 있다.

그리고 그 시각은 절대적이다. 여러분의 시각은 극히 상대적인 것이다.

경문은 말한다.

"관자재보살이 지혜의 완성을 실천할 때 존재의 다섯 가지 구성 요소에 실체가 없음을 보고 중생의 모든 괴로움과 재난을 건졌다."

'실체가 없음'이야말로 불교의 요체다.

순야타.^{sunyata}

《심경》의 보다 깊은 영역으로 들어가면 우리도 거기에 들 수 있을 것이다.

이 경문을 명상할 필요가 있다.

논리를 앞세우지 말고, 펑계를 앞세우지 말고, 오직 사랑으로 공감하려고 노력하면서 명상해 보라.

논리나 분별을 앞세우고 이 경문을 대하면 여러분은 그 정신의 숨줄에 잘리고 만다. 그것에 잘리지 말아야 한다. 있는 대로 그것을 이해하려고 해보라. 여러분의 마음을 그 안으로 끌고 들어가지 말 일이다. 여러분의 마음은 장해밖에는 되지 않는다.

마음을 비워 놓고 이 경문을 볼 수가 있다면 여러분의 눈앞이 갑자기 크게 밝아질 것이다.

ॐ
두 번째 이야기

식자우환

ॐ

Iha Sariputra rupam sunyata sunyataiva rupam,
rupan na prithak sunyata sunyataya na prithag rupam,
yad rupam sa sunyata ya sunyata tad rupam;
evam eva vedana – samjna – samskara – vijnanam.

Iha Sariputra sarva – dharmah sunyata – laksana,
anutpanna aniruddha,
amala avimala,
anuna aparipurnah.

ॐ

舍利子 色不異空 空不二色

色卽是空 空卽是色

受想行識 亦復如是

舍利子 是諸法空相

不生不滅 不垢不淨 不增不減

ॐ

"사리풋타, 물질적 현상은 공空과 다르지 않고

공은 물질적 현상과 다르지 않다.

그러므로 물질이 곧 공이요 공이 곧 물질이며,

느낌과 생각과 의지 작용과 의식도 그와 같이 실체가 없다.

사리풋타, 이 모든 존재의 실체가 없음은

나지도 않고 없어지지도 않으며

더럽지도 깨끗하지도 않으며 늘지도 줄지도 않는다."

지식이라는 것은 화禍다. 재난이다. 암癌이다.

인간이 '전체'에서 분열된 것은, 지식을 통해서 분열된 것에 다름 아니다. 지식이 거리距離를 만들어낸다.

산에서 야생 꽃을 만난다. 여러분은 그것이 무엇인지 알지 못한다. 여러분의 마음은 거기에 대해 아무것도 한 적이 없다. 마음은 고요하다.

여러분은 그 꽃 쪽으로 눈을 돌리고 그 꽃을 본다. 그러나 여러분 내부에는 어떤 지식도 끼어들지 않는다.

거기에는 놀라움이 있다. 신비가 있다. 그 꽃은 거기에 있다. 여러분은 거기에 있다. 놀라움이 일 때 여러분은 그 꽃과 별개인 존재가 아니다.

여러분과 꽃은 하나로 이어져 있다.

만일 여러분이, 그것은 장미라고 한다든지, 메리골드라고 한다든지, 그 밖의 다른 꽃 이름을 알고 있다면, 알고 있다는 그 사실 자체가 여러분을 꽃에서 분리시키고 만다.

꽃은 거기에 있고 여러분도 거기에 있다. 그러나 거기에는 꽃과 여러분을 잇는 다리가 없다.

여러분은 이제 알고 있는 것이다. 지식이 거리를 만들어버린 것이다. 여러분이 알면 알수록 이 거리는 그만큼 멀어진다. 모르면 모를수록 그 거리는 그만큼 가까워진다.

여러분이 알지 못한다면 거기에는 거리가 없다. 모른다는 사실 자체가 다리 노릇을 하는 것이다.

어떤 여자, 혹은 어떤 남자와 사랑에 빠진다. 여러분이 사랑에 빠지는 그날 둘 사이에는 아무 거리도 없다. 거기에는 온통 놀라움뿐이다. 하나의 스릴, 하나의 흥분, 하나의 희열.

그러나 아무 지식도 없다. 여러분은 이 여자가 누구인지 알지 못한다. 지식이 없으면 여러분 둘을 나누는 것은 아무것도 없다. 사랑의 시작이 아름다운 까닭이 여기에 있다.

그러나 그 여자와 24시간 함께 지내면 그 여자에 대한 지식이 생긴다. 여러분은 그 여자에 대하여 어떤 관념을 갖게 된다.

여자가 누구인가―

여러분은 알게 된다. 거기에 하나의 이미지가 생긴다. 24시간이 하나의 과거를 만들어냈기 때문이다. 그 24시간이 마음에다 갖가지 흔적을 남기고 있다.

이렇게 되면, 그 여자를 보아도 얼마 전과 같은 신비는 느껴지지 않는다. 여러분은 산에서 내려온 것이다. 정상을 잃어버린 것이다.

이것을 이해해야 많은 것을 이해할 수 있다.

지식이라는 것은 분할한다.

지식이라는 것이 거리를 만든다는 사실을 이해하는 것은 명상의 비밀을 이해하는 것이나 마찬가지다. 명상이란 알지 못하는 상태를 가리킨다. 명상이란 지식의 방해를 받지 않는 순수한 공간을 가리킨다.

그렇다. 인간은 지식에 의해, 지식의 나무 열매를 먹음으로써 타락하게 되었다는 성서 이야기는 참으로 옳다. 세계의 경전 가운데 지식의 폐해를 이만큼 극명하게 그려낸 예가 없다. 이 예화^{例話}는 예화의 결정판이다. 어떤 예화도 이만한 높이와 통찰에 이른 예가 없다.

인간이 지식을 통하여 타락했다는 것은 참 논리적인 말로 들린다. 그것이 비논리적으로 보이는 것은 논리가 지식의 일부이기 때문이다. 논리라는 것은 쌍수를 들어 지식을 지지하려고 한다. 그것이 비논리적으로 보이는 것은, 논리라는 것이 인간 타락의 근본 원인이었기 때문이다. 절대적으로 논리적인 인간, 절대적으로 건전한 인간, 자기 인생에 결코 비논리를 허용하지 않는 인간은 미치광이이다.

건전한 상태는 광기로써 균형을 잡아줄 필요가 있다. 반대되는 것끼리 만나면 균형이 잡힌다.

오직 합리적일 뿐인 인간이란 불합리한 인간이다. 그는 많은 것을 잡으려다 놓치고 만다. 실제로는 아름다운 것 일체를, 진실한 것 일체를 놓칠 것이다.

그는 쓸데없는 것만 모아들인다. 그의 인생은 속된 인생에 지나지 못한다. 그는 세속적인 인간을 면하지 못할 것이다.

저 성서의 예화에는 대단한 통찰이 있다. 왜 인간은 지식 때문에 타락했을까? 그것은 지식이라는 것이 거리를 만들었기 때문이다. 그것은 지식이라는 것이 '나'와 '너'를 만들었기 때문이다. 그것은 지식이라는 것이 주체와 객체, 아는 자와 알게 되는 것, 관찰자와 관찰되는 것을 만들었기 때문이다.

지식이라는 것은 그 근본부터가 분열증적인 것이다. 지식은 틈을 만들어낸다. 한 번 틈이 생기면 이 틈을 건너뛸 방법은 없다. 인간이 지식을 쌓을수록 종교적인 것에서 멀어지는 까닭이 여기에 있다. 교육을 받으면 받을수록 신에게 접근할 가능성이 적어지는 것도 이 때문이다.

"아이들만이 내 왕국에 들어올 수가 있다. 오직 아이들만이—"
이렇게 말한 예수는 옳다.

아이는 가지고 있는데, 여러분은 잃어버린 그것이 무엇일까? 아이에게는 무지식이라고 하는, 무사기無邪氣라고 하는 자질이 있다.

아이는 놀라움으로 사물을 본다. 그의 눈은 참으로 명랑하다. 그는 사물을 더듬어 본다. 그러나 그에게는 어떤 편견도, 어떤 판정도, 어떤 선험적인 관념도 없다.

그들은 투영시키는 법도 없다. 그 때문에 그들은 '있는 그 자체'를 알기에 이르는 것이다.

전날 나는 '현실'과 '진실'의 차이에 대해서 말한 적이 있다.

아이는 '진실'을 알고 있다. 그러나 여러분은 '현실'밖에 모른다.

현실이란, 여러분이 자기 자신의 주위에다 투영시키고, 욕망하고, 사고를 통하여 만들어낸 것을 말한다. 현실이란, 여러분에 의해 해석된 진실이다.

진실이란, 오직 있는 그대로인 것이다. 현실이란 이해를 통해 도달한, 여러분의 진실에 대한 관념이다. 현실은, 갈가리 찢긴 것으로 만들어져 있다. 진실은, 하나의 우주적인 에너지로 되어 있다. 진실은 일원성으로 이루어져 있지만 현실은 다원성으로 이루어져 있다. 현실은 하나의 '군중'이다. 진실은 '통일'이다.

때문에 경문에 들어가기 전에, 우리는 지식이 화^{禍}라는 이 가설을 토대로 삼지 않으면 안 되겠다.

크리슈나무르티(Jidu Krishnamurti, 인도의 철인. 종교적, 철학적 이론이나 방법론을 배척하고 완전한 고독과 정적 안에서 오직 있는 그대로 자신과 만날 것을 가르쳤음)는 '부정하는 것이야말로 정적^{靜寂}'이라고 말하고 있다.

무엇을 부정해? 지식을 부정한다. 마음을 부정한다. 여러분의 내부에 있는 이 끊임없는 '점유^{占有}'를 부정한다.

이로써 점유되지 않은 하나의 공간을 마련하는 것이다. 점유되어 있지 않을 때, 여러분은 '전체'와 동조하고 있다.

그러므로, 언제라도 좋다. 여러분이 정적의 순간에 이를 수 있을 때는 거기에 대단한 환희가 있다. 그 순간에 인생은 언어가 무색해질 정도의 장엄한 순간을 얻는다. 그 순간에 인생에는 하나의 춤이 생긴다. 그 순간에는 가령 죽음이 온다고 하더라도 그것은 하나의 춤, 하나의 축복일 것이다.

무슨 까닭인가.

그 순간에는 환희 이외의 어떤 것도 알지 못하기 때문이다. 그 순간은 경사스럽다. 지복^{至福}으로 가득 차 있으니까.

지식은 부정되지 않으면 안 된다. 이것은 내가 그렇다고 말하고 있기 때문도 아니고, 크리슈나무르티가 그렇다고 말하고 있기 때문도 아니며, 부처가 그렇다고 말하기 때문만도 아니다.

만일 내가 말한다고 해서 여러분이 자신의 지식을 부정할 경우 내가 한 말이 여러분의 지식이 된 것이다. 여러분은 그 지식을 바꾸어놓았을 뿐이다.

그 부정은 마음에서 오는 것만은 아니다. 마음이라는 것은 참으로 교묘하다. 정신을 차리지 않으면, 내가 말한 것이 어느 틈에 여러분의 지식이 되어버린다.

여러분은 거기에 매달리기 시작한다. 여러분은 옛 우상을 버리고 새로운 우상을 그 자리에 앉힌다. 그러나 그것은 새로운 언어로, 새로운 관념으로, 새로운 사상으로, 새로 시작하는 동일한 게임에 지나지 않는다.

그렇다면 어떻게 지식을 부정해야 할까?

다른 지식으로 부정하자는 것이 아니다.

단지 지식이 거리距離를 만든다는 사실을 바라보고, 이 사실을 유념하는 것만으로 넉넉하다. 다른 것으로 바꾸어놓자는 것이 아니다.

강렬하기가 불길 같아야 한다. 그래야 여러분의 지식을 재로 만들어버릴 것이다. 그런 강렬함만으로 충분하다. 그런 강렬함이야말로 '통찰'이라고 부르는 것에 값할 수 있다. 통찰은 여러분의 지식을 재로 만들어버릴 것이다.

그리고 나서는 다른 지식이 거기에 자리바꿈으로 들어와 있지 않아야 한다. 그럴 때 거기에 공空, 바로 순야타가 있다. 그럴 때 거기에 무無가 있다.

무슨 까닭인가. 그때 거기에는 내용이 없기 때문이다. 거기에는 혼란에 빠지는 일도, 왜곡되는 일도 없는 '진실'이 있다.

여러분은 내가 말하고 있는 바를 바로 보지 않으면 안 된다. 내가 말하고 있는 바를 배우는 것과는 번지수가 다르다.

여기에서 매일 나와 함께 앉아 귀를 기울이되, 지식을 모으지는 말아야 한다. 여기에서 내 말을 듣고 저축하지 말아야 한다. 내 말을 듣는 것은 통찰을 겨냥한 하나의 실험이어야 한다.

여러분은 강렬하게, 전체성을 동원하여, 가능한 한 깨어 있는 상태에서 내 말에 귀를 기울여야 한다. 그 깨어 있는 상태에서 여러분은 요점을 꿰뚫어볼 수 있을 것이다. 그리고 그 본다는 것 자체가 '변신'이다. 뒤에서 뭔가 다른 짓을 해야 한다고 생각하지 말라. 보는 것 자체가 '변이'를 일으킨다.

만일 내가 노력을 기울인다면 그것은 여러분이 놓치고 있는 것을 드러내어 보이는 정도에 지나지 않는다.

만일 여러분이 내일 나를 찾아와, "내게는 지식이라는 것이 우환입니다. 지식이라는 것이 거리를 만들어낸다는 것을 이해했습니다. 그런데 어떻게 하면 이것을 떨쳐버릴 수 있습니까?" 이렇게 묻는다면, 이때 여러분은 이미 놓치고 있는 것이다.

'어떻게 하면', 이런 말을 하면 안 된다. 왜냐하면 '어떻게'라고 하는 것 자체가 지식을 구하는 것에 다름 아니기 때문이다.

'어떻게'라는 것은 방법을, 기술을 묻는 말이다.

무엇이 되게 해야 할까—

이런 통찰만으로 충분하다. 어떤 노력의 도움도 받으면 안 된다. 그 '불'은 여러분의 내부에 쌓여 있는 모든 지식을 태워버리고도 남음이 있을 정도다. 이 점을 명심해주기 바란다.

내 말을 듣고 있을 때는 나와 함께 가려고 해야 하지 않겠는가! 내 말을 듣고 있을 때는, 내 손을 잡고, 내가 여러분이 들어오도록 남겨 두고 있는 그 공간으로 들어와주기 바란다. 그러고는 내가 말하고 있는 것을 보는 것이다.

의논하지 말 것, 예·아니오도 하지 말 것, 찬성하지 말 것, 불찬성도 하지 말 것, 이 순간에 오직 나와 함께 할 것, 그러면 돌연 거기에 통찰이 있다. 여러분이 주의 깊게 귀를 기울이기만 한다면…….

'주의'라는 말은, 정신 집중을 의미하는 말이 아니다. 내가 '주의'라는 단어를 통해서 하고 싶은 말은, 지성을 동원하여, 생기 있게, 열린 마음으로 귀를 기울여 달라는 것이다.

여러분은 지금 여기에 나와 함께 있다. 그것이 내가 말하는 '주의'다.

여러분은 다른 어디에 있는 것이 아니다. 여러분은 마음속으로 내가 하는 말과 자기의 낡은 사고를 비교하면 안 된다. 판정도 해서는 안 된다. 내가 하는 말을 듣고, 속으로 옳을까 그를까, 옳으면 어느 정도 옳을까를, 판정하면 안 된다.

전날 나는 어떤 구도자와 이야기를 나눈 적이 있다. 그는 구도

자의 특질을 갖추고 있었으나 지식의 무게에 짓눌려 있었다.

내가 그에게 이야기를 했더니 그의 눈에서 눈물이 흘렀다. 그의 가슴이 열리려는 순간, 마음이 질겁하고 도로 들어가버리는 바람에 아름다움 전체가 무너지고 말았다.

그는 자기 가슴을 향하여, 열리는 것을 향하여 잠깐 움직였을 뿐이었다. 그런데 그의 마음이 비집고 들어왔다. 금방이라도 떨어지려고 하던 눈물이 쑥 들어가버렸다. 그의 눈물은 마르고 말랐다. 왜 그랬을까?

내가, 그 사람으로서는 동의할 수 없는 말을 했기 때문이다. 그는 어느 선까지는 내 말에 동의했다. 그때 내가 유대인의 배경과 대립되는 것, 카발라(kabbalah, 성서를 밀교적으로 해석하는 유대교의 비밀 결사)와 대립되는 이야기를 했다. 그러자 사태가 갑자기 달라진 것이다. 그는 내게 말했다.

"모두 옳은 말씀입니다. 선생님 말씀은 다 옳습니다. 하지만 하느님에게는 어떤 목적도 없다, 존재하는 것은 무목적으로 존재한다는 그 한 말씀, 저는 동의할 수 없습니다. 왜냐하면, 카발라는 그 정반대이니까요.

생명은 목적을 지닙니다. 하느님에게는 우리를 특정 목적지로 인도한다는 목적이 있습니다. 우리들에게는 정해진 목적지가 있습니다. 선생님은 여기에 정반대되는 말씀을 하고 계시지 않습니까?"

이러한 비교比較가 비집고 들어왔기 때문에 그는 그 순간 스스로 내 말의 의미를 놓친 것이다. 이런 식으로는 볼 수 없었음에 분명하다.

카발라가 나와 무슨 상관이 있는가?

나와 함께 있을 때는 여러분의 카발라, 요가, 탄트라^{tantra}, 그리고 이러저러한 지식은 모두 바닥에다 놓아두기 바란다.

나와 함께 있을 때는 나와 있는 것이다. 여러분이 전적으로 나와 함께 있다면…….

나는 여러분이 내 말에 동의하고 있다고 하는 것은 아니다. 기억해주기 바란다. 나는 여러분이 내게 동의한다고 말하는 것이 아니다. 찬성과 불찬성의 문제, 거기에 그런 것은 없다.

장미를 볼 때, 여러분은 그 꽃에 찬성하거나 불찬성하는 일이 있는가? 떠오르는 태양을 보고 찬성하거나 불찬성하는 일이 있는가?

밤에 달을 볼 때, 여러분은 그저 그것을 보고 있을 뿐이다. 여러분은 그것을 보고 있느냐 보고 있지 않느냐, 이 두 가지 중 하나일 뿐이지, 찬성이나 불찬성 같은 것은 하지 않는다.

이런 식으로 나와 함께 하는 것, 이것이 스승과 함께 하는 방법이다. 오직 함께만 있어 주시라. 나는 여러분을 설득시키려고 하는 것이 아니다. 나는 어떤 이론이나 철학이나 도그마[敎義]나 교파로 여러분을 개종시키려고 하는 것이 아니다.

나는 오직 여러분에게 일어나는 일을 함께 나눌 뿐이다. 이 서로 나누는 일 가운데서, 여러분이 제대로 거기에 참가하면 내게 일어나는 일은 여러분에게도 일어난다. 이런 일에는 전염성이 있다. 통찰이라는 것은 사람을 변신시킨다.

내가 '지식은 화'라고 말할 때, 여러분은 찬성할 수도 있고 불찬성할 수도 있다.

벗어나라!

여러분은 이 말에만 귀를 기울이면 된다. 아직 이것만을 뚫어보면 되는 것이다.

지식이라는 것의 프로세스[課程] 전체에 들어가면 된다.

여러분은, 지식이라는 것이 어느 정도의 거리를 만들어내는지, 지식이라는 것이 어느 정도로 단단한 장벽이 되는지, 지식이라는 것이 어느 정도로 우리 앞을 막아서는지, 지식이라는 것이 어느 정도로 불어나 거리를 늘여놓는지, 지식 때문에 우리가 어느 정도의 무사기無邪氣함을 잃게 되는지, 사물에 대한 우리의 경이로움이 지식에 의해 어느 정도로 붕괴되는지, 지식을 통하여 삶이 어느 정도까지 무미건조해질 수 있는지, 이런 데에만 눈을 두면 그것으로 넉넉하다.

신비를 잃으면, 이 신비와 함께 신도 잃는다.

신비를 잃는 것은, 여러분이, 자신은 알고 있다고 하는 관념을 갖기 시작하기 때문이다. 여러분이 알고 있는데 어떻게 거기 신비가 머물 수 있겠는가? 신비가 가능한 것은 여러분이 알지 못할 때에 한한다.

유념해주기 바란다.

인간은 무엇 하나 제대로 알고 있는 것이 없다. 우리가 모아들인 모든 지식은 허섭스레기에 지나지 않는다.

'구극적인 것'은 우리 손이 닿을 만한 범위를 초월해 있다. 우리가 모아들이는 것은 '사실'에 지나지 않는다. '진실'은 있되, 우리의 노력으로는 거기에 닿게 되지 않는다.

그리고 그것은 불타나 크리슈나나 크리슈나무르티나 라마의 경험일 뿐만 아니라, 에디슨이나 뉴턴이나 아인슈타인의 경험이기도 하다.

그것은 시인이나 화가나 무도가舞蹈家의 경험이기도 하다. 세계의 위대한 지성들……. 이러한 진실에 접근하는 것은 신비가神祕家일지도 모르고 시인일지도 모르며 과학자일지도 모른다. 그러나 이들 모두 한 가지 사실에 관한 한 완전히 의견을 일치시킨다. 그것은, 우리가 알면 알수록, 삶이라는 것이 하나의 절대적인 신비임을 그만큼 깊이 이해하게 된다는 것이다.

우리의 지식은 그 신비를 깨뜨리지 못한다. 조금밖에 알지 못하면서, 삶의 신비 같은 것은 없다고 생각하는 것은 어리석은 사람일 뿐이다.

지나칠 만큼 지식에 집착하는 것은 어리석은 마음의 소유자뿐이다. 지성적인 마음의 소유자는 지식보다 훨씬 높은 곳에 머물고 있다. 지식을 사용하는 일은 있다. 틀림없이 그것을 사용하는 일은 있다. 그것은 유익한 것이다. 실리적인 것이다. 그러나 주의 깊게 판별해야 한다. 진실한 모든 것은 감추어져 있다. 우리는 지식의 탐구를 계속할 수는 있다. 그러나 신은 여전히 먼 곳, 여전히 무진장인 상태로 머문다.

통찰과 주의력과 전체성을 앞세우고 귀를 기울여주기 바란다. 그렇게 하면 그 시계視界에 무엇인가가 보일 것이다. 그리고 그 본다는 것이 여러분을 변화시킨다. '어떻게'라고는 묻지 말기 바란다.

크리슈나무르티의 '부정은 정적'이라는 말뜻이 바로 그것이다. 통찰이라는 것은 부정의 힘을 가지고 있다. 그리고 무엇인가가 부정당한 뒤에도 거기에 대신할 만한 것을 채우지 않는다면, 무엇인가 붕괴되었는데도 거기에 아무것도 갖다놓지 않는다면, 그 장소에 무엇인가가 보충되지 않는다면, 거기에 정적이 자리한다. 왜냐하면, 거기에 공간이 있기 때문이다.

거기에는, 옛것이 사라졌는데도 새것이 들어차지 않았기 때문에 정적이 있다. 그 정적을 붓다는 '순야타'라고 부른다. 그 정적이 '공'이며 '무'인 것이다. 그리고 유일한 그 '무'만이 '진실'의 세계에서 작용할 수 있다.

사고는, 거기에서는 작용하지 않는다. 사고는 물物의 세계 밖에서는 작용할 수 없다. 왜냐하면 사고도 하나의 '물'이기 때문이다.

참으로 미묘한 이야기로 들릴 것이다.

그래도 사고는 '물'과 비슷한 물질적인 것이다. 사고가 기억될 수 있는 것은 그 때문이다. 사고가 중계되고 전달될 수 있는 것은 그 때문이다.

나는 여러분에게 사고를 겨냥해서 던질 수 있다. 여러분은 그것을 받을 수 있다. 여러분은 그것을 가질 수 있다. 그것은 주고받고 할 수 있는 것이다. 줄 수가 있는 것이다.

왜냐하면 그것이 하나의 '물'이기 때문이다. 하나의 물질적인 현상이기 때문이다.

공空이라는 것은 받을 수가 없는 것이다. 공이라는 것은, 내가 여러분을 겨냥해서 던질 수가 없는 것이다.
여러분이 그 안에 참가할 수는 있다. 그 안으로 들어갈 수는 있다. 그러나 어느 누구 하나 그것을 여러분에게 줄 수는 없다. 그것은 줄 수 있는 것이 아니다.
진실의 세계에서는 공밖에는 작용하지 않는다. 진실이라는 것은, 마음이 없어지는 데서 비로소 드러난다.
진실을 알기 위해서는 잠시 마음의 기능을 그만두게 해야 한다. 기능 정지를 해놓지 않으면 안 된다. 가만히 부동자세를 취하게 하지 않으면 안 된다.

사고는, 진실 안에서는 작용하지 못한다. 그러나 진실은 사고를 통하여 기능할 수 있다.
생각을 통하여 진실에 도달할 수는 없다. 그러나 거기에 도달했을 때, 여러분은 사고에 그 나름의 역할을 맡길 수는 있다.
이것이 내가 주고 싶은 것이다. 이것이 불타가 준 것이다. 이것이 모든 스승들이 주어 온 것이다.

내가 말하고 있는 것은 하나의 사고에 다름 아니다. 그러니 이 사고 뒤에는 '공'이 있다. 그 공은 사고에 의해 만들어지는 것이 아니다.

이 공은 사고를 넘어 존재한다. 사고로는 거기에 도달할 수가 없다. 사고로는 그것을 볼 수조차 없다.

이런 현상을 관찰한 적이 있는가?

여러분은 '공'에 대해 생각해본 적이 없다. 공이라는 것을 하나의 사고로 치부할 수는 없는 것이다. 여러분은 여기에 대해 생각할 수가 없다. 사고 불가능이기 때문이다.

만일 여러분이 생각해보았다면 그것은 전혀 '공'이 아닐 것이다. '공'을 맞이하기 위해서는 사고가 중단되어야 한다. 이 두 가지는 결코 만날 수가 없다.

일단 '공'이 우리를 찾아온다면, 공은 모든 방편을 동원하여 그 자체를 표현할 수 있다.

통찰이란 일종의 무사고^{無思考} 상태를 말한다. 언제든 여러분이 무엇인가를 본다면 거기에는 어떤 종류의 사고도 없다.

여기에서도 내 이야기를 듣고, 나와 함께 하면서 여러분은 이따금씩 무엇인가를 본다.

그런 순간은 틈이다. 막간이다.

한 생각이 일어났다가 지나가고 다른 생각이 미처 일어나지 않을 때 여기에 틈이 생긴다. 그리고 이 틈 사이로 무엇인가가 날아들어 온다. 무엇인가가 진동하기 시작한다.

누군가가 큰 북을 두드리는 듯하다. 큰 북의 안은 비어 있다. 큰 북이 울리는 것은 이 때문이다. 그 '공'이 진동하는 것이다. 거기에서 살아나오는 그 아름다운 음색은 '공'에서 울려나오는 소리이다.

여러분이 아무 생각도 하지 않고 있을 때 이런 일이 가능해진다. 홀연히 가능해진다. 이렇게 하면 여러분은 내 말뜻을 깨닫게 된다. 이렇게 하면 여러분이 들은 것은 그저 내 말일 수가 없다. 그때 여러분이 내게서 들은 것은 하나의 통찰, 하나의 직관이 된다.

여러분은 그곳을 들여다보았다. 여러분은 그것을 나와 나누었다.

통찰이란, 하나의 무사고 상태를 말한다. 그것은 사고의 프로세스 안에 있는 하나의 틈, 즉 막간이다. 그리고 이 틈 안으로의 일별이 곧 '진실'인 것이다.

영어의 '비어 있다(empty)'는 '틈이 있다' '손이 비어 있다'는 뜻의 어원에서 나온 말이다. 뿌리를 캐보면 이렇듯이 아름다운 말이다. 이 말 뿌리는 참으로 아름다운 뜻을 지니고 있다. '틈이 있다' '손이 비어 있다'는 뜻이니 얼마나 아름다운가.

여러분의 손이 비어 있을 때, 여러분에게 틈이 있을 때, 여러분은 비어 있다.

잘 들어주기 바란다.

'빈 마음은 악마의 일터'라는 옛말은 당찮은 말이다. 사실은 그 반대이다. 어떤 일에 몰두해 있는 마음이야말로 악마의 일터다. 빈 마음은 신의 일터다. 악마의 일터가 아니다.

여러분은 내가 '비어 있다'는 말을 어떤 의미로 쓰고 있는지 이해해야 한다. 그것은 틈이 있다, 느슨하다, 긴장하고 있지 않다, 움직이고 있지 않다, 욕망으로 차 있지 않다, 어느 쪽으로 향하고 있지도 않다, 단지 여기에 있다, 이런 뜻이다.

비어 있는 마음, 그것은 하나의 순수한 '현존現存'이다. 그리고 그 순수한 현존 안에서는 온갖 것이 가능하다. 왜? 전 존재가 그 순수한 현존에서 나오는 것이므로.

이 나무들은 그 순수한 '현존'으로부터 성장한다. 저 별들도 그렇게 순수한 '현존'에서 나온다. 여기에 있는 우리들, 그리고 모든 부처들도 이 순수한 '현존'에서 나온다. 이 순수한 '현존' 안에 있을 때 여러분은 신 안에 있는 것이다. 여러분은 곧 신인 것이다.
  손 안에 무엇인가가 가득 들어 있을 때 여러분은 전락한다. 손 안에 무엇인가가 가득 들어 있을 때 여러분은 에덴의 동산에서 쫓겨난다.
  손이 비면 여러분은 그 에덴의 동산으로 되돌아간다. 손이 비어 있을 때 여러분은 '우리 집'으로 돌아와 있는 것이다.

현실에 의해, 사물에 의해, 갖가지 사고에 의해 마음이 잡동사니로 가득 차 있지 않을 때 거기에는 '있는 그 자체'가 들어가 있다. 그리고 그 '있는 그 자체'야말로 진실이다.
  '공空'에 있을 때 비로소 거기에 하나의 만남, 즉 융합이 자리한다. '공'에 있을 때 비로소 여러분은 '진실' 쪽으로 열리고, '진실'이 그 열린 데를 통하여 들어온다. '공'에 있을 때 비로소 여러분은 '진실'을 잉태한다.

마음에는 세 가지 상태가 있다.

첫째는 내용물과 의식.

마음에는 이미 내용물이 있다. 떠오르는 생각, 솟아오르는 욕망, 분노, 욕심, 야망이 있다. 마음은 늘 어떤 내용물로 차 있다. 마음이라는 것은 결코 빌 수가 없다.

이 길에는, 일 년 내내 나그네의 발길이 끊이지 않는다. 깨어 있을 때도 마음은 생각으로 가득 차 있고 잠잘 때도 마음은 생각으로 가득 차 있다. 깨어 있을 때 우리는 이것을 생각이라고 부르고, 잠들어 있을 때 우리는 이것을 꿈이라고 부른다.

이것은 프로세스에 지나지 않는다. 꿈이라는 것은 다소 원시적인 것이다. 그것뿐이다. 왜 그러냐 하면 꿈속에서 우리는 그림으로 생각하기 때문이다.

꿈은 개념 같은 것을 사용하지 않는다. 꿈은 그림을 사용한다. 그래서 원시적이다. 어린아이 같다.

어린아이들은 그림으로 생각한다. 그래서 어린이들 책에는 크고 다채로운 그림이 잔뜩 실려 있다. 그들이 그림을 통하여 생각하기 때문이다. 그들은 그림을 통하여 언어를 배운다. 이러한 그림은, 어린아이가 자라남에 따라 점점 적어지다가 나중에는 없어진다.

원시인도 그림으로 생각한다. 옛날 문자는 모두 상형 문자다. 중국어는 상형 문자를 사용한다. 중국어는, 알파벳을 쓰지 않는, 가장 오래 된 언어다.

밤에, 여러분은 다시 원시적인 상태로 되돌아간다. 낮 동안의 교양 같은 것은 잊어버리고 여러분은 다시 그림으로 생각하기 시작한다. 그때의 여러분은 원시인과 다름없다.

여러분의 꿈에 빛을 부여하려는 정신분석의들의 통찰에는 그 나름의 가치가 있다. 왜냐하면, 여러분이 좀 더 원시적인 상태에 있었기 때문에 거기에 보다 많은 진실이 내재해 있을 것이기 때문이다.

이럴 때 여러분은 어떤 사람도 속이려 하지 않는다. 여러분은 진정眞正이다.

그러나 낮 동안 여러분은, 여러분 주위에다 자신을 숨길 하나의 '인격'이라는 것을 만들어 놓는다. 몇 겹이나 되는 인격을. 그 사람, 바로 그 인격을 찾아내는 것은 참으로 어렵다. 찾으려면 깊이깊이 파내려 가야 할 것이다.

그리고 이러한 작업은 고통스럽다. 그 사람이 이쪽의 의도에 저항할지도 모른다.

그러나 밤이 되면, 옷을 벗어버리는 것처럼 여러분은 자신의 인격을 벗어버린다. 그런 것은 필요 없다.

왜? 여러분은 어느 누구와의 커뮤니케이션도 필요로 하지 않기 때문이다.

여러분은 침대에서 혼자가 된다. 여러분은 세간世間에 있는 것도 아니다. 침대는 완전한 자기만의 사생활이 있는 영역이다. 숨길 필요도 꾸밀 필요도 없는 곳이다.

정신분석의가 여러분의 꿈속으로 들어가 보려고 하는 것도 다 이 때문이다. 꿈이라는 것은, 여러분이 어떤 인간인가를 확실히 보여주는 것이기 때문이다.

그러나 그것은 똑같은 게임에 지나지 않는다. 다른 언어로 연출되고 있을 뿐이다. 게임 자체는 변함이 없다. 그것이 마음의 통상적인 상태다. 마음과 내용물, 의식과 내용물—

마음의 두 번째 상태는 내용물이 없는 의식 상태다. 그것이 명상의 요체다.

여러분은 완전히 깨어 있다. 그리고 거기에는 어떤 사고에서도 만난 적이 없는 '막간'이 있다.

여러분 앞에는 어떤 사고도 없다. 여러분은 잠들어 있는 동시에 깨어 있다. 그러나 거기에는 어떤 사고도 없다. 이것이 '명상'이다.

최초의 상태는 '마음'이라고 부른다. 두 번째 상태는 '명상'이라고 부른다.

그리고 이어서 세 번째 상태에 이른다. 내용물이 사라졌을 때 객체가 사라졌을 때, 주체도 오래 머물 수 없다. 이 세 가지는 공존하는 것이기 때문이다.

이 세 가지는 상호 작용을 통하여 사고를 생산해낸다.

주체라는 것은, 사라지기 직전 잠깐 과거의 관성慣性에 매달리고 있다가 사라진다.

내용물이 없으면 의식은 오래 그곳에 머물지 않는다. 그럴 필요가 없게 된다. 왜냐하면, 의식이라는 것은 이미 어떤 객체에 대한 의식이기 때문이다.

여러분이 "의식하고 있다"고 말한다면, 나는 "무엇을 의식하느냐?"고 물을 수가 있다. 그러면 여러분은 "이러저러한 것을 의식하고 있다"고 말한다.

따라서 객체는 필수적인 것이다.

주체가 존재하기 위해서 객체는 필요 불가결한 것이다. 그런데 그 객체가 사라져버린다면 주체도 사라져버리는 셈이다. 처음에는 내용물이 사라지고 이어서 의식이 사라져버린다.

이렇게 해서 '사마디[三昧]'라고 부르는 제3의 상태가 온다.

내용물도 없고, 의식도 없다.

잘 들어주기 바란다.

이 내용물이 없고, 의식이 없는 상태는 무의식 상태와는 다르다. 이것은 하나의 초의식超意識 상태, 초월의식 상태다. 의식은 지금 그 자체를 의식하고 있을 뿐이다. 의식은 그 자신을 향하고 있다.

원은 완성되고 있다. 여러분은 여러분 집으로 돌아와 있다.

이것이 제3의 상태, 사마디다. 그리고 이 상태야말로 불타가 '순야타'라는 말로 부른 것에 다름 아니다.

첫째, 내용물을 버려라. 그러면 '반공半空'이 된다.

다음에는 의식을 버려라. 그러면 '온 공[全空]'이 된다.

이 온 공이야말로 가장 아름답고 가장 은혜로운 상태다.

이 '무' 안에는, 이 '공' 안에는, 이 무자기성無自己性 안에는, 이 순야타 안에는 완벽한 안전과 안정이 있다. 여러분은 이것을 알면 화들짝 놀랄 것이다. 완벽한 안전과 안정은, 여러분이 없을 때 있는 것이다. 일체의 공포가 사라진다.

왜? 기본적인 공포라는 것이 무엇인데? 기본적인 공포는 죽음에 대한 공포다. 다른 모든 공포는 이 기본적인 공포의 되비침에 지나지 않는다. 다른 모든 공포는 하나의 공포로 환원할 수 있다.

죽음에 대한 공포—

언젠가는 이 땅에서 사라져야 한다는 공포, 언젠가는 죽어야 한다는 공포다.

자신은 여기에 있는데, 언젠가는 자신이 없어질 날이 온다.

무서운 일이다.

이것이 근본적인 공포다.

이 공포를 피하기 위해, 우리는 가능한 한 오래 사는 쪽을 겨누기 시작한다. 그리고 우리 자신의 삶을 안전하게 영위해보려고 한다. 그래서 타협하기 시작한다. 그래서 편안하고 안전한 삶을 구축하고자 한다.

공포 때문이다.

우리는 마비되고 만다.

왜? 편안하면 편안할수록, 안전하면 안전할수록 우리는 그만큼 생기를 잃을 것이기 때문이다.

삶은 도전 안에 있다.

삶은 위기 안에 있다.

삶은 불안정을 필요로 한다. 삶은 불안정한 상태를 토양으로 자라는 것이기 때문이다.

여러분은, 불안정한 상태에 이를 때 자신의 삶을 일으키기 위해 늘 깨어 있으려고 한다.

유복한 사람들이 둔해지는 것은 이 때문이다. 일종의 어리석음이, 일종의 혼수상태가 그들을 사로잡는다.

그들은 너무 안전하기 때문에, 어떤 일에도 도전하지 않는다. 그들은 너무 안전하기 때문에 지성적일 필요도 느끼지 않는다. 그들은 너무 안전하다. 무엇 때문에 지성적일 필요가 있겠는가?

지성이라는 것은 도전할 때만 필요하다. 지성이라는 것은 응전할 때만 필요하다.

그래서, 죽음의 공포로부터 안전을 도모하려고 우리는 은행 예금, 보험, 결혼, 집, 그리고 안정된 생활을 얻고자 한다.

이 모든 것은 안전을 도모하기 위한 방책에 다름 아니다. 이 모든 것은, 몸 둘 곳을 찾기 위한 방편에 다름 아니다.

국가. 교회.

국가나 교회는 이 공포를 이용해서 여러분을 착취한다. 정치가와 교주가 여러분을 착취한다.

여러분이 아무것도 겁내지 않는다면, 어떤 정치가도 어떤 교주도 여러분을 착취할 수가 없다. 그들이 여러분을 착취하는 것은, 여러분에게 공포가 있을 동안뿐이다. 여러분에게 공포가 있어야 정치가나 교주들은 여러분에게 이러저러한 것을 공급할 수 있기 때문이다. 그래야 여러분에게 이러저러한 약속을 할 수 있기 때문이다.

"이것이 여러분의 안전함이다. 내가 그것을 보장한다"라는 말로.

그러나 중요한 것은 절대로 배달되지 않는다. 여러분과 그들은 서로 다른 말을 하고 있다.

그런데도 약속만은 딱 부러지게 한다.

그리고 그 약속이 여러분에 대한 착취와 억압을 고정화시킨다. 그 약속이 사람들을 속박의 굴레 안에다 붙잡아 맨다.

일단 우리에게 내재하는 이 공^{空}을 알게 되면, 여러분은 어떤 것도 두려워하지 않게 된다.

왜냐하면 죽음이라는 것은 이미 시작된 것이기 때문이다. 그 공 안에서 죽음은 이미 시작되고 있다. 그 공 안에서 여러분은 사라지고 있다. 그런데 두려워할 필요가 어디에 있는가?

무엇을 두려워해?

누구를 두려워해?

그리고 누가 두려워해?

이 공 안에서는 일체의 공포가 사라진다.

왜냐하면, 죽음은 이미 시작된 것이기 때문이다. 이미 시작된 죽음, 그 이상의 어떤 죽음의 가능성도 없다.

여러분은 일종의 불사성^{不死性}을, 무시간성^{無時間性}을 느낀다.

영원이 도착하고 있다.

이제 여러분은 안정이라는 것을 구하지 않는다. 그럴 필요가 없어진 것이다.

이것이 산야신(Sanyasin, 삼매에 든 자)의 심경이다.

이 경지에 든 인간이라면 국가의 일원일 필요도 없고, 교회의 어리석은 일원일 필요도 없다.

여러분은 '무'가 됨으로써 비로소 자기 자신일 수가 있는 것이다.

이것은 역설로 보인다. 그러나 타협할 필요는 이제 없다. 왜냐하면, 타협이라는 것은 공포나 욕심 때문에 하는 것이기 때문이다.

여러분은 반대로, 역으로 살 수가 있다. 이제는 잃을 것이 아무것도 없으므로, 이제 여러분은 반역자가 된다. 두려워할 것은 아무것도 없다. 그 누구도 여러분을 해칠 수가 없다. 여러분 자신이 이미 여러분을 해쳤기 때문이다.

또한 어느 누구도 여러분에게서 무엇 하나 빼앗아 갈 수 없다. 여러분 스스로, 빼앗길 만한 것은 모두 버렸기 때문이다.

이제 여러분은 '무'에 들어 있다. 여러분은 '무'다.

이 때문에, 이 '무' 안에서 참으로 큰 평화, 참으로 큰 은혜가 이는, 참으로 역설적인 현상이 생긴다. 거기에는 죽음의 가능성이 이제는 없기 때문이다.

죽음과 함께 시간이 사라진다.

죽음과 함께, 죽음과 시간에 의해 생긴 모든 문제가 사라진다.

이 일체의 소멸 뒤에 남는 것이 순수한 공이다. 이 순수한 공이 곧 사마디, 그리고 너바나(열반)이다.

불타는 이것에 대해 말하는 것이다.

이 경문은, 불타가 제자 중 큰 제자의 한 사람인 사리푸트라^{舍利佛},

舍利子에게 한 말이다. 왜 사리자에게 말했을까?

'첫 번째 이야기'에서 나는 여러분에게 일곱 계단, 사다리의 일곱 가로장에 대해 말한 바 있다.
제7의 가로장은 초월이다.
선禪, 탄트라[眞言], 도道 —
제6의 가로장은 영성 초월靈性超越이다.
요가 —.
제6에 이르기까지의 방법이 중요하다.
'어떻게'가 중요한 것이다.
제6까지의 통제가 중요하다.
제7에 도달하여 처음으로 여러분은 필요 없는 것이 무엇인가를 꿰뚫어본다.

이 경문에서 사리자가 지명되고 있는 것은, 사리자가 제6의 중추, 제6의 가로장에 해당되기 때문이다.
그는 불타의 제자 중에서도 큰 제자 중 하나였다.
불타에게는 18 대제자가 있다. 사리자는 그 18 대제자 중에서도 큰 제자의 한 사람이다. 그는 불타의 주위에 있는 제자 중 가장 박식한 사람이었다. 그는 최대의 학자이자 판디트(힌두 신학자)였다. 불타에게 처음 왔을 때 그는 이미 5천 명의 제자를 거느리고 있었다.
불타에게 왔을 때, 그의 목적은 토론과 논쟁을 통하여 불타를 꺾는 것이었다. 그는 불타의 기를 꺾기 위해 5천 명의 제자들을 이끌고 왔다. 이런 그가 불타 앞에 서자 불타는 웃으면서 이렇게 말했다.

"사리자여, 그대는 많은 것을 알고 있다. 그러나 다 아는 것은 아니다. 그대가 참으로 대단한 지식을 갖춘 사람이라는 것은 나도 안다. 그러나 그대는 비어 있다. 그대는 토론과 논쟁으로 나를 꺾으러 왔다. 하지만, 정말 나와 논쟁하고 싶거든 일 년만 기다려주기 바란다."

사리자가 물었다.

"일 년? 왜요?"

불타가 말했다.

"그대는 일 년간 침묵을 지켜야겠다. 그것이 그대가 지불해야 할 대가다. 만일 그대가 일 년 동안 침묵할 수 있으면 그런 후에 나와 토론을 벌이도록 하자. 무슨 까닭인가 하면 내가 그대에게 할 말은 침묵에서 노는 것이기 때문이다. 그러니 그대에게도 그런 경험이 좀 필요할 듯하다. 사리자여, 나는 안다. 그대는 일순의 침묵도 지켜본 적이 없다는 것을. 그대는 지나치게 많은 지식으로 가득 차 있다. 그대의 머리는 그래서 무거워 보이는구나.

사리자여, 그대가 가련하구나. 그대는 몇 차례의 생을 살면서 그 무게를 견디어 왔구나. 사리자여, 그대는 금생^{今生}만 바라문인 것이 아니고 몇 차례의 생을 다 바라문으로 살았구나. 그리고 그 긴 겹겹의 생을 베다 같은 경전을 짊어지고 살았구나. 그것이 그대의 주의^{主義}였구나.

그러나 내게는 아직 가능성이 보인다. 그대는 박식하나 아직 가능성이 있다. 그대는 박식하나 그 지식이 그대의 실존을 아직은 완전히 가로막고 있지 않다. 거기에는 아직 창이 몇 군데 남아 있다. 나는 일 년 동안 그 창을 닦아볼 터이다. 그러면 우리의 만남이나 우리의 대화나 우리의 공존에 보람이 좀 있을 듯하다. 일 년만 여기에 있어 보라."

참으로 기묘한 당부였다.

사리자는 온 나라를 다니면서 논객들을 차례로 논파해 왔다. 인도에는 이런 사람이 많았다. 박식한 사람들은 온 나라를 다니며 논적論敵을 논파했다. 끝없는 논쟁과 논의, 마라톤 토론을 통하여. 그러고는 그것을 최대의 보람으로 살았다.

박식한 자가 모든 학자들을 논파하고, 승리자로 그 이름을 빛내면 그의 자아는 만족을 얻는 것이었다. 그 사람은 왕이나 황제 이상으로 섬김을 받았다. 그 사람은 장자長者 이상의 대접을 받았다.

사리자도 그런 여행을 하고 있던 중이었다. 당연한 일이지만, 만일 불타를 논파하지 못하면 그런 승리자는 될 수 없는 일이었다. 그래서 그는 불타를 논파하러 온 것이었다.

그가 말했다.

"그러지요. 일 년을 기다려야 한다면 기다리지요."

그리고 일 년 동안 그는 침묵을 지키며 불타와 함께 앉아 있었다. 이 일 년 동안 침묵이 그에게 정착했다.
 일 년 뒤에 불타가 말했다.
 "자, 사리자야, 네가 나를 논파하여 보아라. 너에게 논파당하는 것이 내 소원이다."
 그러자 사리자는 웃으면서 불타의 발밑에서 이렇게 말했다.
 "일 년 동안 침묵하면서 어른의 말씀을 듣는 동안에 몇 가지 통찰을 얻었습니다. 저는 경쟁상대로 찾아왔습니다만, 일 년간 앉아 있는 동안, '이분의 말씀을 좀 들어 보자', 이런 생각을 하게 되었습니다.
 그래서 호기심에서 어른 말씀에 귀를 기울여 보았습니다. 어른의 가슴에 다가가 보았습니다. 그랬더니, 어른께서 제 가슴에 있는 모든 소리를 울리더이다. 저는 그 울림을 들었습니다. 어른께서 저를 물리치셨습니다."

 사리자는 불타의 제자가 되었고, 5천 명에 이르는 사리자의 제자도 다 불타의 제자가 되었다. 사리자는 당대 최고의 학자였다. 이 경문은, 이 사리자에 대한 부처의 말이다.
 "사리풋타, 물질의 현상은 공(空)과 다르지 않고 공은 물질의 현상과 다르지 않다. 그러므로 물질이 곧 공이요 공이 곧 물질이며, 느낌과 생각과 의지 작용과 의식도 그와 같이 실체가 없다."

 "(여기에서는) 사리풋타."
 불타는 '여기'라는 말은 무슨 뜻으로 썼을까?

그는 그의 공간을 가리킨 것이다. 그는 이렇게 말한다.

"내 세계의 시계視界에서 보면, 그 초월적인 입장에서, 내가 존재하고 있는 공간, 내가 존재하고 있는 영원에서 보면……."

"물질이 곧 공이요, 공이 곧 물질이며……."

이것은 이 세상에서 가장 중요한 말의 하나다. 불교에 대한 접근법의 요체가 이 한 마디를 그 틀로 삼고 있다.

현재顯在는 비현재非顯在이다.

물질이라는 것은 공 그 자체의 한 형태에 다름 아니다. 그리고 공 역시 물질의 한 형태, 한 가능성 이외의 아무것도 아니다.

이 성명聲明은 비논리적이다. 분명히 난센스로 보인다.

어떻게 물질이 공일 수 있는가?

이 둘은 정반대이다.

어떻게 공이 물질일 수 있는가?

이 둘은 서로 대극하고 있다.

우리가 이 경전에 들어가기 전에 한 가지 꼭 이해해야 할 것이 있다.

불타는 논리적이 아니다. 불타는 변증법적이다.

리얼리티에 이르는 데는 두 개의 길이 있다.

하나는 논리적인 길.

이 접근 방식은 서양의 아리스토텔레스를 그 아버지로 하고 있다. 이것은 직선과 같아서 한 길로만 나아간다. 결코 반대되는 것은 용납하지 않는다. 반대되는 것은 잘려 나가야 한다.

이 접근법은, A는 A이지 결코 A 아닌 것이 될 수 없다고 주장한다. A가 A 아닐 수는 도저히 없다.

이것이 아리스토텔레스 논리의 공식이다.

이것은 완벽하게 옳은 것으로 보인다. 왜? 우리는 모두 고등학교나 대학에서 그 논리를 배웠기 때문이다.

세계는 아리스토텔레스의 지배를 받고 있다. 그래서 A는 A이지, 결코 A 아닌 다른 것이 될 수 없다.

리얼리티를 지향하는 두 번째 접근 방법은 변증법적 접근이다.

서양에서 이 접근 방법은 헤라클레이토스, 헤겔의 이름과 인연이 깊다.

변증법적 프로세스는 "생은 대극對極을 통하여, 반대되는 것을 통하여 움직여 나간다"고 말한다.

마치 강이 서로 마주 보고 선 두 둑 사이를 흐르는 것처럼, 서로 마주 보고 서 있는 이 언덕이 없으면 강은 흐르지 않는다.

이것은 보다 실존적이다.

전기에도 두 개의 극이 있다. 음극과 양극.

만일 아리스토텔레스의 논리가 존재를 대표하는 것이라면, 전기 같은 것은 참으로 비논리적이다.

이때에는 신 자신도 비논리적이다.

왜냐하면, 신은 정반대되는 남자와 여자의 만남을 통하여 새로운 생명을 지어내었으니까.

음과 양.

남성과 여성.

만일 신의 개념이 아리스토텔레스의 논리 가운데서, 그 직선적 논리 가운데서 발전해 왔다면 동성애는 정상이고 이성애는 도착倒錯일 수밖에 없을 것이다. 그럴 때는 남자는 남자만을 사랑했고 여자는 여자만을 사랑했을 것이다. 이렇게 되었다면 반대되는 것끼리 만나는 일은 없었을 것이다.

그러나 신은 변증법적이다. 그래서 반대되는 것끼리 만나고 있다. 여러분 안에서는 삶과 죽음이 만나고 있다. 모든 곳에서 반대되는 것끼리 만나고 있다.

낮과 밤, 여름과 겨울—가시와 꽃, 이들 두 가지가 서로 만나고 있다. 이들이 같은 가지 위에 있다. 이들은 같은 뿌리에서 나온 것이다.

남과 여, 젊음과 늙음, 아름다움과 추함, 육체와 혼, 세속과 신—모두가 정반대되는 것들이다.

이것은 정반대되는 것들끼리 만났을 뿐만 아니라, 여기에서 엄청난 교향악이 울려나온다. 정반대되는 것들만이 교향악을 피워낼 수 있는 것이다. 반대되는 것들끼리 만날 수 없다면 생은 단음이지 교향악일 수가 없다. 반대되는 것들끼리 만날 수 없었다면 생은 참으로 지루한 것이었으리라. 만일 하나의 음만 끊임없이 반복될 뿐이었다면, 얼마나 지루했겠는가?

그래서 세상에는 반대되는 것들이 뒤섞여 있다. 명제가 반명제와 만나고, 여기에서 하나의 통합이 이루어진다. 그리고 이번에는 그 통합 자체가 또 하나의 명제가 되고, 이 명제가 반명제를 낳아 보다 높은 차원의 통합을 전개한다.
이렇게 해서 생명이라는 것은 진화해 나간다.

불타의 접근 방법은 변증법적이다.
그래서 그것은 더욱 실존적이고, 더욱 진실하고 더욱 확실하다.

남자는 여자를 사랑하고, 여자는 남자를 사랑한다.
여기에서 또 하나 우리가 이해하고 넘어가야 할 것이 있다.
지금은 생물학자들이 말하고 있고, 심리학자들이 동의하고 있듯이 남자는 그저 남자인 것만은 아니다.
남자는 여자이기도 하다.
여자는 그저 여자인 것만은 아니다.
여자는 남자이기도 하다.
그래서 남자와 여자가 만나면, 이때 만나는 것은 둘만이 아니고 넷이다.
남자가 여자를 만나고 있다.
그러나 이 남자는 그 자신 안에 여성을 지니고 있다. 마찬가지로, 여자도 그 자신 안에 남성을 가지고 있다. 그래서 남자와 여자의 만남은 이중 구조로 되어 있는 것이다.
이 만남은 서로 뒤엉켜 있다. 복잡하게 뒤엉켜 있다.

남자는, 남자와 여자, 둘이다.

왜? 남자는, 남자와 여자, 이 양쪽에서 왔기 때문이다.

여러분의 피 속에는 남자도 흐르고 있고 여자도 흐르고 있다.

왜? 여러분 자체가 상반되는 것, 대극끼리의 만남이니까.

여러분은 하나의 통합된 형상인 것이다.

그래서, 한쪽을 부정하고 한쪽만으로 존재하는 것은 불가능하다. 그런데도, 한쪽을 부정하고 한쪽만으로 존재할 수 있다는 잘못된 믿음이 아주 오랫동안 계속되어 왔다.

아리스토텔레스는 모든 면에서 추앙받아 왔다. 그러나 이것이 인간에게 많은 문제를 안겨줬다. 그것도 아리스토텔레스 식으로는 절대로 해결되지 않을 수많은 문제를.

남자는 오직 남자다워야 한다는 가르침을 받아 왔다. 결코 남자 안에 존재하는 여성 쪽을 의식하지 말아야 한다고, 결코 마음을 약하게 먹어서는 안 된다는 가르침을 받아 왔다. 수용성을 보여서는 안 된다. 공격 일변도를 지향하라. 절대로 울어서는 안 된다, 눈물을 보이지 말라, 남자들은 이런 가르침을 받아 왔다.

왜? 그래야 남자다운 남자가 될 수 있을 테니까.

여자는, 어떤 형태로든 결코 남자 같아서는 안 된다는 가르침을 받아 왔다. 공격적이어서는 안 된다. 결코 자기를 나타내어서는 안 된다. 수용하라, 오직 수용하라는 가르침을 받아 왔다.

이것은 현실에 반反한다. 그리고 이것은 남녀 양쪽을 모두 반편이로 만들어 왔다.

좀 더 포용력이 있고 나은 세계에서는 남성도 양성이고 여성도 양성일 것이다.

왜냐하면 남성도 여성일 필요가 있을 것이기 때문이다. 남자에게도 유약해질 필요가 있을 때가 있기 때문이다.

부드러운 순간, 사랑하는 순간이—

그리고 여자가 자기를 나타내고, 공격적일 필요가 있는 순간도 있다.

분노, 방위, 저항하는 순간이—

여자는 늘 남자의 뜻을 받아들이기만 한다면 어떻게 될까? 노예가 될 뿐이다. 뜻을 잘 받는 여자에게는 풀어 놓아도 노예가 되는 경향이 있다. 이것은 어느 시대에든 있었던 일이다.

그리고 단호하고 공격적인 남자, 절대로 굽히지 않는 남자에게는 전쟁을 일으키는 경향이 있다. 온 세계에 만연해 있는 노이로제, 곧 폭력의 씨앗이 이것이다.

남자는 싸워 왔다. 쉴 새 없이 싸워 왔다.

남자가 지구상에 있는 것은 오직 싸우기 위해서였던 것으로 보일 만큼 3천 년 동안 자그마치 5천 번의 전쟁이 있었다.

전쟁은 어디에서든 계속되고 있다.

지구는, 전쟁이 있어야 비로소 그 정체성에 도달하는 건강체도 못 된다. 그런데도 베트남, 이스라엘, 인도와 파키스탄, 방글라데시, 어디에선가 대학살이 자행된다.

남자는 죽지 않으면 살상을 끝내지 않는다. 남자이기 위해서는 죽여야 끝난다. 그래서 에너지의 75퍼센트가 전쟁 목적에, 좀 더 많은 폭탄을 만드는 데 쓰인다. 수소 폭탄, 중성자 폭탄 등등.

인간이 이 지상에 있는 목적은 전쟁을 계속하기 위해서인 듯해 보일 정도다.

세상에서 가장 존경받는 사람은 전쟁 영웅들이다. 전쟁을 수행한 정치가들이 역사 위에 큰 발자취를 남긴다.

아돌프 히틀러, 윈스턴 처칠, 요지프 스탈린, 마오쩌둥—

이런 이름은 반드시 남을 것이다.

왜? 큰 전쟁을 치렀으니까.

그들은 파괴했다. 침략 목적으로든 방어 목적으로든 파괴했다. 어쨌든 그들은 전쟁을 치렀다. 그리고 누가 침략자였는지는 아무도 모른다.

독일이 침략 국가였던가? 그것은 누가 역사를 쓰는가에 달려 있다. 누구든 좋다. 이긴 자가 역사를 쓰면 상대는 침략자가 된다. 만일 히틀러가 승리했더라면 역사는 전면적으로 바뀌었을 것이다. 물론 뉘른베르크 재판은 있었을 것이다. 그러나 피고석에 앉는 것은 미국과 영국과 프랑스의 장군이나 정치가였을 것이다. 그리고 2차대전사는 독일인에 의해 씌어졌을 것이다. 당연한 일이지만, 그들은 전혀 다른 시각으로 이 전사戰史를 썼을 것이다.

어느 것이 진실인지 아는 사람은 하나도 없다. 확실한 것은 한 가지뿐이다. 남자는 전 에너지를 전쟁을 위한 노력에다 쏟고 있다는 사실이 그것이다.

그 이유? 그 이유는, 남자들은 모두 남자다워야 한다는 가르침만 받았기 때문이다.

남자 안의 '여성'은 부정되어 왔다. 그래서 남자 중에는 전체성을 온전히 지닌 남자가 없었다.

여자도 마찬가지였다. 여자 중에는 전체성을 온전히 지닌 여자가 없었다. 여자들은, 그들 내부에 있는 '남성'을 부정당하여 왔다. 어릴 때부터, 여자 아이는 남자 아이와 싸워서는 안 되었다. 나무에도 올라가면 안 되었다. 인형을 상대로만 놀아야 했다. 소꿉놀이만 하고 놀아야 했다.

이것은 터무니없이 일그러진 시각이다. 남성에게도 양성이 있듯이 여성에게도 양성이 있다. 완전한 인간이기 위해서는 이 양성이 고루 필요하다.

존재는 변증법적인 것이다.

반대는, 그저 반대가 아니다. 양성은 상호 보완적인 양성이다.

불타는 말한다.

"사리풋타······."

내 세계에서는 사리자야, 내 공간에서는, 내 시간에서는 사리자야, 사다리의 일곱 번째 가로장에서는, 이 무심無心의 경지에서는, 이 너바나(열반), 이 깨달음의 경지에서는,

"물질은 공이며"

남자는 여자이고 여자는 남자다. 반대는 반대가 아니다. 사리자

야, 반대되는 것은 서로 오가고 서로 통하면서 존재한다 —
이 기본적인 통찰을 보이기 위해 불타는 말한다.
형形은 무형이며, 무형은 형이다.
비현재非顯在는 현재요, 현재는 비현재이다. 사리자야, 이것은 다른 것이 아니다. 하나다. 단지 이원적으로 대립하는 것으로 보일 뿐이다. 깊은 데서는, 그것은 하나이니라.

"물질의 현상은 공空과 다르지 않고 공은 물질의 현상과 다르지 않다. 그러므로 물질이 곧 공이요 공이 곧 물질이며, 느낌과 생각과 의지 작용과 의식도 그와 같이 실체가 없다."

전 생명과 전 존재는 상반되는 대극으로 이루어져 있다.
그것이 달라 보이는 것은 표면상으로만 그럴 뿐이다.
이 한 쌍의 대립되는 것들은, 내 양손과 마찬가지다. 나는 이 두 손을 서로 대립시킬 수도 있다. 일종의 전쟁과 같은 것, 두 손간의 전쟁을 연출할 수도 있다.
그러나 왼손도 내 손이요 오른손도 내 손이다. 내 안에서 이 둘은 하나이다.

'진상眞相'은 바로 이것이다.
왜 불타는 사리자에게 이런 말을 했을까? 그것은, 이를 이해하면 의심이 사라질 것이기 때문이다. 의심이 사라진다면, 삶은 곧 죽음이요 죽음은 곧 삶이다. 있는 것이 없는 것으로 가는 한 길이다. 이것은 똑같은 것이다.

그렇다면 여기에 공포가 있을 리 없다. 그렇다면 여기에 어떤 문제가 남을 까닭이 없다.

이 통찰과 함께 우리는 엄청난 것을 받아들이게 된다.

"사리풋타, 이 모든 존재의 실체가 없음은, 나지도 않고 없어지지도 않으며 더럽지도 깨끗하지도 않으며, 늘지도 줄지도 않는다."

불타는, 일체의 법은 '공'으로 차 있다고 말한다.

그 '무'는 모든 것의 중핵에 존재한다. 그 '무'는 나무 안에 존재한다. 그 '무'는 바위 안에 존재한다. 그 '무'는 별 안에도 존재한다.

과학자들도 동의할 것이다.

그들은, 하나의 별이 붕괴하면 블랙홀, 즉 '무'가 된다고 말한다. 그러나 그 '무'는 예사 '무'가 아니다. 그것은 엄청난 힘을 지닌 '무'다. 차고 차다 못해 넘쳐나고 있다.

블랙홀의 개념과 가설은 불타를 이해하는 데 참으로 중요한 길잡이가 된다.

하나의 별은 몇 억년, 몇 조년간 존재한다. 그러나 어느 날에는 그 별도 죽어야 한다. 살아 있는 것은 반드시 죽어야 한다.

인간은 약 70년간 존재한다.

그 후에는 어떻게 되는가?

닳고 지쳐 마침내 사라진다. 원초의 '통일' 안으로 잠겨든다.

똑같은 현상이, 조만간 사물에 반드시 일어난다.

이와 마찬가지로, 이 지구도 언젠가는 소멸한다.

큰 별이 소멸한다면, 대체 어디로 가는 것일까? 그 자체 안으로 붕괴되어 간다.

별은 거대한 덩어리이다. 그것이 붕괴한다. 한 사람이 길을 걸어가다가, 한 노인이 길을 걸어가다가 무너지는 것과 같다.

그 사람을 그 자리에 놓아두면 세월과 함께 그 뼈까지 먼지로 돌아간다. 어느 날 그곳을 걷고, 살고, 사랑하고, 싸웠는데 지금은 일체가 하나의 블랙홀이 되어 소멸한 것이다.

이 같은 일이 별에도 일어난다. 별이 그 자체 안으로 붕괴해 가면, 결국 하나의 블랙홀이 된다.

왜 이것을 블랙홀이라고 부를까?

지금 거기에는 어떤 덩어리도 없다. 거기에는 순수한 '공'이 있을 뿐이다. 거기에는 불타가 '순야타'라고 부른 것뿐이기 때문이다.

그리고 그 순야타, 그 순수한 '공' 주위의 힘은, 그 옆으로 다가오는 것은 무엇이든 그 '공' 안으로 빨아들여 붕괴시키고 소멸시킬 수 있을 만큼 엄청나다.

우주여행에서 이것이 장래의 문젯거리가 될 것이라고 한다.

왜냐하면 블랙홀이 된 별은 워낙 많은데다가, 그것이 '무'이고, '부재'인 까닭에 우리 눈에는 보이지 않기 때문이다. 그것은 눈에는 보이지 않는다. 그러나 거기에 도달할 수는 있다.

만일 우주선이 그 곁을 지나다 그 인력권引力圈 안으로 들어가면 블랙홀 안으로 빨려들고 만다. 거기에서 빠져나오는 방법은 없다. 탈출의 길을 찾는 것은 불가능하다. 인력이 너무 세기 때문이다.

우주선은 깡그리 빨려들어 붕괴되고 소멸되고 말 것이다.

따라서 그 우주선에 대한 이야기는 다시는 들을 수 없을 것이다.

그 우주선이 어디로 갔을까? 무슨 일이 일어났을까? 우주 여행자들은 어찌 되었을까……?

이 블랙홀은 불타의 '공(空)' 개념과 참으로 흡사하다.

일체의 형상은 붕괴되고 칠흑 어둠 속으로 사라져 간다. 그리고 오랜 휴식기가 지나면 다시 솟아나온다. 다시 하나의 별로 태어난다. 이것이 계속된다.

생과 사, 사와 생. 이것이 계속된다.

이것이 존재의 진행이다.

생은 현재(顯在)다. 이 현재가 낡으면 비현재로 진행된다. 이어서 휴식. 그 유유자적의 휴식을 통하여 에너지를 얻으면 다시 현재한다.

우리는, 하루 일에 지치면 밤에는 잠을 통하여 블랙홀 안으로 소멸된다. 어둠 속으로 들어가면 우리는 눈을 감는다. 그러면 의식이 사라진다. 이때 우리는 안으로 안으로 붕괴된다.

이 어둠 안에는 꿈조차 꾸지 않는 순간이 있다. 이때가 가장 깊이 잠들 때다. 이 깊은 잠은 블랙홀과 마찬가지다. 이때 우리는 죽어 있는 것이나 마찬가지다. 잠깐 우리는 죽음에 드는 것이다. 죽음 안에서 쉬는 것이다.

아침이 되면 우리는 떠났던 곳으로 되돌아온다. 원기와 정열과 넘치는 듯한 활기와 생명으로 다시 일어난다. 꿈을 꾸지 않았다면,

그래서 정말 깊이 잠들 수 있었다면 아침은 그만큼 신선하고 활기에 넘쳐 보일 것이다. 우리는 되돌아온 것이다.

그렇게 깊이 잠드는 까닭을 알 수 있다면, 우리가 몇 번의 삶을 되사는 이치도 알 수 있지 않겠는가.

밤이 되기까지는 붕괴의 도상이다. 우리는 하루의 활동으로 지치고 소모되어 가고 있다.

같은 일이 모든 것에 일어난다. 인간은 모든 존재의 축소판이다. 인간에게 일어나는 것은 전 존재에 일어난다. 규모가 클 뿐, 그것뿐이다.

매일 밤 여러분은 '무' 속으로 소멸된다. 아침이면 형상으로 되돌아온다.

형-무형-형…….

이것이 생의 운행이다. 그것이 생의 발자국이다.

"사리풋타, 이 모든 존재의 실체가 없음은 나지도 않고 없어지지도 않으며……"

그리고 부처는 말한다.

우리가 해야 할 바는 없다. 이해하기만 하면 그것으로 족하다고.

참으로 극단적인 성명聲明이다.

만일 그것을 통찰할 수 있다면, 우리 삶을 바꾸어버릴 수 있다는 뜻이 아닌가.

"이 모든 존재의 실체가 없음은 나지도 않고 없어지지도 않으며……"

이 모든 물질은 누가 만들어내고 있는 것도 아니고, 이 모든 물질은 누가 없애고 있는 것도 아니다.

불타는 조종자로서의 신이나 감독자로서의 신, 창조자로서의 신을 믿지 않는다.

그러한 것은 하나의 이원 대립, 불필요한 가설일 뿐이다.

불타는 그것은 하나로 일어나는 것, 자연스러운 것이지 누가 그것을 주재하는 것은 아니라고 한다. 그것은 성서에 나오는, 하느님이 "빛이 있어라!"고 했더니 빛이 있고, "빛은 없어져라!"고 했더니 빛이 사라지더라는 것과는 다르다.

왜 이런 신이 필요한가? 그리고 왜 신께 이렇게 지저분한 일을 맡기는가?

더구나 신은 이 일을 영원히 계속해야 한다.

"빛이 있어라!" "없어져라!" "빛이 있어라!"

"이번에는 이 인간이 태어나라" "이번에는 저 인간이 죽어라"

신이 얼마나 재미없어 할 것인가?

불타는 신을 해방한다.

불타는, 그런 것은 불필요하다고 말한다. 그런 것은 자연스럽게 일어나는 것이라고 말한다.

나무는 씨앗을 맺고, 씨앗은 나무가 되고, 나무는 또 씨앗을 맺는다.

씨앗이란 무엇인가?
나무의 소멸이다.
나무가 무형 안으로 들어간 것, 그것이 씨앗이다.

여러분은 주머니 안에 씨앗을 넣고 다닐 수 있다. 수천 개의 씨앗을 주머니에 넣고 걸어 다닐 수가 있다. 그러나 수천 그루의 나무를 주머니에 넣고 걸어 다닐 수는 없다.
씨앗에는 아무것도 없다. 씨앗 속을 들여다보아도 거기에는 아무것도 보이지 않는다.

만일 여러분이 본 적도 없고, 씨앗이 나무가 된다는 것도 알지 못하는데, 누군가가 씨앗 한 알을 주면서,
"보아라, 이 씨앗은 참으로 불가사의한 것이다. 이 씨앗은 큰 나무로 자라는데 몇 년 있으면 많은 열매를 맺을 것이다. 나무는 시퍼렇게 자라고 넓은 그늘을 만들 것이며 아름다운 꽃도 피울 것이다. 새들도 날아와 이 나무에다 집을 지을 것이다."
이렇게 말한다면 여러분은 아마 이렇게 이야기할 것이다.
"무슨 소리야? 이렇게 조그만 씨앗에서? 나를 바보로 아나? 어떻게 그런 일이 있을 수가 있어?"

그러나, 여러분이 아시다시피 그런 일은 반드시 일어난다. 여러분이 그런 일에 별로 주의를 기울이지 않는 것은 그런 일이 반드시 일어나기 때문이다.

그렇다. 기적이 일어난다.

그 작은 씨앗이 그 나무의 설계도를 고스란히 가지고 있는 것이다. 잎 모양, 크기, 잎 수, 그리고 가지 모양, 가지 길이, 나무 높이, 수명, 과일, 꽃의 모양, 그리고 마지막으로는 이 하나의 씨앗이 몇 개의 씨앗을 만들 것인가에 대한 설계도까지 고스란히.

과학자들은, 지구 전체를 푸르게 하는 데는 하나의 씨앗이면 넉넉하다고 말한다. 그만한 잠재력을 지니고 있다는 뜻이다.

지구뿐만이 아니다. 하나의 씨앗이면 모든 행성을 푸르게 할 수도 있다. 왜냐하면, 하나의 씨앗이 몇 백만 개의 씨앗을 이루어 낼 수 있고, 그 씨앗 하나하나가 또 몇 백만 개의 씨앗을 이루어낼 수 있으므로.

전 존재가 하나의 씨앗으로 푸르게 될 수가 있다.

이 '무'에는 이만큼 엄청난 잠재력, 이렇게 무서운 힘이 있는 것이다.

대단하다!

굉장하다!

불타는, 이 모든 것은 누가 만들어내는 것도 아니고 누가 없애는 것도 아니라고 말한다.

불타는, 절에 가서 빌면서 신에게,

"이것을 주세요, 저것을 주세요"라고 할 필요가 없다고 말한다.

그래 봐야 아무것도 이루어지지 않는다고 말한다.

그러면, 그의 메시지는 무엇인가?

그는 말한다.

"그것을 받아들여라. 그것은 그러한 것이다. 그것은 사물의 자연이다. 그것은 자연스러운 일에 지나지 않는다. 사물은 오면 가고, 가면 온다."

이 '수용' 안에서, 이 '타타타(tathata, 眞如)' 안에서, 이 '일여一如' 안에서 일체의 염려가 사라진다.

여러분은 염려에서 자유로워진다. 그렇게 되면 아무 문제도 없어진다.

무엇 하나 없어지는 것이 없으면 무엇 하나 변하는 것도 없고, 무엇 하나 생겨나는 것도 없다.

사물은 늘 있는 그대로이다. 그리고 앞으로도 있는 그대로일 것이다.

그러면 여러분이 할 일은 아무것도 없다. 여러분이 할 일은 오직, 사물에서 일어나고 있는 일을 지켜보면 되는 것이다.

이 일에 참가할 수는 있다.

그냥 있어라!

그 있는 것 안에 정적이 있다.

그 있는 것 안에 기쁨이 있다.

그 있는 것이 곧 자유다.

"더럽지도 깨끗하지도 않으며……"

이 존재는 더럽지도 깨끗하지도 않다.
죄인 같은 사람은 없고 성인인 사람도 없다.
붓다의 통찰은 혁명적이다. 그는 무엇 하나 불순할 수도 없고 무엇 하나 순수할 수도 없으며, 사물은 그 있는 그대로일 뿐이라고 말한다.
그러한 것은 모두 우리가 즐기는 마음의 놀이에 다름 아니다. 그래서 우리가 순수성이라는 관념을 일으키면 불순한 것이 끼어들고, 우리가 성인이라는 관념을 일으키면 죄인이 끼어든다.

여러분은 죄인을 없애고 싶은가?
여러분이 성인을 없애면 그들은 저절로 없어진다.
그 전에는 무리다.
그들은 공존 관계에 있다.
여러분은 도덕적인 인간이 되고 싶은가? 그러면 도덕을 없애면 된다. 도덕이 부도덕을 만들기 때문이다. 도덕적 이상理想이 도덕적인 인간을 만들 수는 없다. 여기에 보조를 함께 하지 않는 인간에 대한 비난이 일기 때문이다. 부도덕적이고자 한다면 안 되는 일이 없다.
무엇 무엇은 도덕적이다. 이런 관념에 사로잡혀 있어 보라. '신성한 소'(미신이나 광신의 대상)를 조작하는 것이 아니면 무엇이건 상관없다. 그러면 그것이 재난의 씨앗이 될 것이다.

붓다는 절대 더럽지도 않고 절대 깨끗하지도 않다고 말한다. 순수다, 불순이다 하는 것은 마음의 태도에 지나지 않는다.

한 그루 나무에 대해 그것이 도덕적이다 혹은 부도덕적이다, 이런 말을 할 수 있겠는가? 한 마리 동물에 대해서, 죄 많은 동물이다 성스러운 동물이다, 이런 말을 할 수 있겠는가?

이 구극적인 시각視角에 동참할 수 있도록 노력해보라.

이 세상에는 어떤 죄인도 어떤 성인도 있을 수 없다. 도덕적인 것도 있을 수 없고 부도덕한 것도 있을 수 없다.

이것을 '수용'하는 데 염려할 것이 무엇이 있겠는가?

개선해야 할 것은 아무것도 없고, 개선할 가치도 없다. 어떤 목표도 세울 필요가 없다. 여행은 목적지가 없는 여행이다. 이것은 순수한 여행이다.

이것은 하나의 놀이, 하나의 '릴라(lila, 神劇)'이다.

그 이면에서 그것을 일으키고 있는 자는 아무도 없다. 일체는 그냥 일어나고 있다. 그것을 일으키고 있는 자는 아무도 없다. 만일 거기에 일으키는 자가 있다면 그때 문제가 생긴다.

그러면 그 일으키는 자에게 빌거나, 그 일으키는 자를 설득해보거나, 그 일으키는 자와 사귀려고 분주하게 뛰어다닌다.

이렇게 해서 사귀는 데 성공한 자는 득을 보고, 사귀지 못한 자는 일으키는 자로부터 거부당한다. 그들은 지옥에 떨어질 것이다.

이것이 기독교도나 힌두교도나, 회교도들의 사고방식이다. 회교도들은, 회교도는 천국에 가지만 그렇지 못한 자는 지옥에 떨어질 것이라고 믿는다. 그리고 기독교도나 힌두교도들도 같은 생각을 한다. 힌두교도들은, 힌두교도가 아닌 자에게는 구원받을 기회가 없다고 생각한다. 기독교도들은, 교회 문을 두드리지 않는 자는 영원히 지옥에서 고통 받게 되어 있다고 생각한다. 끝없는 무한 지옥에서 영원히.

불타는 말한다.
죄인 같은 것도 없고, 성인 같은 것도 없다. 순수한 것도 없고 불순한 것도 없다. 사물은 있는 그대로다…… 하고,
한 그루 나무를 설득하여,
"자네는 푸르군 그래. 빨간 게 아니고?" 하고 물어보라.
만일 그 나무가 여러분에게 귀를 빌린다면, 아마 노이로제에 걸리고 말 것이다.
"왜 나는 빨갛지 않아? 왜? 나는 진지하게 묻고 있어. 왜 나는 푸른 거지?"
파란 것을 못마땅한 듯이 말하고 빨간 것은 찬양해보라. 그러면 조만간 그 나무는 어느 정신분석의의 침대에 눕는 신세가 될 테니까.

처음에는 여러분이 문제를 일으키고, 그 자리에 구세주가 나타난다. 그리고 괜찮은 흥정이 이루어진다.

불타는 그 뿌리를 잘라버린다.
그는 이렇게 말한다.
・・・・・・・・・・・・
여러분은 여러분의 것이다. 개선해야 할 것은 아무것도 없다. 어

디로 가야 할 것도 없다.

나의 접근 방식도 꼭 이와 같다.

여러분은 완벽하다. 이 이상 완벽할 수가 없다. '이 이상'에 이르면 여러분은 문제를 만들 뿐이다.

'가장'이라는 관념이 여러분을 미치게 한다.

자연을 수용하라. 자연 그대로 살아갈 일이다. 단순하게 외부의 자극을 피하며.

순간에서 순간으로.

그러면 거기에 신성이 깃든다. 그것은 여러분이 '전체'이기 때문이다. 성인이 되었기 때문이 아니다.

"더럽지도 깨끗하지도 않으며 늘지도 줄지도 않는다."

무엇 하나 완전한 것도 없고 무엇 하나 불완전한 것도 없다.
이러한 가치 매김은 무의미하다.

불타는 이렇게 말한다.

여기에는, 사리자야, 내가 존재하는 곳에는 좋은 것도 없고 나쁜 것도 없다.

내가 존재하는 여기에서는, 산사라(윤회)나 너바나(열반)나 마찬가지다. 이 세상과 저 세상 사이에 아무 구별도 없다. 성(聖)과 속(俗) 사이에도 아무 구별이 없다.

내가 존재하는 곳에서는 일체의 구별이 소멸되었다.
무슨 까닭인가? 구별이라는 것은 사고가 만들어낸 것이다. 사고가 없으면 구별도 소멸된다.
죄인이라는 것은 사고가 만들어냈다. 성인이라는 것도 사고가 만들어냈다. 좋은 것, 나쁜 것도 사고가 만들어냈다. 갖가지로 구별하는 것은 사고의 장난이다…… 하고.
불타는 말한다.
지식이 사라질 때 사고도 사라진다. 여기에는 어떤 이원 대립도 없다, 모두 '하나'이다…… 라고.

승찬 대사(僧璨大師, 달마達磨, 혜가慧可의 뒤를 이은 중국 선종禪宗의 제3조祖)의 유명한 말이 있다.
"경지가 높은 일여一如의 영역에서는 자기도, 자기와 다른 것도 없다. 본래의 신상身上이 밝아졌을 때 우리에게는 '불이不二'라고밖에는 할 말이 없다. 모든 것 중의 하나, 하나 중의 모든 것. 이것만 인식하면, 자기가 완전하지 못하다는 것을 걱정할 것도 없다."

"모든 것 중의 하나, 하나 중의 모든 것. 이것만 인식하면, 자기가 완전하지 못하다는 것을 걱정할 것도 없다."
완전한 것은 아무것도 없다. 불완전한 것도 없다.
이 도리를 바로 보라. 바로 지금 잘 보라. 나중에 나를 찾아와서 어떻게 하면 좋겠느냐고 묻지 마라.
'어떻게' 같은 것은 없다. '어떻게'가 지식을 불러들인다.

그리고 지식이라는 것은 화에 다름 아니다.

사고^{思考}라고 하는, 왜곡 작용을 가진 매체가 없으면 여러분은 '전체'의 통일을 이룰 수 있다.

여러분과 '리얼리티' 사이에 작용하고 있는 사고가 없으면, 일체의 구별은 소멸된다.

여러분은 그냥 완전일 수가 있다.

그리고 이것이야말로 인간이 끊임없이 그리워하던 것이다.

여러분에게는 뿌리를 뽑히는 듯한, '정체성'으로부터 뿌리를 뽑히는 듯한 느낌이 있다.

이것이 여러분의 비극이다.

여러분이 왜 뿌리를 뽑히는가? 왜곡 작용의 명수인 사고라고 하는 매체 때문이다.

사고라고 하는, 이 왜곡시키는 매체를 버리라. 이러한 매체를 버리고, 마음에 어떤 관념도 거느리지 말고, 어떻게 될 것이라는 생각도 갖지 말고 있는 그대로의 리얼리티를 직시해보라.

무구^{無垢}한 눈으로 보라. 아무것도 알지 못하는 눈으로 보라.

그러면 일체의 근심이 사라진다.

이 근심이 사라지는 가운데 여러분은 부처가 된다.

여러분은 부처이다! 그러나 여러분은 자기 주위에다 왜곡시키는 매체를 거느리고 다니느라고 그것을 간과하고 있다.

여러분에게는 완벽한 눈이 있다. 그런데도 안경을 쓰고 있다. 그 안경이 사물을 왜곡하고, 사물에다 덧칠을 하고 있다. 그래서 사물이 있는 그대로의 제 모습을 잃고 말았다.

그 안경을 벗어라. 이 말은 "마음을 버리라"는 뜻이다.

마음을 부정하라.

거기에 정적이 있다.

그리고 그 정적 안에서만 여러분은 신성하다.

여러분이 아무것도 아니었던 적은 한 번도 없다. 여러분은 전부터 그것이었다. 단지 그 인식이 돌아왔을 뿐이다. 여러분은 문득 자신은 뱀에다 발을 달아주고 있었음을 깨닫는다. 처음부터 그럴 필요는 전혀 없었는데도.

뱀은 완벽하게 완전하다. 발이 없어도 뱀은 잘 기어간다. 그런데도 자비로운 마음에서 여러분은 뱀에게 발을 달아주려고 했다.

성공했다면 여러분은 뱀을 죽이고 말았을 것이다. 절대로 성공할 수 없는 것이 다행이었다.

여러분은 유식해지고 싶어 한다. 그래서 여러분은 지각을, 지력을, 여러분 것을 보는 능력을 잃었다. 그것이 내가 말하는, '뱀에게 발을 달아주는' 짓이었다.

아는 것은 여러분의 본성이다.

알기 위해 지식을 쌓을 필요는 정말로 없다. 실제로, 지식이라는 것은 아는 일을 방해하는 훼방꾼이다.

지식은 화(禍)다.

지식을 부정하고 그냥 있어라!

그러면 여러분은 부처다.

그리고 여러분은 지금까지도 부처였다.

ॐ

세 번째 이야기

'무'의 향기

ॐ

Tasmac Sariputa

sunyatayam na rupam na vedana

na samjna na samskarah na vijnanam.

na caksuh – srotra – ghrana – jihva – kaya – manamsi.

na rupa – sabda – gandha – rasa – sprastavya – dharmah.

na caksur – dhatur yavan na manovjnana – dhatuh.

na – avidya na – avidya – ksayo yavan

na jara – maranam na jara – maranaksayo.

na duhkha – samudaya – nirodha – marga.

na jhanam, na praptir na – apraptih.

ॐ

是故空中　無色無受想行識

無眼耳鼻舌身意　無色聲香味觸法

無眼界乃至無意識界

無無明　亦無無明盡

乃至無老死　亦無老死盡

無苦集滅道　無智亦無得

ॐ

"그러므로 공에는 물질도 없고

느낌과 생각과 의지 작용과 의식도 없다.

눈과 귀와 코와 혀와 몸과 의식도 없으며,

형체와 소리와 냄새와 맛과 감촉과 의식의 대상도 없으며,

눈의 영역도 없고 의식의 영역까지도 없다.

무명도 없고 무명이 다함도 없으며,

늙음과 죽음도 없고 늙음과 죽음의 다함까지도 없으며,

괴로움과 괴로움의 원인과 괴로움을 없앰과

괴로움을 없애는 길도 없으며,

지혜도 없고 얻음도 없다."

'무^{無}'는 저쪽에 있는 것의 향기다. 그것은 '초월적인 것'에 대^{對}하는 마음의 개방에 다름 아니다.

그것은 천 장의 꽃잎을 가진 연꽃의 개화다. 그것은 인간에게 주어진 '천명^{天命}'이다.

인간은 이 향기에 이르러서야, 그 실존의 내부에 있는 이 절대적인 '무'에 이르러서야 비로소, 이 '무'가 그의 일면으로 확대되어서야 비로소, 구름 한 점 없는 순수한 하늘이 되어서야 비로소 완전한 인간으로 일컬어질 수 있다. 이 '무'야말로 불타가 '무'라고 부르던 바로 그것이다.

먼저 우리는 이 '무'라는 것이 실제로 무엇을 뜻하는 것인지 이해하지 않으면 안 되겠다. 왜냐하면 그것은 그저 멀기만 한 것이 아니기 때문이다.

그것은 가득 차 있다. 아니 가득 찬 정도가 아니라 넘쳐날 정도이다.

'무'라는 것이 소극적인 상태, 부재^{不在}인 상태라고 한순간이라도 생각해서는 안 된다.

그것이 아니다. '무'라는 것은 순전히 '아무것도 없는 상태'인 것이다. 사물은 다 사라져버리고 구극적인 실체만 남은 상태. 이러저러한 모양은 다 사라져버리고, 오직 무형인 것만 남은 상태. 한정시키는 것이 모두 사라지고 한정시키지 않는 것만 오롯이 모여 있는 상태이다.

결국 무라는 것은 거기에 아무것도 없는 상태가 아니다. 그것은 단지 거기에 무엇이 있다고 한정할 가능성이 하나도 없어졌음을 의미할 뿐이다.

어떤 사람이 찾아와, "여기에 아무것도 없구나." 이렇게 말했다. 그는 전에 거기에 가구가 놓여져 있는 것을 보았던 사람이다. 그런데 그 가구가 보이지 않는 것이다. 그래서 그는, "여기에는 아무것도 없다. 이곳은 텅 비어 있다"고 말한다.

이 진술은 어느 정도까지밖에는 맞지 않는다. 실제로 가구를 치워버렸다는 것은 그 공간에 장해물을 치워버린 것에 지나지 않는다. 지금 거기에는 순수한 공간만이 존재하고 있다. 장해물은 하나도 없다.

지금 하늘에는 구름 한 점 없다. 그저 하늘일 뿐이다. 그렇지만 거기에는, 아무것도 없는 것이 아니다. 거기에는 순수성이 있다. 그것은 단순한 부재가 아니다. 하나의 '현존'인 것이다.

한 번이라도 좋다. 완전하게 빈집에 들어가 본 적이 있는가? 들어가 본 적이 있다면 그 빈 것은 그냥 빈 것이 아니고 그 '빔'이 하나의 '현존'이라는 느낌을 받은 적이 있을 것이다.

그렇다. 그것은 실체적인 것이다. 손으로 더듬으면 손끝에 닿는 실체인 것이다.

사원이 아름다운 까닭이 여기에 있다. 이것이 바로 사원의 아름다움이다. 교회라도 좋다. 모스크라도 좋다. 순수한 무, 오직 하나의 공동空洞만 있으면…….

여러분이 사원에 발을 들여놓았을 때 여러분을 감싸고도는 그

분위기, 그것이 바로 '무'다. 아무것도 없이 비어 있다.

그러나 그것은 그저 비어 있는 것이 아니다. 그 비어 있는 상태 안에는 무엇인가가 현존하고 있다. 오직 그것을 느낄 수 있는 자, 그것을 느낄 만한 감수성을 갖춘 자, 그것을 느껴 낼 만큼 깨어 있는 자만이 현존하는 자라고 할 수 있다.

사물밖에는 볼 수가 없는 사람들은 "이것 봐라, 아무것도 없잖아" 하고 말할 것이다. 그러나 '무'를 볼 수 있는 사람들은 "일체가 여기에 있다. 왜냐하면 여기에 '무'가 있으므로"라고 말할 것이다.

'무'의 비밀은, '예' '아니오'의 정체正體에 다름 아니다. 다시 한번 말하거니와 '무'는 불타에게 지극히 기본적인 사물에 대한 접근 방식이다.

'무'라는 것은 '아니오'와 동일한 것이 아니다. 무의 비밀은 예, 아니오의 정체에 다름 아니다.

거기에서는 대극對極도 대극이 아니다. 반대도 반대가 아니다.

여러분이 어떤 여자, 혹은 남자와 사랑을 나눌 때 여러분이 느끼는 오르가슴은 곧 '무'의 일점一點이다. 그 순간만은 여성도 여성이 아니다. 남성도 남성이 아니다. 그러한 외형은 사라지고 없는 경지다. 남과 여라는 양극성도 거기에는 없다. 그 긴장도 거기에는 없다.

완전히 긴장이 이완된 상태, 남자와 여자는 서로 상대의 속으로 녹아들어가 있다. 서로 모양을 없애버린 상태에 들어가 있다. 하나의 정의할 수 없는 상태에 들어가 있다.

　이때 그 남자는 '자기'라고 말하지 않는다. 여자도 '자기'라고 말하지 않는다. 그들은 이제 '자기'들이 아니다. 그들은 이제 '자아'에 속해 있는 상태가 아니다.

　왜냐하면 자아라는 것은 싸우고 있을 때만 존재하기 때문이다. 자아라는 것은 싸움을 통해서만 존재한다. 자아는 싸움이 없으면 존재할 수 없는 것이다.

　오르가슴의 순간에 이르면, 거기에는 자아도 없다. 아름다움만 있을 뿐이다. 따라서 거기에는 엑스터시만 있다. 사마디[三昧]적인 특질만 있는 것이다.

　그러나 그것은 한순간밖에는 일어나지 않는다. 비록 순간이지만, 실로 한순간에 지나지 않지만, 그것은 여러분의 온 삶만큼이나 귀중한 순간이다.

　왜냐하면, 그 순간에 여러분은 '진실'에 가장 가깝게 접근하기 때문이다.

　남자와 여자는 별개의 것이 아니다. 이들은 양극이다. 음과 양, 적극성과 소극성, 밤과 낮, 여름과 겨울, 생과 사…… 이런 것은 모두 양극성이다.

　'예'와 '아니오'가 만날 때, 반대되는 것들이 서로 만날 때, 그런데 그 반대되는 극성이 사라지고 서로가 서로의 안으로 녹아들 때, 서로의 안으로 용해될 때, 거기에 오르가슴이 있다. 오르가슴이라는 것은 '예'와 '아니오'의 만남이다. 그것은 '아니오'와 동일한 것이 아니다. 그것은 '예'와 '아니오'를 초월해 있다.

어떤 의미에서 그것은 양쪽을 초월해 있다. 그러나 어떤 의미에서는 동시에 양쪽이 함께 하는 상태라고 말할 수도 있다. 소극성과 적극성의 합일이야말로 오르가슴의 정의에 다름 아니다. 그것은 '사마디'의 정의이기도 하다.

반드시 이것을 유념해주기 바란다.

'예'와 '아니오'의 정체, 이거야말로 '공'의 비밀, '무'의 비밀, 너바나의 비밀이다.

공이라는 것은 그저 비어 있는 상태가 아니다. 그것은 하나의 '현존'이다. 그지없이 확고한 현존이다.

그것은 반대되는 것을 제외하지 않는다. 그것을 내포한다. 그것은 반대되는 것으로 가득 차 있다. 그것은 충만한 '공'이다. 그것은 살아 있다. 힘이 넘칠 정도로 살아 있다.

그러니까 한순간이나마 사전辭典에 속아서는 안 된다. 사전에 속으면 불타를 오해하게 된다.

만일 사전을 펴고 '무'의 뜻을 찾으려 든다면, 여러분은 불타의 근처에도 가지 못한다.

사전이 정의하는 것은 눈앞의 '무', 눈앞의 '공'일 뿐이다. 불타가 말하는 '무'와 '공'은 실로 심상치 않은 '무'와 '공'이다. 그것을 알았으면 이제, '예'와 '아니오'가 만나는 상황으로 뛰어들 때가 된 것이다. 그러면 알게 될 것이다.

육체와 영혼이 만나고, 세간世間과 신이 만나고, 반대되는 것이 서로 반목하지 않을 때 여러분은 비로소 그 진리의 맛을 알게 될 것이다.

이 맛이 바로 '도道'의 맛이고 선禪의 맛이고 하시디즘(Hasidism, 유대의 밀교)의 맛이며, 요가의 맛이다.

'요가'라는 말은 참으로 깊은 뜻을 지니고 있다. 간단히 말하자면, '요가'라는 말은 함께 한다는 뜻이다.

남자와 여자가 만난다는 것, 그것도 하나의 요가다.

그들은 함께 한다. 그들은 실로 가깝게 만난다. 그들은 한 덩어리가 되었다가 이윽고 서로 상대의 안으로 녹아든다.

이럴 때 그들은 중심을 갖지 않는다. 반대되는 것의 대립은 이로써 끝난다. 이제 그들은 유유자적한다.

이 유유자적하는 상태가 남자와 여자 사이에서는 일시적으로밖에는 일어나지 않는다. 그러나 '정체성'에 다름 아닌, '전체적인 것'에 다름 아닌 이러한 상태를 오래 지속시키는 방법도 있다. 영원히 지속시키는 방법도 있다.

사랑할 때 여러분은 한 방울의 엑스터시를 맛보는 데 지나지 않는다. 비록 한 방울에 지나지 않으나 이 엑스터시 안에서는 사랑의 바다 하나가 온전히 펼쳐진다.

이 '무'에는, 여러분 안에 사고의 구름이 한 점도 끼어 있지 않을 때 비로소 도달할 수 있다. 여러분의 내부에 있는 공간으로 들어와 쓸데없는 방해를 일삼는 것, 여러분 내부의 공간을 가로막는 것은 바로 이러한 구름이다.

하늘을 관찰해 본 적이 있는가?

여름 하늘은 참으로 아름답다. 수정같이 맑다는 말이 참으로 어울린다. 한 점의 구름도 없다. 그러다 이윽고 우기가 온다. 그러면 수천수만 조각의 구름 떼가 모여든다. 대지 전부가 구름에 덮인다.

태양은 사라져서 보이지도 않는다. 하늘은 어디로 갔는지 알 수가 없다.

이것이 마음의 상황이다. 마음에는 끊임없이 구름이 낀다. 그것이 여러분 의식의 '우기'다.

태양은 어디로 갔는지 알 수가 없다. 빛은 숨어버리고 말았다. 가려지고 말았다.

이렇게 되면 공간의 순수성, 공간의 자유에도 우리 손이 미치지 않는다. 어디에서 어디까지, 여러분은 자신이 구름에 가려져 있는지 알아야 한다.

여러분이 자신을 힌두교도라고 말할 때, 그것은 어떤 경우인가? 여러분이 하나의 구름에, 자신이 힌두교도라는 생각에 사로잡혀 있을 때다.

여러분이 자신을 회교도라고 말할 때, 혹은 기독교인이라고 말할 때, 자이나교도라고 말할 때는? 여러분이 하나의 사고에 동화되어 있을 때다. 즉 여러분은 자신의 순수성을 잃고 있는 것이다.

내가, 종교적인 인간이란 힌두교도도 아니고 회교도도 아니고 기독교도도 아닌 인간이라고 말하는 까닭이 여기에 있다.

진짜 종교적인 인간은 의식의 '여름'을 맞고 있다. 그의 하늘에는 구름 한 점 없다. 거기에는 태양이 있다. 가리는 것이 없어 그지없이 맑다.

그리고 그 언저리에는 무한한 공간이 있다. 그 언저리에는 정적이 있다. 구름 낀 의식의 파동 같은 것은 거기에 없다.

여러분이 자신을 마르크스주의자라고 할 때는 어떤가? 여러분은 말할 것이다.

"나는 마르크스, 레닌, 스탈린, 그리고 마오쩌둥을 읽었다. 나는 《자본론》을 달달 외고 있다. 나는 계급투쟁, 즉 가진 자와 가지지 못한 자의 투쟁이라는 것에 공감한다. 나는 장래에는 계급이 없는 사회가 올 것이라는 하나의 꿈, 하나의 유토피아 사상을 믿는다. 나는, 누가 나더러 최면술에 걸린 사람이라고 해도 개의치 않는다. 나는 유토피아에 사로잡혀 있다. 이 유토피아를 위해서는 무슨 일이든 할 준비가 되어 있다. 가령 몇 백만 명이라는 사람이 죽어야 한다고 하더라도 그럴 만하다고 생각한다. 다 그들을 위한 일, 그들이 잘되게 하느라고 일어나는 일이니까……."

이것은 구름이 끼어도 잔뜩 낀 상태에 다름 아니다.

여러분이 자신을 독일인이라고 생각하는 것도 마찬가지다. 자신을 중국인이라고 생각하는 일도 마찬가지다. 정말 종교적인 인간이 되고 싶은 사람은 이러한 갖가지 아이덴티티(자기 증명)를 천천히 벗어버리지 않으면 안 된다.

어떠한 관념에도 지배당하지 말아야 한다. 어떠한 책, 어떠한 바이블도 만나서는 안 된다. 어떠한 베다(경전)도, 만일 그것이 여러분을 어떤 관념에다 묶어두는 것이라면 만나지 말아야 한다. 어떠한 기타(Bhagavadgita, 힌두교의 성전. 찬양가)도, 만일에 그것이 여러분을 어떤 관념에다 가두는 것이라면 만나지 말아야 한다. 어떠한 철학이나 신학이나 도그마나 이론이나 가설도 자신에게 주입시키지 말아야 한다.

여러분의 의식이라고 하는 불꽃의 주위에서 어떠한 연기도 피우지 말아야 한다. 그래야 비로소 종교적인 인간이라고 불릴 자격이 있다.

"당신은 누구냐?"는 질문을 받았을 때 종교적인 인간이 할 수 있는 대답은 하나뿐이다. "나는 하나의 무無다." 이것이 그 대답이어야 한다.

'무'라는 것은 관념이 아니다. 그것은 이론이 아니기 때문이다. 그것은 단지 순수한 상태를 나타내는 말에 지나지 않는다.

유념하기 바란다.

'지각知覺'이라는 말은 '지식'이라는 말과 아무런 관계도 없다. 실제로 지식을 통한 지각은 올바른 지각이라고 할 수 없다. 모든 지식은 갖가지 그림자를 만든다.

지식이라는 것은 편견이다. 지식이라는 것은 선입관이다. 지식이라는 것은 단정이다. 이 지식 때문에, 여러분은 문제의 중심으로 들어가기도 전에 결론을 내려버린다.

가령, 여러분이 마음속에다 하나의 결론을 담고 나를 찾아온다면—나에게 찬성하는 결론이든 반대하는 결론이든 그것은 문제가 아니다—한 덩어리의 구름과 함께 나를 찾아온다면, 여러분은 그 구름을 통하여 나를 볼 수밖에 없다.

당연한 일이지만, 구름은 내 머리 위에다 그림자를 드리울 것이다.

만일에, '이 사람은 옳다'는 관념을 가지고 나를 찾아온다면, 여러분은 자신의 사고방식을 지지해줄 무엇을 찾고 있는 것임에 분명할 것이다.

만일, '이 사람은 이상하다. 위험하다, 사악하다.' 이런 관념을 가지고 나를 찾아온다면, 여러분은 그 관념을 지지해줄 만한 사람을 더 찾아보아야 할 것이다.

여러분이 가지고 오는 관념이라는 것은, 이것이든 저것이든, 그 자체를 존속시키려 하는 성질을 지니고 있다. 그 관념은 자기 증명에 여념이 없다.

그리고 선입관을 품고 찾아오는 사람은 반드시 그 선입관을 한층 강화시킨 다음에 나를 떠날 것이다.

실제는, 그가 나에게 왔다고 할 수도 없다. 나에게 오려면 그 구름을 걷어버리고 올 필요가 있다. 찬성이다, 반대다 하는 선입관도 없이, 일체의 아 프리오리(a priori, 先驗性)도 없이 올 필요가 있다.

여러분은, 내게 무엇이 있는지 보러 온다. 그러면 어떤 의견도 갖지 말길 바란다. 이러저러한 말을 들었다고 하더라도 믿지 않는 것이 좋다.

여러분은 자기 눈으로 보러 온다. 자기의 가슴으로 느끼러 온다. 이것이 종교적인 인간의 자질이다. 그리고 만일에 '진실'을 알게 되었으면, 시대에서 시대를 지나면서 여러분에게 모여 있는 갖가지 종류의 지식을 던져버려야 한다.

누구든, 지식을 가지고 '진실'이 있는 곳으로 와 봐야 '진실'은 보이지 않는다.

그 사람은 장님과 마찬가지다.

지식은 여러분을 장님으로 만든다. 바로 보고 싶은 사람은 지식을 내버려야 한다.

지각이라는 것은 지식과 아무 관계가 없다. '진실'과 '지식'은 아귀가 맞지 않는다.

지식은 삶이나 존재의 그 막막한 넓이를 싸안을 수가 없다. 지식이라는 것은 참으로 하잘것없는 것이다. 참으로 작은 것이다.

그러나 존재라는 것은 너무 크다. 너무 광대하다.

이런 지식이 어떻게 이런 존재를 싸안을 수 있겠는가? 그것은 무리한 일이다.

만일에 존재를 여러분 지식의 패턴에다 구겨 넣으려 하는 사람이 있다면, 이런 사람은 존재의 아름다움을 무참하게 훼손하는 사람이다. 존재가 훼손되면 진실 또한 훼손되고 만다.

지식으로 바꾸어 놓을 수 있는 존재는 존재가 아니다.

존재를 지식으로 바꾸어 놓을 수 있다고 보는 사람은, 인도 지도를 가지고 다니면서 인도를 가지고 다닌다고 생각하는 사람이나 마찬가지다. 어떠한 지도도 인도를 내포할 수는 없다.

달 사진은 달이 아니다.
신이라는 단어가 신이 아니다.
사랑이라는 단어가 사랑이 아니다.
어떠한 언어에도, 생의 신비가 내포될 수는 없다.
그런데 지식이라는 것은 오직 언어, 언어, 언어 이외의 아무것도 아니다. 지식이라는 것은 크기만 한 환상이다.
그래서 붓다는 말한다.
자기 안에서 '무'를 정착시키라고.

'무'라는 것은 하나의 알지 못하는 상태를 말한다.
여러분 의식에 한 점 구름도 끼어 있지 않을 때, 여러분은 아무것도 아니다. 아무것도 아닌 자는 '진실'에 완벽하게 접근한다. 아무것도 아닌 자만이 '진실'과 완벽하게 조우하는 것이다.

지식에는 실존의 신비가 포함될 수 없다. 지식이라는 것은 '신비스러운 것'과 대립한다. '신비스러운 것'은 알려지지 않은 것, 알 수가 없는 것을 뜻한다. 기본적으로, 본래적으로, 알려지기 어려운 것을 뜻한다.

알려지기 어려운 정도가 아니고, 알려질 수 없는 것이다. 알려질 수 없는 것이 어떻게 지식으로 환원될 수 있는가?

지식이라는 것은 해변의 자갈을 모으고 거기에서 다이아몬드를 찾으려고 한다.

지식이라는 것은 범용하다. 그것은 빌려온 것이다. 결코 진정이 아니다. 결코 오리지널한 것이 아니다.

'진실'을 아는 데는 하나의 통찰, 오리지널한 통찰이 필요하다. 어디까지나 꿰뚫어볼 수 있는 하나의 눈이 필요하다. 여러분의 투명한 시각을 필요로 하는 것, 그것이 '진실'이다.

그러므로 마음이 지식을 완전히 버릴 때 비로소 알기에 이른다. 이 아는 주체에게 아무 지식도 없을 때 비로소 지식이 생기는 것이다.

왜냐하면 아무 지식도 없을 때, 거기에는 그것을 안다는 사실이 생기기 때문이다.

마음이 지식을 깡그리 벗어버릴 때, 벗은 채로 조용히 그 기능을 그만둘 때, 마음이 아무것도 섬기지 않고 대기할 때, 오직 하나의 순수한 '대기(待機)'가 있을 뿐일 때 마음은 무엇인가를 기다리나 그것이 무엇인가를 알지 못한다.

손님을 기다리기는 하나 그 손님에 대한 심증은 없다. 문고리를 벗겨 놓고 손님의 노크를 기다리나, 그 손님이 누구인가에 대해서는 집히는 데가 없다…….

어떻게 미리 그것을 알 수 있겠는가?

만일에 신의 청사진을 가지고 다니는 사람이 있다면 그 사람은 신을 놓치기만 하는 사람이다.

왜냐하면, 이런 사실이 '그'가 누구인지 알 리 없기 때문이다.

그렇다. '그'가 누구인지 아는 사람이 있기는 하다. 그러나 그가 말하는 것은 이것이나 저것이나 다 지도에 지나지 않는다.

나도 여러분에게 한 장의 지도만을 줄 수 있을 뿐이다. 모든 지식은 한 장의 지도인 것이다.

이 지도를 섬기면 안 된다. 지도 주위에다 사원을 지어도 안 된다. 사원이라는 것은 원래 그렇게 지어지는 것이 아니다. 어떤 사원은 베다(경전)를 섬기고 어떤 사원은 바이블을, 어떤 사원은 코란을 섬긴다.

그런 것도 다 지도다. 그것은 진짜 땅이 아니다. 그것은 도표에 지나지 않는다.

내가 여러분에게 무엇을 이야기할 때 나는 언어를 사용해야 한다. 갖가지 언어가 여러분에게 이른다. 여러분은 그런 말에 덤벼든다. 여러분은 언어를 저장하기 시작한다. 마음이라는 것은 저장에 아주 능수능란하다. 그리고 여러분은 자신을 알고 있다고 생각하기 시작한다.

이것은 바르게 아는 길이 아니다. 바르게 아는 길은 일체의 지식을 버리는 길이다. 그것도 한꺼번에 버리는 것이다. 천천히, 조금씩 버려서는 안 된다.

만일 여러분이 '진실'의 요체를 꿰뚫어본다면, 이 일은 지식을 버리는 순간에 일어난다.

실제로, 요체를 꿰뚫어본다는 것은 그 요체가 저절로 일어나게 하는 것에 다름 아니다.

여러분은 특별히 어떤 일을 할 필요가 없다. 지식의 짐을 내려놓지 않아도 된다. 지식은 여러분을 지자^{知者}로 만들어주지 못한다. 지식이라는 것은 여러분을 방해할 뿐이라는 것만 꿰뚫어볼 것.

이것을 꿰뚫어본다는 것, 그것이 '혁명'이다. 그것이 '변신'이다.

마음이 벌거벗을 때, 조용히 그 기능을 멈추고 대기 중에 있을 때, 그때 '진실'이 찾아든다. 그때 거기에 진실이 있다.

그것은 어디에서 와야 할 필요는 없다. 그것은 거기에 있었던 것이다.

여러분은 너무 지식으로 가득 차 있었다. 그래서 그것을 못 보고 있었던 것이다.

'무'는 진실을 알 수가 있다.

왜냐하면, '무' 안에서는 지성이 전면적으로 기능하기 때문이다. 오직 '무' 안에서만 지성은 전문적으로 기능한다.

이 기적을 보라!

아이들은 참으로 총명한데, 나이를 먹으면 점점 둔해진다.

아이들은 사물을 엄청나게 빠른 속도로 익힌다. 그러나 나이를 먹으면 먹을수록 배우는 일은 그만큼 어려워진다.

나이를 먹은 여러분이 가령 중국어를 배우겠다는 생각을 했다고 하자. 한 30년은 족히 걸릴 것이다. 이것을 아이들은 3년이면 배워버린다.

학자들은, 아이들에게는 4개 국어를 배우는 일이 별로 어렵지 않다고 말한다. 4개 국어를 마음대로 하는 정도가 아니다. 극히 간단하게 해버린다. 이 정도의 능력은 최소한의 능력이라고 한다. 최대한 발휘할 수 있는 능력에 대해서는 알려진 바가 없다. 최대한의 능력이 발휘된다면 한 아이가 대체 몇 개 국어를 할 수 있을까.
만일 어떤 가정이 다국어 가정이라면 이런 일은 극히 간단하게 일어난다. 만일 그 도시가 다국어 도시라면 이런 일은 정말 간단하게 일어난다. 뭄바이에서라면 이런 일은 간단하게 일어난다. 아이는 힌디 어, 영어, 마하리티 어, 구자라티 어를 간단하게 배워버린다. 아이를 그 환경에 살게 해주기만 하면 그것으로 충분하다.
아이들은 원래 총명해서 그 가운데서 요점만 알아내고 이것을 배워버린다.
나이를 먹어가면서 이런 일은 점점 힘들어진다.
나이 든 개를 훈련시키려면 어린 개를 훈련시키는 것보다 훨씬 어렵다고들 한다.
여러분이 '무' 안에 있으면 그럴 필요가 없다.
왜냐하면, 그때 여러분은 평생 아이로 살 것이므로.

소크라테스는 죽어 갈 때조차 아이였다. 그는 마음을 느긋하게 먹고, 배울 용의가 있다, 죽음으로부터도 배울 용의가 있다고 생각했다.

그는 침대에 누워 있었다. 독약이 만들어지고 있을 때.

그는 6시에, 태양이 지는 것과 때를 같이해서 독약을 마시게 되어 있었다. 그런데도 그는 흥분하고 있었다. 아이처럼, 제자들은 울부짖으며 눈물을 흘리고 있었다. 그런데도 그는 흥분하고 있었다.

그는 몇 번이고 몸을 일으키고, 독약을 만들고 있는 사람 쪽으로 가서 물었다.

"얼마나 더 기다려야 하는가?"

그의 눈은 호기심으로 빛나고 있었다. 곧 죽을 사람의 눈이 호기심으로 빛나고 있었다.

호기심을 가질 때가 아니었다. 몇 분 뒤에는 마지막 숨을 거둘 터였다. 그렇지만 그는 그래서 흥분한 것이었다. 그래서 그는 황홀해지고 있는 것이었다.

한 제자가 물었다.

"무엇 때문에 그렇게 흥분하십니까? 선생님께서 곧 돌아가시게 되었는데요!"

그러자 소크라테스가 대답했다.

"나는 생을 안다. 그리고 생으로부터 많은 것을 배웠다. 이번에는 죽음을 알고 죽음으로부터 배울 참이다. 흥분하지 않게 생겼느냐?"

때 묻지 않은 인간에게는 죽음조차도 큰 경험이다. 소크라테스는 때가 묻지 않은 사람이었다. 서양은 소크라테스 이래 소크라테스에 필적할 만한 인간을 내지 못했다.

소크라테스는 서양의 불타다.

만일 아이 적 그대로라면, 여러분에게는 언제까지나 배울 힘이 있을 것이다. 그런데 누가 여러분을 둔하고 어리석고 범용한 인간으로 만들 수 있겠는가?

바로 지식이 그런 짓을 한다.

지식을 쌓으면서 여러분은 조금씩 아는 능력을 상실해 간다.

지식을 버려라!

나는 여러분에게 지식을 버릴 것을 가르친다. 나는 세간世間을 버리라고는 가르치지 않는다. 세간을 버리는 일은 하찮은 일이다.

어리석다. 무의미하다.

나는 세간을 버린 사람들을 만난 일이 있다. 히말라야에서 나는 한 힌두교 탁발승을 만났다. 나이가 많은 노인이었다. 아흔 살쯤 되었을까?

이야기를 들어 보았더니 그보다 많을 것 같았다.

그는 70년간이나 산야신이었다. 그는 70년간이나 사회의 외곽에서 살아 왔던 것이다.

그는 사회를 버렸다. 그러고는 70년간이나 사회로 돌아오지 않았다.

스무 살 때 그는 히말라야로 갔다. 그 이래로 그는 두 번 다시 고향으로 돌아가지 않았던 것이다. 그는 두 번 다시 '군중' 속으로 돌아가지 않았다.

그런데도 그는 의연하게 힌두교도였다. 의연하게 그는 자신을 힌두교도라고 생각하고 있었다.

나는 그에게 이런 말을 했다.
"노인장께서는 사회를 버리셨습니다. 그런데도 자기 지식은 버리지를 않습니다. 그 지식은 사회가 노인장께 베푼 것이 아닙니까? 노인장은 힌두교도입니다. 노인장은 의연하게 군중 속에 계셔야 합니다. 왜냐하면, 힌두교도라는 것은 군중 속에 있어야 하는 것이기 때문입니다. 노인장은 '개인'이 아닙니다. 노인장은 아직 '무'에는 이르지 못한 것입니다."

노인은 내 말을 알아듣고는 울었다. 울면서 그는 말했다.
"지금까지 내게 이런 말을 해준 사람은 없었소."

여러분은 사회를 버릴 수가 있다. 부를 버릴 수가 있다. 아내를, 아이를, 남편을, 가족을, 양친을 버릴 수 있다.

그것은 간단하다. 별로 어려운 일이 아니다.

문제는 지식을 버리는 일이다. 위에서 말한 것은 모두 여러분 외곽에 있는 것들이다. 여러분은 여기에서 달아날 수 있다.

그러나 여러분 안에 있는 것, 여러분에게 달라붙어 있는 것으로부터도 달아날 수 있을까?

여러분은 히말라야 동굴로 갈 수가 있다. 힌두교도로 지낼 수도 있고, 회교도, 기독교도로 지낼 수도 있다.

그러나 그래 가지고는 히말라야의 아름다움이나 진실을 볼 수가 없다.

그렇지만 여러분은 볼 수 있다.

히말라야의 저 순결을.

'힌두교도'에게 그것을 본다는 것은 불가능하다. '힌두교도'는 장님이다.

'힌두교도'라는 것은 장님이라는 뜻이다. '회교도'라는 것은 장님이라는 말이다.

장님이 된 까닭에는 여러 가지가 있을지도 모르겠다.

그러나 그것은 문제가 아니다.

어떤 사람은 바가바드기타 때문에 장님이 되고, 또 어떤 사람은 바이블 때문에 장님이 되고 있다.

어쨌든 여러분은, 지식에 눈이 가리는 바람에 장님이 되고 있다.

불타는 말한다.

'무'가 지성을 기능하게 한다고.

'부다^{buddha}'라는 말은 '부디^{buddhi}'에서 왔다. '지성'이라는 뜻이다.

여러분이 '무'에 두었을 때, 어떤 것도 여러분을 가두지 않을 때, 어떤 것도 여러분을 한정시키지 않을 때, 어떤 것도 여러분을 싸안지 않을 때, 개방되어 있을 때, 거기에 지성이 있다.

왜냐하면 여러분이 '무'일 때 공포가 사라지므로. 그리고 공포가 사라질 때 여러분은 지성적으로 기능할 수 있으므로.

공포가 있다면 여러분은 지성적으로 기능할 수 없다. 공포는 여러분을 불구자로 만들고 여러분을 마비시킨다.

여러분은 갖가지 일에 사로잡혀 있다. 여러분이 여러분의 생득권^{生得權}인, 부처되는 권리를 누리지 못하는 것은 이 때문이다.

여러분은 공포 때문에 덕을 쌓는다. 공포 때문에 사원을 드나든다. 여러분은 공포 때문에 일정한 의식儀式을 좇는다. 여러분은 공포 때문에 신에게 빈다.

그러나 공포를 느끼면서 사는 사람은 지성적인 사람일 수 없다. 공포라는 것은 지성의 독이다. 공포가 있는데 어떻게 지성적일 수가 있겠는가? 그 공포는 갖가지 모습으로 여러분을 잡아 돌릴 것이다.

공포는 여러분에게 용감한 행위를 허용하지 않는다. 공포는 '미래'의 땅에 발을 들여놓는 여러분을 그냥 두지 않는다. 공포는 여러분이 모험가가 되는 꼴을 두고 보지 못한다. 공포는 여러분이 양의 무리를, '군중'을 떠나는 것을 허용하지 않는다. 공포는 여러분이 독립하는 것을, 자유로워지는 것을 용서하지 않는다.

공포는 여러분을 노예 상태에 두려 할 것이다. 그리고 우리는 참으로 많은 의미에서 노예다.

우리의 노예 상태는 다원적이다.

정치적, 정신적, 종교적 노예.

모든 의미에서 우리는 노예다. 그리고 그 근본 원인은 공포다.

여러분은 신이 존재하는지 어쩌는지 알지 못한다. 그런데도 여러분은 빌겠는가?

그것은 비지성적이다. 바보짓이다. 여러분은 누구에게 비는가?

여러분은 신이 존재하는지 어쩌는지 알지 못한다. 여러분에게는 어떤 믿음도 없다.

아니 어떻게 믿음이라는 것을 가질 수가 있겠는가? 여러분은 아직도 그것을 알지 못하는 것이다. 그런데도 공포 때문에 여러분은 신이라는 관념에 매달리고 있는 것이다.

그런 생각을 해본 적이 있는가?
공포에 사로잡힐 때 여러분은 언제든 신을 생각한다. 누군가가 죽음에 직면하면 여러분은 신을 생각해 낸다.

어느 크리슈나무르티 신봉자가 생각난다. 그는 아주 유명한 학자였다. 온 나라가 다 아는 학자였다.
그는 자그마치 40년간이나 크리슈나무르티 신봉자였다. 그래서 그는 신을 믿지 않는다. 그는 기도도 믿지 않는다.
어느 날 그가 몸져누웠다. 심장 발작이 시작된 것이다.
마침 나와 그는 같은 거리에 살고 있었다. 그의 아들이 내게 전화를 걸어서 이렇게 말했다.
"아버님께서 대단히 위독하십니다. 선생님께서 와 주신다면 큰 위로가 되실 것입니다. 최후의 순간이 오고 있는 듯합니다."
나는 달려갔다.
내가 들어갔을 때 그는 눈을 감고 누운 채, "라마, 라마, 라마"를 외치고 있었다.
나는 내 눈과 귀를 의심했다. 40년간이나, 신 같은 것은 없다, 믿지도 않는다던 사람이 아니던가.
노인이 어떻게 된 것은 아닐까? 나는 그에게 큰 소리로 물어 보았다.

"아니, 지금 뭘 하고 있소?"

그는 대답했다.

"방해하지 말아 주시오, 제대로 하게 내버려두어 주시오."

그래서 내가 물어 보았다.

"이것은 크리슈나무르티 식(式)이 아니지 않소?"

그 노인 말하기를,

"크리슈나무르티? 나 몰라요! 사람이 죽어 가는데 크리슈나무르티 이야기가 가당하오?"

"그러면, 40년간 뭘 한 거요? 물거품으로 돌아간 것인가? 당신은 한 번도 자파[詠唱]나 기도 같은 것은 안 믿지 않았소?"

그는 이렇게 대답했다.

"그래요, 그래요, 나는 한 번도 그런 것을 믿은 일이 없었어요. 하지만, 나는 지금 죽음과 맞서 있어요. 내 안에는 공포가 있어요 ……, 아시겠소? 신이 존재하는지는 모르지 않소? 그리고 몇 분 뒤에 나는 신을 만나게 될지도 모릅니다. 신이 존재하지 않는다면 그때는 아무 문제도 없겠지요. 내가 '라마, 라마' 해두었으니까 전혀 쓸모가 없지는 않을 것이오. 신이 존재한다면 득 되는 바가 없지 않겠지요. 나는 그에게, 그래도 최후의 순간에는 당신을 생각했노라고 말할 수 있겠지요."

여러분은 이런 일을 당해 본 적이 있는가?

슬픈 일을 맞으면 여러분은 언제고 신을 떠올리기 시작한다. 위험한 일을 만나면, 신을 떠올린다.

그러나 행복할 때는 만사형통일 때는 신을 잊어버린다. 여러분의 신은 따라서 여러분 공포의 투영에서 더도 덜도 아니다.

불타는 말한다.
공포에서는 어떤 지성의 가능성도 엿볼 수가 없다고.
공포라는 것은 지극히 근본적인 이유로 거기에 있다. 여러분이 자기가 거기에 있다고 생각하기 때문에 공포가 거기에 있다.
자아라는 것은 하나의 그림자로 공포를 거느린다. 자아 그 자체는 가공의 것이다. 그러나 그 환각은 여러분 인생에 깊은 그림자를 던진다.
여러분이 '내가 있다'고 생각하기 때문에 거기에 공포가 있는 것이다.
"나쁜 짓을 하면 나는 분명히 지옥에 떨어질 것이다. 그러면 나는 엄청난 고통을 당할 것이다."
여러분이 '내가 있다'고 생각하면 자연히 여러분은 내생*生*을 위해, 저 세상을 위해 뭔가 좋은 일을, 푸냐(punya, 德)를 쌓아야겠다고 마음먹는다.

아는가? 이 도시 이름 푸나^{Poona}는 푸냐[德]에서 유래한 것임을.

덕을 조금 쌓는다.
여러분의 계좌에, 여러분의 예금 통장에다 뭔가를 보탠다. 여러분 신의 눈에 들기 위해.

"보십시오. 저는 정말 괜찮은 놈입니다. 저는 이렇게 여러 가지 일을 하고 있습니다. 며칠 단식도 했고, 여염 여자를 곁눈질하지도 않았고, 도둑질한 일도 없으며, 이 절 저 교회에 기부도 적잖게 했습니다. 저는 늘 저에게 어울리는 행동만 해 왔습니다."

사람은 덕을 쌓기 시작한다.

저세상에서 딱히 필요할 때 쓰려고.

그러나 그것은 공포에서 나온 것이다.

모든 선인도, 모든 악인도 공포에서 생겨난 것에 지나지 않는다.

지성적인 인간은 공포 없이 산다. 그러나 공포 없이 살기 위해서는, 자기의 자아를 꿰뚫어볼 수 있어야 한다.

거기에 자아라는 것이 없으면, '자기'라는 것이 없으면, 공포가 존재할 곳이 없으면, 공포가 존재할 곳이 어디에 있겠는가?

여러분이 이런 인간이라면 지옥에 떨어지는 일 같은 것은 있을 수가 없다. 왜냐하면, 여러분이 없기 때문이다.

여러분이 천국에서 선행을 보상받는 일 같은 것도 있을 수가 없다. 왜냐하면, 여러분이 없기 때문이다.

여러분은 없다.

그런데 어떻게 여러분이 죄인일 수 있고 성인일 수 있다는 말인가?

만일 신이 없다면, 그때 여러분이 무서워해야 할 까닭이 어디에 있는가?

여러분은 태어나지도 않는다. 왜냐하면, 여러분이 없기 때문이다.

여러분은 죽지도 않는다. 왜냐하면, 여러분이 없기 때문이다.

그렇다면 거기에는 어떤 태어남도 죽음도 없다. 여러분은 따로따로가 아니다. 여러분은 이 존재의 하나다.

하나의 물결로서의 여러분은 사라질지도 모른다. 그러나 대해^{大海}로서의 여러분은 영생할 것이다. 그리고 대해야말로 리얼리티다. 물결이라는 것은 일시적인 것에 지나지 않는다.

'무'는 어떤 공포도, 욕심도, 어떤 야심도, 폭력도 알지 못한다.

'무'는 어떤 범용함도, 어리석음도, 바보스러움도 알지 못한다.

'무'는 지옥도 천국도 알지 못한다.

그리고 거기에는 어떤 공포도 없기 때문에 바로 지성이 있다.

이것은 여러분이 마음에 새겨두어야 할 참으로 중요한 한 마디 말이다.

지성이라는 것은 공포가 없을 때 나타난다. 그때 행위는 전면적으로 다른 성질을 지닌다. 여러분이 여러분의 '무'에서 행동할 때 그 행위의 성질은 거룩하다.

왜냐하면 '무'에서 하는 행동은 반응이 아니기 때문이다.

여러분이 '무'에서 활동할 때, 그 행동은 내부에서 자연히 나온 행동이다.

그럴 때 여러분은 순간과 순간을 산다.

여러분은 '무' 그 자체다.

하나의 상황이 나타나면 여러분은 거기에 감응한다. 여러분이 하나의 자아라면 여러분은 결코 감응하지 않는다.

그것을 설명해보자.

여러분이 하나의 자아일 때, 여러분은 언제나 반응한다.

가령 여러분이 자신을 대단한 선인, 대단한 성자라고 생각한다면, 어떤 일이 일어날까?

누군가가 여러분을 모욕한다.

여러분은 이 모욕에 감응할까? 반응할까?

만일 여러분이 자신을 성인이라고 생각한다면 어떻게 반응할까? 어떻게 반응해야 좋을까?

세 번 생각할 것이다.

성인답게 굴자.

그러지 않으면, 이런 사내에게 모욕당하는 것으로 만사가 엉망이 되고 말 것이다.

여러분은 가만히 있지 못한다. 여러분은 반격해야 한다. 여러모로 곰곰 생각해보아야 한다.

그리고 시간은 시시각각으로 흐른다. 한순간일지 모르나 흐르기는 흐른다.

가만히 있을 수가 없다. 그 순간만은 그렇다.

그래서 여러분은 행동으로 나선다. 여러분은 이렇게 생각한다.

'이것은 너무 심하다. 만일에 내가 화를 낸다면—사실 분노가 치민다—만일에 화를 낸다면, 성인으로서의 내 면목은 무색해진다. 이런 자에게 지불하기에는 너무 비싼 값이다.'

여러분은 미소 짓기 시작한다. 자신이 성인이라는 사실을 지키기 위해 여러분은 미소 짓는다.

이 미소는 가짜다. 이것은 여러분에게서 나오는 것이 아니다. 여러분 마음에서 우러나오는 미소가 아니다. 겉치레의 미소, 얼굴에다 그저 그리기만 한 미소. 그것은 가짜다.

여러분은 미소 같은 것은 짓고 있지도 않는다. 미소 짓고 있는 것은 여러분의 가면이다. 여러분은 꾸미고 있다. 여러분은 위선자다. 엉터리다. 가짜다.

그러나 여러분은 성인의 체면을 지킨다.

여러분은 과거부터 자신의 실존에 대해 가지고 있던 특정 이미지나 관념에 따라 움직인 것이다.

이것이 반응이다.

자연스러운 인간은 반응 같은 것은 하지 않는다. 그는 감응한다.

무엇이 다른가?

그는 단지 상황이 자기에게 작용하는 것을 허용하고, 그 응답이 나오는 것을 허용한다.

그것이 무엇이건.

과거를 사는 인간은 예측이 가능하다.

그러나 순간에서 순간을 사는 인간은 예측 불가능이다. 그리고 예측 불가능하다는 것은 그 객체가 하나의 '물物'이라는 뜻이다. 예측 불가능이라는 것은 객체가 자유를 산다는 뜻이다. 존엄한 인간이란 이런 인간을 두고 하는 말이다.

여러분이 예측 불가능한 인간이 되는 날……

그것은 아무도 모른다. 여러분조차.

기억하기 바란다. 여러분조차도 모른다는 것을.

만일 여러분이 자기의 상태를 알고 있다면 여러분은 감응하는 것이 아니다.

여러분은 이미 준비하고 있다. 이것은 예행연습이다.

여러분이 면담하러 간다고 하자. 여러분은 예행연습을 한다. 어떤 질문이 날아올까? 그러면 어떻게 대답할까? 이런 것을 생각한다.

여러분은 매일 그럴 것이다. 그것은 너무나도 명백하다.

매일 밤 나는 사람들을 만난다. 내가 만나는 사람에는 두 종류가 있다.

어떤 사람은 기성품으로 내게 온다. 그는 이미 그것을 준비하고 있다. 아예 원고가 되어 있다. 그는 단지 그것을 재생시킬 뿐이다.

무엇을 물어볼까? 어디에서 어디까지, 다 결정되어 있다.

그러나 나는 그런 사람이 곤란해 하는 것을 자주 본다.

그는 내 앞으로 와서 내 곁에 앉으면서 상황이 달라진 것을 안다. 변화가 일어나기 시작한다.

그 분위기, 그 '현존', 나에 대한 그의 사랑 그에 대한 나의 사랑. 다른 사람이라는 존재. 손끝에 만져질 듯한 '신뢰', 거기에 흐르고 있는 사랑.

명상적인 경지.

그것은 그가 전부터 생각해 왔던 것과는 절대적으로 다르다. 그가 준비해 온 것과는 도무지 다르다. 그가 준비해 온 것과는 도무지 맥락이 닿지 않는다. 어울리지 않는다.

그는 평온을 잃는다.

"어쩌지?"

그는 어떻게 처신해야 좋을지 모른다. 그런 상황에서 자연스럽게 처신할 방법을 모른다. 그는 내 앞으로 온다.

그러나 나는 그가 엉터리라는 것을 안다. 그의 질문은 그의 마음에서 나온 것이 아니다. 그의 목구멍에서 나온 것일 뿐이다. 그 질문에는 아무 깊이도 없다. 그 자신도, 그 질문을 해야 할지 말아야 할지 결정을 내리지 못한다. 그러나 그는 준비해 왔다. 며칠이 걸렸을지도 모른다.

그의 마음은 이렇게 주장한다.

"물어 봐! 기껏 준비해 온 것이 아니냐!"

그러나 그는 그 질문이 맥락에 닿지 않는다는 걸 안다. 그것은 내가 이미 대답해버린 것인지도 모른다. 누군가의 질문에 대하여 내가 이미 대답해버린 것인지도 모른다. 어쩌면 그 상황 자체가 그의 마음을 바꾸어버린 뒤여서 질문의 의미가 없어져버렸는지도 모른다.

그러나 그는 과거에서 행동한다.

이것이 반응이라는 것이다.

어쨌든 형편이 나빠 아무 질문도 던지지 못하게 되자 그는 허둥거리기 시작한다. 울 수도 없다. 가짜 냄새가 나는 인간이기 때문이다.

그는, "선생님" 하고 부르지도 못하고, "저는 선생님 앞에 1분간만 그냥 앉아 있고 싶습니다. 드릴 말씀은 없습니다." 이런 말도 못 한다.

그는 이 순간부터 행동할 수가 없다.

그는 '지금 여기에' 없는 것이다.

그는 허둥대고 만다. 아무것도 묻지 않으려니 마음이 편하지 않다. 하지만 엉뚱한 질문을 던지면 어떻게들 생각할까?

"그렇게 앉아 있을 바에 다르샨(darshan, 구루와의 접견·면접)은 무엇하러 신청했어! 묻지도 않으면서……."

그래서 그는 질문한다.

그러나 그는 그 질문의 배후에 있지 않다. 그리고 그 질문은 아무 의미도 없는 진부한 질문에 지나지 못한다. 그런데도 그는 묻는다.

이따금씩 여러분도 내 앞에서 본 적이 있을 것이다. 나는, 어떤 사람들에게는 대답을 길게 하고 어떤 사람들에게는 대답을 짧게 한다.

언제든 내가, 이 친구는 가짜다, 질문도 준비해 온 것에 지나지 않는다. 이렇게 꿰뚫어볼 때는 내 대답도 별 의미가 없다. 그러나 겉으로는 질문자에게 경의를 표하고 나는 말을 시작한다. 그러나 내게도 흥미가 없다. 그리고 이 가짜 질문자에게도 내 대답은 별 흥미가 없다. 왜냐하면, 자기 질문에도 별 흥미가 없었기 때문이다. 질문에 흥미가 없었는데 대답에 흥미가 생길 리 없지 않겠는가?

그러나 그렇지 않은 사람들이 있다.

그 가짜의 냄새가 가시면 산야신은 진실과 진정을 되찾는다. 그러면 어떤 사람은 앉은 채로 웃는다. 그 웃음이 그 순간에 나온 것이다. 그는 허둥대지 않는다. 그는 자기가 웃은 태도가 틀렸다고는 느끼지 않는다. 틀리지 않은 것이다. 준비된 원고 쪽이 틀린 것이다.

'무'와 대면하려면 여러분도 '무'가 되어야 한다. 그렇게 하면 하나의 만남이 이루어진다.
왜냐하면, 만남은 닮은 것끼리 이루어지기 때문이다.
만남이 생기면 즐거운 마음이 솟는다. 그러면 그게 아름답다. 거기에 대화가 있다.
어쩌면 한 마디 말도 오가지 않을지도 모른다. 그러나 거기에 대화가 있다.
때로는 누군가가 와서 앉아 몸을 흔들기 시작한다. 눈을 감고 안으로 안으로 들어간다. 그러는 것이 내가 있는 곳으로 오는 길이다.

그 사람은 자신의 안으로 들어가 이윽고 내 속으로 날아들어 온다. 그리고 내가 그의 속으로 날아들어 간다.
때로 그는 내 발을 쓰다듬거나 내 눈을 들여다보기도 한다. 그럴 듯한 질문을 던져 오기도 한다.
그러나 이런 일은 그 순간에 일어난다. 그때 그것은 진실이다. 그때 그것은 엄청난 힘을 지닌다. 그것은 그 사람의 가장 깊은 핵심에서 오는 것이다. 그것은 맥락을 가지고 있다.

'무'에서 행위할 때 여러분은 감응한다. 반응이 아니다. 거기에는 진실이 있다. 그 진실에는 효력이 있다. 진정이 있다. 실존적이다.
자연스럽고, 단순하고, 무구하다.
그리고 이러한 행위는 어떤 카르마(karma, 業)도 짓지 않는다.

잘 듣기 바란다.
'카르마'라는 말은 행위를 의미한다. 어떤 특정 행위를 말한다. 행위라고 해서 모두 카르마를 짓는 것은 아니다.
마음에 담아두기 바란다.
불타는 깨닫고 나서 42년을 더 살았다. 그 동안 그저 보리수 아래 앉은 채 아무것도 하지 않았던 것은 아니다.
그는 1001가지 일을 한다. 그러나 카르마는 짓지 않았다.
그러나 그것은 반·응·이 아니었다. 감·응·이었다.

만일 여러분이 '무'에서 감응한다면, 그것은 어떤 잔재도 남기지 않는다. 그것은 여러분에게 어떤 흔적도 남기지 않는다.
카르마는 지어지지 않는다. 여러분은 자유롭다. 여러분은 행위를 계속하는데도 자유로운 것이다. 그것은 하늘을 나는 새와 같다. 새는 어떤 흔적도 어떤 족적도 남기지 않는다.
'무'의 하늘에 사는 인간은 어떤 족적도 어떤 카르마도 어떤 잔재도 남기지 않는다.
그의 행위는 전체적이다. 그리고 전체적일 때 그 행위는 끝나버린다. 완결된다.

완결된 행위라는 것은 여러분의 주위에 달라붙거나 얽혀들지 않는다. 달라붙고 얽혀드는 것은 완결되지 않은 행위뿐이다.

누군가가 여러분을 모욕했다.
여러분은 상대를 두들겨주고 싶었는데도 그렇게 하지 않았다. 이로써 여러분은 성인聖人의 체면을 지켰다. 여러분은 웃었다. 그 사람을 축복하고는 집으로 돌아왔다.
그런데 큰일이 생기고 만다. 그날 밤 여러분은 그 사람을 두들겨주는 꿈을 꾸게 되는 것이다. 어쩌면 꿈속에서 그 사람을 죽일지도 모른다.
몇 년간, 이런 꿈은 여러분을 괴롭힐 것이다.
그것은 미완결이었던 것이다. 어떤 것이든, 완결되지 않은 것은 위험하다. 그러나 여러분은 엉터리여서 미완결인 채로 그 일을 끝냈다.
여러분은 한 여자를 사랑한다.
그러나 그 사랑은 제대로 완결이 되지 않는다. 사랑을 나누는 순간조차도 완전하지 못하다.
여러분은 전부터 예행연습을 하고 있었는지 모르겠다. 여러분은 이리저리 굴러다니는 성의 교본을 읽었는지도 모르겠다. 어쩌면 바츠야야나^{Vatsyayana}가 쓴 카마수트라를 읽었는지도 모르겠다. 혹은 마스터즈 존슨이나 킨제이 보고서를 읽었는지도 모른다.
어쨌든 여러분은 사랑을 나누는 데 대해 공부했다. 만반의 준비를 갖추었다.
여러분은 박식했다.

그러나 이 여자는, 여러분이 이 지식을 실행에 옮길 하나의 기회에 지나지 않는다. 그래서 여러분은 자기 지식을 실행에 옮긴다. 그러나 미완결이 되는 것을 피하지 못했다. 왜? 여러분이 그 안에 있지 않았기 때문이다.

참으로 불만스러운 결과다. 그래서 여러분은 욕구 불만을 느낀다. 그 원인은 여러분의 지식에 있었다.

사랑이라는 것은 '실행에 옮겨지는' 그런 것이 아니다. 생은 실행에 옮겨지는 과정을 필요로 하지 않는다.

생은 살아져야 하는 것이다. 무구한 가운데서.

생이라는 것은 드라마가 아니다. 준비 같은 것은 필요 없다. 예행연습 같은 것은 할 필요가 없다. 오는 대로 오게 해야 한다. 그러면 저절로 있는 것이다.

그러나 만일 거기에 자아가 있다면 어떻게 저절로 있게 할 수가 있는가?

자아라는 것은 대배우다. 자아라는 것은 대정치가다. 자아는 계속해서 여러분을 조작한다.

자아는 말한다.

"정말 세련된 행위를 보이고 싶다면 준비가 필요하다. 정말 교양 있게 행위하고 싶다면 예행연습이 필요하다."

자아라는 것은 연기자다.

그리고 이 연기자 때문에 여러분은 삶의 즐거움을, 그 축복을 나날이 놓치고 있다.

불타는 말한다.

행위가 '무'에서 나올 때 그 행위는 아무 카르마도 짓지 않는다고. 그럴 때의 행위는 전체적이다. 그리고 그 전체성이 그 행위를 하나의 원으로 완결시킨다.

끝내는 것이다!

여러분은 두 번 다시 돌아보지 않는다.

왜 여러분은 돌아보는가? 완결되지 않았기 때문이다. 완결되었을 때, 여러분은 돌아보지 않는다.

그것은 완결되었다. 이제 종점이다. 이제 그 일에 대해 해야 할 것은 아무것도 없다.

'무'에서 행위하라. 여러분의 행위는 전체적이다. 그리고 전체적인 행위는 어떤 기억도 남기지 않는다. 심리적 기억도 남기지 않는다는 말이다.

뇌에 기억은 남는다. 그러나 그 기억과 행위는 어떤 심리적 관계도 없다. 기억과 어떤 심리적 관계도 갖지 않은 인간, 이것이 바로 산야신이다.

그 행위가 완결될 때, 여러분은 그때부터 자유다. 그 행위가 전체성을 획득할 때 여러분은 그 행위에서 해방된다. 뱀이 낡은 허물에서 빠져나와 그 허물을 벗어버리고 가는 것처럼.

미완결의 행위만이 카르마가 된다.

기억하기 바란다.

완결되는 행위를 하기 위해서는 그 행위가 '무'에서 나온 것이 아니면 안 된다.

각성에는 세 가지 레벨이 있다.

자기의 각성.

세계의 각성.

그리고 자기와 세계 사이에 개재하는 환상의 각성.

펄즈(Fritz Pearls, 독일인으로 게슈탈트 요법의 창시자. 선·구르제프의 영향을 받아 심리 요법의 기반을 구축했음)는 이 중간에 개재하는 레벨을 DMZ, 즉 비무장 지대$^{\text{Demilitarized Zone}}$라고 불렀다.

자기 자신이나 자기 세계와의 전면적인 접촉을 방해하는 DMZ에는 우리의 편견 곧, 우리가 세계의 다른 사람이나 자기 자신을 보는 선입견이 포함되어 있다.

만일에 우리가 선입관을 가지고 세계를 본다면, 우리는 그 세계의 진실을 볼 수가 없다. 우리는 있는 그대로를 볼 수가 없다.

우리는 하나의 환각을 만들어낸다. 이것이 바로 힌두교도들이 말하는 마야^{maya}다.

만일 우리가 미리 판정하고, 선험적 편견을 가지고 바깥을 내다보다가 우리 자신의 세계를 만들어버린다면 이것이 마야, 즉 환각이다. 하나의 투영이다.

만일 이러한 판정이나 지식이나 의견을 통하여 우리 자신을 보면 우리는 또 하나의 환각을 만들어내는 셈이다. 이것이 자아다.

이렇게 되면 우리는 우리 내부에 어떤 리얼리티가 있는지 볼 수가 없게 된다. 우리는 바깥에 무엇이 있는지 알지 못하고, 안에 무엇이 있는지 그것도 알지 못한다. 바깥을 보지 못할 때 우리는 '마야'라고 부르는 환각을 만들어낸다. 안쪽을 보지 못할 때 우리는 자아, '아함카르ahamkar'를 만들어낸다.

그리고 이러한 현상은 DMZ, 즉 비무장 지대를 통해서 일어난다.

구르제프George Ivanovich Gurdjieff(러시아의 신비주의자)는 이 지대를 '완충 지대'라고 부른다.

DMZ에 어울리는, 아니 딱 알맞은 이름일 성싶다.

이 DMZ이 넓으면 넓을수록 그 사람은 그만큼 병적이고 그만큼 신경증적이다.

그리고 그 DMZ이 완전히 사라지고, 여러분과 세계 사이에 아무 사고도 개재하지 않을 때―단 하나의 사고도 개재하지 않을 때―이것이 바로 불타가 말하는 '무'의 경지다.

그럴 때 인간은 완전한 정상에 이른다. 이때의 인간이 진정한 인간, 전체적인 인간이다.

경문에 들어가기 전에 이 자아라는 것에 대하여 몇 가지, 우선 '자기'라고 하는 환각을 이해해야겠다.

첫째, 자아라는 것은 리얼리티가 아니다. 그것은 관념이다.

여러분은 이 세계로 오면서 자아라는 것을 가지고 오지 않는다. 자아는 여러분과 함께 온 것이 아니다. 그것은 여러분 실존의 일부가 아니다.

아기가 태어날 때 그는 자아를 이 세계로 가지고 오지 않는다. 자아라는 것은 그가 배운 것이다. 유전의 일부로 물려받은 것이 아니다.

알포트 Gordon Alport 는 '자기'를 '프로프리움 proprium'이라고 부른다. 이 말은 형용사형인 '전유하는 propriate'에서 나온 말이다. '전유한다 approprate'는 말과 마찬가지이다.

'프로프리움'이라는 것은, 그 사람에게 속하는, 혹은 그 사람에게만 있는 독특한 무엇을 가리킨다.

'자기'가 만들어낸 것은 그 '무'가 유니크한 것이기 때문이다. 이 '무'에는 그 나름의 개화하는 방식이 있다. 유니크한 데서 자아가 만들어질 가능성이 생기는 것이다.

나는 내 식으로 사랑한다. 여러분은 여러분 식으로 사랑한다. 나는 내 식으로 행동한다. 여러분은 여러분 식으로 행동한다.

사람들은 서로 다르다. 그저 다른 데 지나지 않는다.

장미는 장미 나름의 개화하는 방식이 있다. 메리골드는 메리골드 식으로 피어난다. 그러나 이 둘 다 피어나는 것은 같다. 꽃이 피기는 마찬가지이다. 그 '무'는 같은 것이다.

그러나 각자의 '무'는 그 나름의 유니크한 식으로 기능한다. 그래서 자아가 만들어질 가능성이 생기는 것이다.

자아가 들어오는 데엔 일곱 개의 문이 있다. 자아가 우리에게로 들어오는 일곱 개의 문이다.

이 문을 모두 이해할 필요가 있다. 왜냐하면, 이것을 이해해야 자아에서 해방될 수 있을 것이기 때문이다. 이것을 완전히 이해해야 이 문을 닫아버릴 수 있을 것이기 때문이다.

자아에서 해방되면, 이 문을 닫아버리면, 자아는 더 이상 만들어지지 않는다. 자아라는 것이 하나의 그림자에 지나지 않는다는 사실을 꿰뚫어볼 수 있을 때 자아는 우리를 떠나기 시작한다.

알포트는 최초의 문을 '육체적 자기'라고 부른다.

우리는 '자기'라는 감각을 가지고 태어나는 것이 아니다.

어머니의 자궁 안에 있는 아기에게는 '자기'라는 감각이 없다. 그는 어머니와 하나다. 완전히 한 덩어리이다. 하나로 이어져 있다. 어머니야말로 그의 전 존재이다. 그의 우주다. 그는 자신과 어머니가 다른 존재라는 것을 알지 못한다.

분리는, 그 아기가 자궁을 나올 때, 그 어머니와의 다리[橋]가 끊어질 때, 그 아기가 혼자서 숨을 쉬어야 할 때부터 시작된다.

실제로, 호흡이라는 것은 그 아기가 하려고 해서 하는 것이 아니다. 아기가 어떻게 스스로 호흡을 할 수 있다는 말인가. 그는 아직 호흡을 할 수가 없다. 아직 거기까지 이르지 못한 것이다.

호흡은 일어난다. 호흡은 그 아기가 하려고 해서 하는 것이 아니다. 그것은 하나의 해프닝이다.

호흡은 '무'에서 온다.

아기는 호흡하기 시작한다.

아기에게, 호흡하기 시작하는 이 몇 초간은 참으로 귀중한 순간, 중대한 순간, 위험한 순간이다.

부모, 의사, 간호원들…… 분만을 돕던 사람들은 모두 손에 땀을 쥐고 기다린다. 이 아기가 과연 숨을 쉴까, 어떨까 하고.

아기는 강제당하는 것도 아니다. 아기는 설득당하는 것도 아니다. 게다가 아기는 스스로는 아무것도 할 수가 없다. 그런 일은, 일어나야 일어나는 것이다. 일어나지 않을지도 모른다. 일어날지도 모른다. 아기가 숨을 쉬지 않을 때도 있다. 이때 우리는 아기의 어머니가 '아기를 사산했다'고 말한다.

아기는 어떻게 이 첫 번째 호흡을 해내는 것일까? 그것은 기적이다.

아기는 그때까지 한 번도 스스로 숨을 쉬어 본 적이 없다. 그럴 준비를 할 수 있었던 것도 아니다. 그는 호흡의 메커니즘이 존재한다는 사실조차 알지 못한다. 폐는 그때까지 한 번도 기능한 적이 없다.

그러나 아기는 호흡한다. 기적이 시작되는 것이다.

그러나 그 호흡은 '무'에서 온 것이다.

잘 기억해두기 바란다.

장성한 여러분은, "내가 호흡하고 있다"고 말한다.

그러나 그것은 터무니없는 말이다. 여러분이 호흡하고 있는 것이 아니다. 호흡이 일어나고 있는 것이다.

'나'라는 관념을 만들어내지 말 것. "내가 숨을 쉰다"고 말하지 말 것.

호흡을 하고 있는 사람은 아무도 없다. 호흡을 할까 말까, 이것은 여러분 힘으로 할 수 있는 일이 아니다.

한번 시험해 보아도 좋다. 몇 초 동안 호흡을 중단해 보라. 그러면 호흡을 중단하고 있는 일이 얼마나 어려운 일인가를 알 수 있을 것이다. 몇 초도 채 견디지 못하고 여러분은 정체 모를 충동에 떠밀려 할 수 없이 다시 숨을 쉬어야 한다. 외부에서 호흡을 차단시켜 보는 방법도 있다. 호흡을 차단시키고 몇 초 동안 견디어 보라. 그러면 돌연 어떤 충동이 온다. 이 충동은 여러분의 의지로 다스릴 수 있는 정도가 아니다. 그래서 어쩔 수 없이 다시 숨을 쉬어야 한다.

여러분 안에서 숨을 쉬고 있는 것은 여러분이 아니라 '무'인 것이다. 어떤 이는 이것을 '신'이라고도 부른다. 어떻게 부르든 상관없다. '무'든 '신'이든 마찬가지이니까.

이 둘은 같은 것을 의미한다. 불교에서 말하는 '무'는 기독교나 유대교나 힌두교에서 말하는 '신'과 그 의미가 같다. 신은 하나의 '무'인 것이다.

우리는 '자기, 나'라는 감각을 가지고 태어나는 것이 아니다. 그것은 우리의 유전적 자산의 일부가 아니다.

아기는 자기와 그 주변 세계를 구별하지 않는다. 아기가 숨을 쉬기 시작하고 나서, 자기 안과 바깥이 다르다는 사실을 깨닫기까지는 몇 달이 걸린다. 아기는 나날이 늘어 가는 복잡한 학습이나 지각 경험을 통하여 '자기 안'에 있는 것과 '자기 바깥'에 있는 것과의 차이를 어슴푸레하게 인식해 간다.

이것이 자아가 들어오는 첫 번째 문이다. '자기 안에 무엇인가가 있다는 인식—

그 아기가 배고픔을 느낀다. 아기는 그것을 안에서 비롯된 것으로 느낀다.

이번에는 어머니가 아기를 꾸짖는다. 아기는 그것을 밖에서 비롯된 것으로 느낀다.

자, 이렇게 해서 안팎의 차이를 느끼게 되는 것이다.

아기에게는 안에서 비롯되는 일과 밖에서 비롯되는 일이 있다.

어머니가 웃는다. 그러면 아기에게는 이 웃음이 저쪽에서 온 것으로 느껴진다. 그래서 아기는 여기에 반응한다. 그래서 따라 웃는다. 그러면서 아기는 제 웃음이 안에서, 어딘지는 모르지만 어쨌든 안에서 온 것으로 느낀다. 이때 안과 밖이라는 관념이 생긴다. 이것이 자아에 대한 첫 번째 경험이다.

실제로는 안과 밖 사이에는 아무 차이도 없다.

안은 밖의 일부이고, 밖은 안의 일부이다. 여러분의 집 안의 공간과 집 밖의 공간은 두 개의 서로 다른 공간이 아니다.

잘 들어주기 바란다. 그것은 하나의 공간이다.

이와 마찬가지로, 거기에 있는 여러분과 여기에 있는 나, 이것은 둘이 아니다. 우리는 같은 에너지의 두 가지 측면일 뿐이다. 같은 동전의 앞뒤인 것이다. 그런데도 아기는 제 나름의 자아를 인식하기 시작한다.

두 번째의 문은 자기 동화이다.
아기는 제 이름을 기억하고, 거울에 비치는 모습이 어제 본 것과 동일한 것임을 이해하고, '나'라든지 '자기'라는 감각이, 변전하는 경험의 제상諸相 안에서도 결코 변하는 법이 없다는 사실을 믿는다.
어떨 때는 배가 고픈데 어떨 때는 배가 고프지 않다. 어떨 때는 잠이 오고 어떨 때는 눈이 저절로 뜨인다. 그리고 어떨 때는 화가 나고 어떨 때는 마음이 고즈넉해진다.
사물은 끊임없이 변한다. 기분 좋은 날이 있는가 하면 아주 우울한 날도 있다.
그러나 이 아기가 거울 앞에 서면……

아기가 거울 앞에 서 있는 것을 본 적이 있는가. 그때 아기가 하는 양을 관찰해 본 적이 있을 것이다.
아기는 거울 안에 있는 아기를 안으려고 한다. 그 아기가 '자기 바깥, 저쪽에' 있다고 생각하기 때문이다.
거울 속의 아기가 제 손에 만져지지 않으면, 아기는 거울 뒤쪽을 본다. 그런데 거울 뒤에 거울 속의 아기가 있을 리 없다.
아기는, 거울에 비친 아기가 바로 자기라는 것을 깨닫기 시작한다.
그러면서 아기는 일종의 연속성을 느끼기 시작한다.

어제도 거울 속의 아기는 똑같은 얼굴을 하고 있었다. 아기가 처음으로 거울을 보면 한동안 이 거울 보는 일에 열중한다. 한동안은 거울에서 떨어지지 않으려 한다.
아기는 몇 번이고 '그 아기가 누구인지' 알아보려고 거울을 찾는다.

모든 것은 끊임없이 변한다. 그런데 한 가지, 변하지 않는 것이 있다.
자기 이미지다.
자아가 또 하나의 다른 문으로 숨어든다.
이것이 자기 이미지다.

세 번째 문은 자존심이다.
이것은 혼자서도 어떤 일을 할 수 있다, 이런 경험에서 비롯된 아기의 만족감과 관계가 있다.
아기는 물건을 만지거나 찾거나 만든다. 기억과의 관련이 시작되는 것도 이때부터이다.
가령 아기는 '아빠'라는 말을 기억한다. 그러면 하루 종일 '아빠'라는 말만 되풀이한다. 이 말을 쓰기 위해서 아기는 기회가 올 때마다 놓치지 않는다.
아기가 걷기 시작하면 하루 종일 걸으려고 한다. 그러다 넘어지기도 한다. 넘어지면서 아프다는 생각을 한다. 그러나 아기는 일어선다.
이러한 일들이, '나도 무엇인가를 할 수 있다. 나도 걸을 수 있

다! 나도 말할 수 있다! 나도 물건을 여기에서 저쪽으로 옮겼다!'
이런 자존심을 아이에게 부여하기 때문이다.

부모는 안절부절 못 한다. 아이가 부모의 일을 방해하기 때문이다.
아이는 이윽고 갖가지 물건을 옮기기 시작한다. 부모들은 아이의 이러한 행동을 이해할 수 없다.
"뭐야? 무엇 때문에? 무얼 하려고 여기 있는 책을 가져갔지?"
아이가 책에 흥미를 느끼고 있는 것이 아니다. 책이라고 하는 것은 아이에게 아무것도 아니다. 아이는 여러분이 왜 틈만 나면 이것을 들고 읽는지, 그 까닭을 알지 못한다.
"책 속에서 뭘 찾는 거지?"
여러분은 이렇게 생각할지 모르나, 아이의 관심은 다른 데 있다. 아이는 그저 물건을 옮겨놓아 본 데 지나지 않는다.

아이는 동물을 죽이기 시작한다.
개미가 한 마리 있다. 아이는 개미를 덮쳐 죽여버린다.
"나도 무슨 일이든 할 수 있다!"
아이는 한다는 것 자체를 즐긴다.
파괴적일 수도 있다.
시계가 보이면, 시계를 열어 보려고 할 것이다. 그 안에 무엇이 들어 있는지 알고 싶은 것이다. 아이는 탐험가이자 탐구자이다. 아이에게는 이러저러한 일을 한다는 게 못 견디게 재미있다.

왜냐? 아이의 자아 앞에 제3의 문이 열렸기 때문이다.
아이는 의기양양하다. 자기도 무엇이든지 할 수가 있는 것이다.

노래가 나오기 시작한다. 아이는 누구에게든 그 노래를 들려주려고 한다. 손님이 오면 손님 앞에 나타나, 누군가가 자기에게 노래를 청해줄 때를 기다린다.
춤도 추고 흉내도 낸다. 무엇이든 상관없다. 아이는, 자기는 아무것도 못하는 사람이 아니다, 무엇이든지 할 수 있다, …… 이걸 자랑하고 싶어서 견딜 수가 없는 것이다.
이러한 '행위'가 자아를 불러들인다.

네 번째는 자기 확장, 소속, 소유의 문이다.
아이는 자기 집, 자기 아버지, 자기 어머니, 자기 학교 이야기를 한다. 즉 '자기'의 영역을 넓히기 시작한다. '자기'라는 말이 아이의 키워드가 된다.
장난감이 하나 생기면, 그 장난감 자체에 관심 갖기보다는,
"이 장난감은 내 것이다, 손대면 안 돼!"
이런 말을 하는 데 더 흥미를 갖는다.
기억하기 바란다. 장난감 자체에는 별 흥미가 없다.
만일에 다른 사람들이 이 장난감에 흥미를 나타내지 않으면 아이는 장난감을 방에다 내버려두고 놀러 나간다. 그러나 아이는 다른 사람이 그 장난감에 흥미를 보이면 참지 못한다.
그 장난감은 그 아이의 것, '자기의' 것이기 때문이다.

'나의'가 '나에게'라는 감각을 만들어내고, '나에게'가 '나'를 만들어낸다.

잘 들어주기 바란다.

이러한 문은 아이들만의 것은 아니다. 여러분은 평생 이러한 문을 지니고 산다.

내 집이라고 할 때의 여러분은 꼭 어린아이들 같다. 내 아내라고 할 때의 여러분은 꼭 어린아이들 같다. 내 종교라고 할 때, 여러분은 꼭 어린아이들 같다.

힌두교도가 종교 문제로 회교도와 입씨름한다면 이 힌두교도는 어린아이나 다름없다.

그들은 자기네들이 무엇을 하고 있는지 모른다. 그들은 성숙한 사람도 아니고 어른도 아니다.

아이들은 끊임없이, "우리 아빠는 세계 제일이다" 하고 자랑한다. 그리고 종교의 지도자들도 이렇게 자랑한다.

"우리 종교의 신 개념이야말로 가장 완벽하다. 힘이 있다. 진짜다. 다른 종교의 신 개념은 별것 아니다."

이야말로 어린아이 같은 태도가 아닌가. 그러나 여러분은 이러한 태도를 버리려 하지 않는다.

여러분에게는 이름에 집착하는 버릇이 있다. 내가 이름을 바꾸려고 하면 많은 사람들이 따르지 못하겠다고 고집을 부린다. 이름 바꾸는 것을 바라지 않는 것이다.

그 중 몇 사람은 나에게 이런 내용의 편지를 보내기도 한다.

"산야스[出世門]는 받아들일 수 있습니다만, 이름만은 바꾸지 않게 해주십시오."

왜냐하면 자기 이름이기 때문이다. 이게 무슨 대단한 재산 같아 보이는 모양이다.

이름이라는 것은 정말 아무것도 아니다. 그런데도 여러분의 자아는 30년간, 40년간 그 이름으로 행세해 왔다. 이 자아에게 하나의 문이 닫히는 것은 견딜 수 없는 일이다. 그래서 나는 이름을 바꾸는 것이다. 이름이라는 것은 편의상 우리에게 부쳐진 것에 지나지 않는다, ……이걸 가르쳐주려고 나는 이름을 바꾸는 것이다.

이름이라는 것은 언제든 바뀔 수 있다. 내가 여러분의 이름을 바꾸는 것은 이것을 가르쳐주기 위함이다.

다른 종교에서도 이름 바꾸는 일은 더러 있다.

여러분이 만일 자이나교의 승려가 되면 다른 승려들이 한바탕 법석을 차린다. 행진이 있고 축제가 벌어진다. 승려가 되는 걸 축하해주는 행진이고 축제다.

승려가 되는 자는 이 새로 얻은 이름에 집착할 것이다. 대단한 행진과 축제, 승려로 누리게 되는 명예와 존경, 다른 승려들에 의한 한바탕의 소동.

이 때문에 승려는, 승려가 된 의미를 잊어버린다.

그래서 나는 아예 이름을 바꾸어버린다. 얼마 전에 그랬던 것처럼.

여러분에게 그것은 별것이 아니다. 일종의 기분 전환 같은 것일 뿐.

내가 이름을 바꾸는 것은, 이름이라는 것은 간단하게 바뀔 수 있다는 의식을 심어주기 위해서이다.

여러분은 A로 불릴 수도 있고 B로 불릴 수도 있다. 물론 C로 불릴 수도 있다.

그것은 문제가 아니다.

실제로 여러분은 무명無名이다. 어떤 이름으로 부르든 상관없다. 이름이라는 것은 실용적인 것에 지나지 않는다.

다섯 번째 문은 자기 이미지이다.

이것은 양친과의 상하 작용을 통하여 아이가 자기 자신을 어떻게 받아들이는가를 보여주고 있다.

칭찬과 형벌을 통하여 좋든 싫든 아이는 그 자신에 대한 일정한 이미지를 갖게 된다.

아이는 전부터, 양친이 자기에 대하여 어떻게 반응하는가를 주시한다.

어떤 짓을 하면 그들이 칭찬하고, 어떤 짓을 하면 그들이 화를 내고 벌을 내리는지 아이는 주시하고 있는 것이다.

그래서 벌을 받게 되면 아이는,

"나는 좋지 못한 짓을 했다. 나는 나쁘다" 하고 생각한다.

좋은 일을 하고 칭찬을 받으면 아이는,

"나는 좋은 아이다. 나에 대한 평판이 좋아지고 있다."

이렇게 생각한다.

아이는 인정받을 수 있도록, 좋은 일을 하려고 노력하기 시작한다.

만일 그 양친이 바람직하지 못한 사람, 아이의 말 상대가 되어주지 못한 사람이어서 아이에게 아이가 해낼 수 없는 일만 요구하면, 아이는 모두가 나쁘다고 할 만한 일만 골라가면서 하기 시작한다. 반항과 모반을 시작하는 것이다.

길은 두 갈래이다.
그러나 문은 하나다.
아이를 칭찬하면 아이는 자신을 '특별한 존재'로 느낀다. 그러나 칭찬해주지 않으면 아이는,
"좋아, 그렇다면 보여주지."
이렇게 말한다.
이때도, 아이가 자기 존재를 과시하려고 하는 것은 마찬가지이다.
아이는 파괴하기 시작한다. 담배를 피우기 시작한다. 여러분이 좋아하지 않을 것 같은 짓을 하기 시작한다. 그러고는 이렇게 말한다.
"이제 아셨겠지? 당신들은 내게 주의를 기울여야 한다. 나를 인정해주어야 한다. 나는 '특별한 존재'다. 내가 여기에 있다는 걸 알아주어야겠다."
착한 아이 나쁜 아이는 이렇게 해서 생긴다. 성인과 죄인도.

여섯 번째는 이성理性으로서의 자기다.
아이는 이성의, 논리의, 의논의 길을 배운다.

아이는 자기가 문제를 해결할 수 있다고 생각한다. 이성이라는 것이 아이의 '자기'를 버티는 튼튼한 지주가 된다. 사람들이 의논하는 것도 이 때문이고 교육받은 사람들이 자신을 '특별한 존재'로 생각하는 것도 이 때문이다.

무교육無教育?

여러분은 더 이상 견딜 수 없다는 기분에 사로잡힌다. 자신은 대단한 학위를 가진 사람인 것이다. 철학 박사나 문학 박사 같은……. 그래서 여러분은 끊임없이 그것을 내보인다. 자기 면허증을 내보이는 것이다. 금메달을 땄다, 대학을 수석으로 나왔다, …… 이런저런 명목은 얼마든지 있다.

이러한 명목이 무엇을 말하는가?

이성적인 존재다, 고등 교육을 받았다, 최고 학부를 나왔다, 최고의 교수들로부터 가르침을 받은 이지적인 존재임을 의미한다.

"나는 어느 누구와도 토론할 수 있다."

이성이라는 것이 아주 튼튼한 지주가 된다.

그리고 일곱 번째는 적당한 노력, 인생의 목표, 야심, 입신 출세.

지금은 무엇이며, 무엇이 되고 싶은가. 미래의 일, 꿈이나 장기적인 목표가 자아의 마지막 스테이지에 떠오른다.

이런 사람은, 역사에 발자취를 남기려면, 세월이라는 모래 위에 자기 이름을 써 남기려면 무엇을 해야 할 것인가를 생각하기 시작한다.

시인이 될까? 정치가가 될까? 마하트마[大聖]가 될까? 이것을 해볼까, 저것을 해볼까?

인생은 빠른 속도로 지나간다. 눈 깜빡할 사이에 지나간다. 사람은 무엇인가를 이루지 않으면 안 된다. 그렇지 않으면 빈손으로 끝나고 만다. 무엇인가를 이루어놓지 않으면 여러분이 존재했다는 사실도 잊혀지고 말 것이다.

사람들은 알렉산더가 되고 싶어 한다. 혹은 나폴레옹이 되고 싶어 한다. 그게 불가능하다면 좋은 사람이라도 되고 싶어 한다. 모르는 사람이 없는 성인.

마하트마!

그것도 불가능하면, …… 어쨌든 '특별한 존재'가 되고 싶어 한다.

많은 살인범들이 법정에서, 자기가 누군가를 죽인 것은 그 사람을 죽이는 데 흥미가 있어서 그랬던 것이 아니고, 자기 이름을 신문의 제1면에 올리고 싶어서 그랬던 것에 불과하다고 고백한다.

어떤 사내가 누군가를 뒤에서 찔러 죽였다. 칼로 푹 찔러 죽인 것이다. 그런데 그는 그때까지 상대를 본 적이 없었다. 생판 모르는 사람이었다.

죽인 사람과 죽은 사람은 서로 모르는 사이였다. 우정이 없는 것은 물론 적대 관계일 수도 없었다.

죽인 사람은 피해자를 만난 일이 한 번도 없었다. 그리고 그는 죽이고도 그 죽은 사람의 얼굴을 보지 않았다. 보려고도 하지 않았다. 그런데도 뒤에서 달려들어 찔러 죽인 것이다. 그 사람은 해변에 앉아 파도를 바라보고 있었다. 그런데 그 사내가 와서 목숨을 빼앗은 것이다.

법정도 이 일을 어떻게 처리해야 좋을지 몰랐다.

이 사내는 말했다.

"나는, 내가 죽인 상대 자체에는 아무 흥미가 없습니다. 이 살인은 그런 것과는 아무 관계도 없습니다. 누구든 상관없었던 겁니다. 나는 아무나 죽이겠다고 결심하고 거기에 갔습니다. 만일 이 사람이 거기에 없었더라면 나는 다른 사람을 죽였을 것입니다."

왜?

그는 말을 잇는다.

"왜냐고요? 내 사진과 이름을 신문의 제1면에 올리려고요. 내 욕망은 이것뿐입니다. 내가 한 일은 온 국민의 입에 오르내릴 것입니다. 이제는 죽어도 좋습니다. 사형을 선고하신다면 기꺼이 죽겠습니다. 나는 이제 많은 사람들에게 알려졌습니다. 충분히 유명해졌습니다."

많은 사람들이 명성을 떨치지 못할 형편이라면, 악명이라도 날리고 싶어 한다. 마하트마 간디가 될 수 없는 형편이라면 아돌프 히틀러라도 되고 싶어 하는 것이다. 어쨌든 '이름 없는 존재'는 되고 싶어 하지 않는다.

이것이, 자아라는 환상을 강화시키는 일곱 번째 문이다. 자아는 이 문을 지날 때마다 전과 다르게 강화된다.

여러분이 내 말을 이해한다면, 자아를 다시 이 문으로 내보내야 한다. 이 문 앞에서 자신의 자아를 되돌아보고 이 문과 작별해야 한다. 그러면 '무'가 나타난다.

경문—
"그러므로 공에는 물질도 없고 느낌과 생각과 의지 작용과 의식도 없다. 눈과 귀와 코와 혀와 몸과 의식도 없으며, 눈의 영역도 없고 의식의 영역까지도 없다. 무명도 없고 무명이 다함도 없으며, 늙음과 죽음도 없고 늙음과 죽음이 다함까지도 없으며, 괴로움과 괴로움의 원인과 괴로움을 없앰과 괴로움을 없애는 길도 없으며, 지혜도 없고 얻음도 없다."

가히 혁명적인 성명이다.

"그러므로 공에는……"

먼저 우리는 이 '그러므로'라는 말을 이해해야 한다. '그러므로'라는 말은, 연역連繹 안에서나 논리적 의논 가운데에서라면 완벽하게 그 의미를 지닌다. 그런데, 선행하는 명제命題가 없는데도 불타는, "그러므로 공에는……" 하고 말한다.
학자들은 '그러므로'라는 말에 대해 머리를 싸매었다.
삼단 논법에서라면 '그러므로'는 완벽한 의미를 갖는다.
'모든 인간은 죽음을 피할 수 없다. 소크라테스는 인간이다. 그러므로 소크라테스는 죽음을 피할 수 없다.'

이것은 논리의 일부이다.

그러나 어떤 명제도 의논도 없는 곳에서 불타는 불쑥 '그러므로' 하고 말했다.

왜 그랬을까?

학자들은 이것을 이해할 수 없었다. 표면적으로는, 그 전에 논의된 것이 하나도 없는데 불쑥 '그러므로'가 나왔기 때문이다.

그러나, 불타와 사리자 사이에는 암묵의 대화가 있었다. 둘 사이에는 이미 하나의 '이해'가 오가고 있었다.

불타의 공에 대한, 무에 대한 설법을 듣고 사리자는 '공'을, '무'를 그 레벨까지 이해하고 있었다. 이해가 거기에 이르러 있었다.

여러분도 여기에 이를 수 있다. 여러분도 그것을 느낄 수 있다. 그 날개가 여러분 주위에서도 펄럭거리고 있는 것이다.

불타는 사리자의 눈을 보고서 그가 이해했다는 사실을 알았다.

꿰뚫어보라. 그러면 논의가 미치지 않는 거리까지 나아갈 수가 있다. 표면적으로 거기에는 어떤 논의도 없다. 거기에는 어떤 토론도 없었다.

그러나 거기에는 하나의 '대화'가 있었던 것이다. 그 대화는 불타와 사리자, 이 두 덩어리의 에너지 사이를 오간 것이다.

거기에는 '통일'이 있었다. 그들은 서로 건너다니고 있었다. 그 다리 위를 건너는 순간, 사리자는 불타의 '공'을 들여다 본 것이다.

여기에서 불타는 말한다.

"그러므로……"

네가 보았다, 사리자야. 이제 나는 네가 본 것 안으로 깊이 들어갈 수가 있다. 이제 나는, 전에는 불가능하다고 생각했던 이야기를 너에게 할 수가 있다…….

"그러므로 공에는 물질도 없고 느낌과 생각과……"

그것을 느낄 만한 사람이 없는데, 거기에 어떻게 느낌이 있을 수 있겠는가?

자아가 없는 곳에는 어떤 감각, 지식, 지각도 없다. 어떤 모양도 나타나지 않는다. 공은 구름 한 점 없는 하늘이기 때문이다.

여러분은 관찰해 본 적이 있을 것이다. 한 점 구름은 모양을 빚고 있는 것처럼 보인다. 때로는 소를 빚고 또 때로는 말을 빚는 것처럼 보이기도 한다. 이리저리 변하면서 갖가지 모양을 빚는다.

그러나, 순수한 하늘에는 어떤 현상도 나타나지 않는다는 것을 여러분도 보아서 알 것이다. 모양 같은 것은 하나도 나타나지 않는다.

"공에는 물질도 없고 느낌과 생각과 의지 작용과……"

내부에 아무것도 없는데 어떻게 의지 작용이 일 수 있는가, 욕망이 일 수 있는가?

"……의식도 없다."

거기에 내용물이 없을 때, 객체가 없을 때 주체가 있을 리 없다. 객체를 의식해 온 그 의식은 이미 거기에는 없다.

"눈과, 귀와, 코와, 혀와, 몸과 의식도 없으며……."
불타는 말한다.
"모든 것은 그 무^無 속으로 사라졌다. 사리자야, 그래서 나는 그것을 말하고 있다. 너는 그것을 보았다. 너는 내 안을 들여다보았다. 너는 그 물가에 서 있다. 너는 그 나락, 그 영원, 그 바다 모를 깊이를 들여다본 것이다."

"형체와 소리와 냄새와 맛과 감촉과 의식의 대상도 없으며 눈의 영역도 없고 의식의 영역까지도 없다……."

그 경지에 있을 때, 여러분은 "나는 이 무의 경지에 있다"고 말할 수조차 없다. 만일 그렇게 말한다면, 그 경지에서 차안^{此岸}으로 돌아가게 되어버리고 말기 때문이다.

만일 여러분이 "나는 경험했다"고 말한다면, 그것은 여러분이 형상의 세계로 돌아와 있음을 뜻하는 것에 다름 아니다. 마음이 다시 기능하기 시작하는 것이다.
그 순간 여러분은 '무'와 다르지 않다. 그런데 어떻게, "나는 경험했다"고 말할 수 있는가.

세 번째 이야기 | '무'의 향기

'무'라는 것은 하나의 대상 같은 것이 아니다. 그것은 여러분과 다른 것은 아니다. 여러분이 그것을 분리시킬 수는 없다.
거기에서는 관찰자가 관찰된다. 거기에서는 객체가 주체인 것이다. 이원 대립이 거기에는 없다.

거기에는 어떤 지식도 없고 어떤 무지도 없다.
왜냐하면, 무지라는 것은 여러분이 지식이라는 문맥 안에서 생각할 때만 있는 것이기 때문이다. 무지라는 것은 지식과 상대적인 개념이다.
우리가 어떤 사람을 무지하다고 했을 때 그 말이 무슨 뜻인가? 여러분은 이때 그 사람을 박식한 사람과 비교하고 있는 것이다.
그러나 거기에는 지식도 없다. 따라서 무지도 있을 수 없다.

"무명도 없고 무명이 다함도 없으며……"

그리고 불타는 말한다.
잘 기억하기 바란다.
나는 무명이 다했다고 말하는 것이 아니다. 무명이라는 것이 거기에 있었던 적은 한 번도 없다. 무명은 지식의 그림자에 지나지 않는다. 무명은 지식에 중독된 마음의 그림자에 지나지 않는 것이다…… 하고.

등불을 들고 어두운 방으로 들어갔을 때 여러분은 무어라고 말하는가?

어둠이 사라졌다고 말하는가, 어둠이 방에서 나갔다고 말하는가, 방에서 도망쳤다고 말하는가, 물러갔다고 말하는가?

그런 것이 아니다. 그렇게는 말하지 않는다.

왜냐하면, 어둠은 처음부터 존재하지 않았던 것이므로.

그런데 그게 어떻게 나가는가?

빛이 오면 어둠은 보이지 않는다. 어둠이라는 것은 빛의 부재不在에 지나지 않는 것이다.

그러므로 거기에는 어떤 무명도 없고 무명이 다함도 없다. 거기에는 어떤 지식도 없고 무식도 없다. 사람은 지식과 무지 일체로부터 무구하다. 오직 무구하고 순결하다.

지식으로부터 자유로워지는 것, 무지로부터 자유로워지는 것이야말로 순결하고 순수한 것이다.

"늙음과 죽음도 없고……"

무슨 까닭인가. 거기에는 죽는 자가 없기 때문이다.

잘 들어주기 바란다.

거기에는 늙음도 없고, 죽음이 다함도 없다. 불타는 죽음이 다했다고는 말하지 않는다.

왜냐하면, 죽음 같은 것은 거기에는 처음부터 없었기 때문이다. 그러므로 죽음이 다했다고 하는 것은 틀린 말이다.

불타의 설명은 실로 완벽하다. 실로 용의주도하다.

그는, 리얼리티를 알고 있는 사람에게 반박당할 만한 말은 한 마디도 하지 않는다. 그는 타협도 하지 않는다.

그는 언어로 표현될 수 있는 한 가장 완벽하게 말하고 있다.

"괴로움과……"

자, 드디어 그는 구극적인, 혁명적인 성명에 이른다. 불타의 '네 가지 귀한 진실[四諦, 四聖諦]'이라는 말을 들어본 적이 있을 것이다.

첫 번째의 귀한 진실은 '괴로움'이다.

모든 인간이 괴로워하고 있다는 것, 전 존재는 '둑카(dukkha, 마음의 괴로움)', 괴로움, 고통, 불행, 고민이라는 것이다.

그리고 두 번째 귀한 진실은, 그 원인이 되는 것이 바람, 즉 '탄하(tanha 欲望)'라는 것이다. 괴로움이 존재한다는 것이다.

두 번째의 귀한 진실 곧 제 2체는, 괴로움에는 원인이 있고 그 원인은 욕망 안에 있다는 진리이다. 우리는 욕망하기 때문에 괴로워한다.

그리고 세 번째 귀한 진실은, 우리가 이 욕망을 끊을 수가 있다는 사실이다. 욕망은 끊는 것은 가능하다.

'니로다(nirodha 滅)'

욕망은 정지시킬 수 있다. 욕망 속을 깊이 들어가 봄으로써 우리는 그것을 정지시킬 수가 있다. 그리고 욕망이 정지될 때 괴로움은 사라진다.

그리고 네 번째 귀한 진실은, 욕망을 끊고 이로써 괴로움을 끊는 데에 여덟 가지 길[八正道]이 있다는 사실이다.

사제^{四諦}라는 것은 불교의 가장 근본적인 철학이다. 그러나 이 《심경》의 성명에서 불타는 그것마저도 부정한다.

그는 말한다.

"괴로움과 괴로움의 원인과 괴로움을 없앰과 괴로움을 없애는 길도 없으며……."

일찍이 이렇듯 혁명적인 진술을 한 이는 없다. 불타는 무상무비^{無上無比}한 혁명의 정점에 이르러 있었다. 그를 능가해 본 사람은 아무도 없다.

그런데도 학자들은, 이것이 모순된다고 생각하고 골머리를 앓아 왔다.

불타는 괴로움이 있다고 가르치고, 어느 날 갑자기 '괴로움과 괴로움의 원인도 없다'고 말한다.

그는 고통을 정지시키는 하나의 가능성, 즉 '니로다'가 있다고 가르치고 어느 날 갑자기 '괴로움을 없앰'도 없다고 말한다.

그리고 그는 여덟 가지 길, 즉 '아스탕기크 마르가(astangik marga 八正道)'가 있다고 말한다.

정견^{正見}, 정정진^{正精進}, 정념^{正念}, 정정^{正定} 등등…….

이것이 여러분을 구극의 진실로 인도하는 여덟 갈래의 길이다.

그러던 어느 날 그는 또 "어떤 길이 있다. 이 리얼리티는 길이 없는 리얼리티이다" 하고 말한다.

이 모순을 어쩔 것인가.

최초의 성명은, 자기네들이 없다는 사실을 알지 못하는 사람들을 겨냥한 성명이다. 최초의 성명은 보통 사람들을, 자아로 가득 차 있는 사람들을 겨냥한 성명이다.

그러나 이 성명은 어떤 특별한 공간에 있다. 특별한 경지에 이른 사리자를 겨냥하고 있다.

"그러므로 사리자야……"

이제야 나는 이것을 여러분에게 말할 수 있다. 이전에는 말하고 싶지 않았다. 여러분에게는 들을 준비가 되어 있지 않았다. 그러나 이제 여러분은 내 안을 들여다보고 있다.

그리고 나를 들여다봄으로써 여러분은 '무'가 무엇인가를 꿰뚫어보았다. 여러분은 그것을 맛보았다.

그러므로 사리자야—

이제 괴로움이라는 것은 원래 없던 것이라고 여러분에게 말할 수가 있다. 그것은 꿈에 지나지 않는다. 사람들은 꿈속에서 괴로워하고 있는 데 지나지 않는다.

그리고 거기에는 어떤 원인도 없다.

사람들이 꿈속에서 욕망하고 있는 데 지나지 않는다. 꿈속에서 심신을 움직이고, 갖가지 방법으로 명상하고 요가를 하는 데 지나지 않는다. 그리고 길이라는 것 또한 꿈속에서 존재하는 것에 지나지 않는다.

이제야 말할 수가 있다. 여러분이 눈을 떴기 때문이다.

여러분의 눈은 열려 있다.

이제 여러분은, 자아라는 것이 존재하는 것이 아니라는 사실을 알고 있다. 그리고 자아에서 벗어나는 것은 곧 잠에서 깨어나는 것이다. 자아에서 벗어나는 것은 곧 어둠에서 벗어나는 것이다. 자아에서 벗어나는 것은 곧 자유가 되는 것이다.

그 자유 안에서만, 길이 있을 수가 없다고 할 수 있다. 그것은 하나의 꿈과 같은 것이다. 꿈속에서 여러분은 괴로워하고 있다. 그리고 꿈속에서 괴로워하면서 쫓기고 있다.

여러분은 "왜 나는 괴로워하고 있을까?" 이렇게 묻고 있다. 이때 여러분은 한 성자(聖者)를 만난다. 꿈속에서의 일이다.

성자는 이렇게 말한다.

"네가 괴로워하고 있는 것은 네가 욕망하고 있기 때문이다. 너는 밑도 끝도 없이 돈을 버는 일에 열중하고 있다. 그래서 네가 괴로운 것이다. 그 욕망을 버려라. 그러면 괴로움도 사라질 것이다."

여러분은 그것을 납득하고 이렇게 묻는다.

"그러면 어떻게 그 욕망이라는 것을 끊을 수가 있습니까?"

그러면 성자는 이렇게 말한다.

"거꾸로 서 보아라. 요가에 몰두해 보아라. 케이오틱 명상을 해보아라. 쿤달리니 명상을 해보아라. 나다브라마 명상(Nadabrahma Meditation, 라즈니쉬 명상법의 하나)을 해보아라. 인카운터 그룹(Encounter Group, 미국의 심리학자 윌 슈트가 창시한 심리 요법)을 해보아라. 릴라(lila, 놀이, 신극[神劇])들을 통하여 심리 에너지를 해방시키는 명상법의 하나)를 해보아라. 원시요법이거든 무엇이든 해보아라."
 그 성자는 말을 잇는다.
 "이러저러한 것을 해보아라. 내 보증하거니와 반드시 도움이 될 것이다. 너는 자신의 욕망에 대해 새로운 것을 이해할 수 있을 것이다. 이해한 후에는 그 욕망을 떨쳐버릴 수 있을 것이다."

 여기에서 그 성자는 여덟 가지 길을 여러분에게 일러줄 것이다. 그는, "이것이 길이다"라고 말한다.
 어느 날 여러분이 정말 눈을 떴을 때…….
 유념하기 바란다.
 이러한 방법은 여러분이 눈을 뜨는 데 도움을 주는 것은 확실하다.
 가령, 꿈속에서 거꾸로 서 보아라. 그것만으로도 여러분은 그 꿈에서 깨어날 수 있을지도 모른다.
 해보기 바란다. 오늘 밤에라도 해보기 바란다.
 꿈을 꾸게 되면 그 꿈속에서 거꾸로 서 보기 바란다. 그러면 문득 깨어 있는 자신을 발견할 수 있을 것이다.
 꿈속에서 쿤달리니 명상을 해보기 바란다. 그러면 여러분은 잠에서 깨어날 것이다.
 여러분이 잠에서 깨어나지 못한다면 옆에서 자던 여러분의 아내나 남편은 눈을 뜰 것이다. 가까이 있는 사람이 눈을 뜰 것이다. 분명히 어떤 변화가 있다.

모든 방법은, 오직 여러분을 깨우기 위해서 있는 것이다. 그런데 여러분이 깨어 버린다면…….

"그러므로, 사리자야……."

이때 비로소 불타는 이것을 사리자에게 말할 수 있다.
그는 깨어 있는 것이다.
불타는 말한다.
"이제 비로소 내가 너에게 진실을 말할 수 있다. 존재하는 것은 하나도 없다. 제자도, 스승도, 꿈도, 괴로움도, 성자도, 원인도, 끊어지는 일도, 길이 없다는 사실 그 자체도 존재하지 않는다."

이야말로 참으로 진실한, 구극적 성명이다.

그러나 이 최고의 무대에 대해서는 사다리의 일곱 번째 가로장에 이른 사람만이 비로소 들을 수 있다.
사리자는 이날 그 일곱 번째 가로장에 도달한 것이다.
그래서 불타는 말한 것이다.
"그러므로 사리자야―"

네 번째 이야기

'무'에의 귀의

ॐ

Tasmac Sariputra

aptraitvad bodhisattvasya prajnaparamitam asritya viharaty acittavaranah.

cittavarana – nastitvad atrasto viparyasa – atikranto nishta – nirvana – praptah.

Tryadhva – vyavasthitah sarva – buddhah prajnaparamitamasritya – anuttaram samyaksambodhim abhisambuddha

🕉

以無所得故 菩提薩埵 依般若波羅蜜多故 心無罣礙

無罣礙故 無有恐怖

遠離一切顚倒夢想 究竟涅槃

三世諸佛 依般若波羅蜜多

故得阿耨

多羅三貌三菩提

🕉

"얻을 것이 없으므로 보살은

지혜의 완성에 의지하여 마음에 걸림이 없다.

걸림이 없으므로 두려움이 없고

뒤바뀐 생각을 버리고 영원한 열반에 들어간 것이다.

과거 현재 미래의 모든 부처님도

이 지혜의 완성에 의지하여 최상의 깨달음을 얻는다."

명상이란 무엇인가?

왜 이런 질문을 앞세우는가 하면, 이《심경》전체가 깊기 그지없는 명상의 핵심에 관한 것이기 때문이다.

이제 그 안으로 들어가 보기로 하자.

먼저 말해두거니와 '명상'은 '집중'이 아니다. '집중'에는 집중하고 있는 자기가 있고, 집중되는 하나의 대상이 있다. 여기에는 이원 대립이 있다. 명상에는, 안에도 아무것도 없고 밖에도 아무것도 없다. 명상은 집중이 아니다. 명상에는 안팎으로 구별되는 곳이 없다. 안은 밖으로 흐르고 밖은 안으로 흐른다. 그 가장자리, 그 경계선, 그 국경 같은 것은 존재하지 않는다. 안은 밖이요, 밖은 안이다.

명상은 비이원적非二元的 의식이다.

'집중'이라는 것은 이원적인 의식이다. 집중하면 피곤해지는 것은 이 때문이다. 집중하면 피로를 느끼게 되고, 24시간 집중할 수 없는 것은 이 때문이다.

여러분에게는 편히 쉴 휴일이 있어야 한다.

집중이라는 것은 결코 여러분의 본성이 될 수 없다.

그러나 명상은 피로를 만들지 않는다. 명상은 여러분을 소모시키지 않는다. 명상은 24시간, 혹은 일 년 내내 할 수도 있다.

하루면 하루, 일 년이면 일 년을 할 수 있다. 영원히 할 수도 있다.

명상은 그 유유자적하는 속성을 지니고 있다.

집중이라는 것은 하나의 행위이다. 의식된 행위.

명상이란 의식되지 않는 상태, 무위無爲의 상태다. 유유자적하는 상태이다.

명상에 드는 사람은 자기 자신의 실존 안으로 떨어지기만 하면 그만이다. 이때 그 사람의 실존은 곧 '일체'의 실존과 다르지 않다.

집중 안에는 계단이 있고, 특성이 있고, 관념이 있다. 집중 안에서, 마음은 하나의 결론으로부터 기능한다.

여러분은 무엇인가를 하고 있는 것이다.

집중은 과거로부터 나오는 것이다.

명상 안에는, 그 배후에는 어떤 결론도 없다. 여러분이 특별히 무엇을 해야 하는 것도 아니다. 여러분은 그저 있는 것이다.

명상은 어떤 과거도 갖지 않는다. 명상은 과거에 의해 오염되어 있지도 않다. 명상은 미래도 갖지 않는다. 명상은 일체의 미래로부터도 순결하다.

이것이 바로 노자老子가 '위무위爲無爲'라고 부른, 무위를 통한 행위이다. 이것은 선사禪師들이 말해 온, '홀연 무사하게 앉다. 봄이 와서 풀이 저절로 푸르러지다(兀然無事坐 春來草自靑)' 이런 경지다.

유념하기 바란다. '저절로[自]'라는 말을.

아무것도 강제당하지 않는다. 여러분은 풀을 가꾸고 있는 것이 아니다. 봄이 오니 풀이 저절로 자라는 것이다.

이 상태다.

여러분이 여러분의 삶으로 하여금 그 길을 가게 한다. 여러분이 방향을 잡아주는 것이 아니다. 조작하는 것이 아니다. 어떤 규율에도 얽매이지 않는다.
　순수한 무규율, 무애자재無碍自在 그 상태야말로 명상의 정체다.
　명상은 '현재', 순수한 현재 안에 있다. 명상은 즉시적即時的이다.
　명상은 한다고 해서 되는 것이 아니다. 여러분이 명상 안으로 들 뿐이다.
　집중에는 그냥 들 수가 없다.
　집중하는 것은 가능하다.
　'집중'은 인간적인 것, '명상'은 신적神的인 것이다.

　집중이라는 것은 여러분 안에 있는 하나의 중심을 축으로 해서 생긴다. 집중은 여러분 안에 있는 하나의 자기를 중심으로 해서 생기는 것이다. 실제로 집중을 잘 하는 사람은 강한 '자기'를 집적集積하기 시작하는 사람이다.
　이 사람은 힘을 모으기 시작한다. 그는, 자신을 '완성된 의지'로 만들어 가기 시작한다. 이 사람은 단단하게 뭉친 하나의 완성된 덩어리로 보이기 시작할 것이다.

　명상하는 사람은 힘을 갖지 않는다.
　그는 조용해진다. 평화로워진다.
　힘이라는 것은 투쟁에서 생기는 것이다. 모든 힘은 마찰에서 온다.
　마찰에서 전기가 생긴다. 여러분은 물로써 전기를 일으킬 수도 있다. 냇물이 산에서 쏟아져 내려올 때 거기에는 냇물과 바위의 마찰이 있다. 그리고 이 마찰이 에너지를 발생시킨다.

힘을 추구하는 인간이 함께 산다면 잘 싸우는 것도 이 때문이다. 싸움이 에너지를 발생시킨다. 에너지가 만들어진다. 힘이 발생하는 것은 마찰을 통해서다.

세계가 여러 차례 전쟁에 휘말려든 것은 세계가 힘이라는 관념에 지배당했기 때문이다. 싸우지 않고는 힘을 얻을 수가 없다.
명상은 평화를 부른다.
평화에는 그 나름의 힘이 있다. 그러나 이것은 마찰이 지니는 힘과는 전혀 다른 현상이다.
마찰에서 생기는 힘은 폭력적이다. 공격적이다. 남성적이다.
평화에서 생기는 힘은—적당한 말이 없어서 이렇게 부르는 것이지만—여성적이다. 부드럽다. 받아들이는 힘이다.
이 힘은 수용성受容性을 갖는다. 개방적이다. 이것은 마찰에서 온 것이 아니다. 이 힘이 폭력적이지 않은 것은 그 때문이다.

불타는 강하다.
평화 안에서, 정적 안에서 강하다.
장미꽃만큼이나 강하다. 그러나 원자 폭탄같이 강한 것은 아니다.
아기의 웃음만큼이나 강하다. 물러서 상처받기 쉽다.
그러나 불타의 힘은 칼 같은 힘이 아니다.
작은 등불만큼이나 강하다. 어둠을 밝히는 작은 불꽃—.
이것은 전혀 다른 차원의 힘이다. 우리가 '기적divine power'이라고 부르는 힘이 바로 이 힘이다.

그것은 마찰에서 나온 것이 아니다.
집중이라는 것은 하나의 마찰이다.
여러분은 자기 자신의 마음과 싸운다. 여러분의 마음의 초점을, 일정한 대상 쪽으로 몰아가려고 한다. 여러분은 그 일을 몇 번이고 되풀이한다. 일정한 대상은 도망치려고 한다. 자꾸만 멀어진다. 그러다 길을 잃는다.
여러분은 갖가지 생각에 시달리기 시작한다. 여러분은 그러다 다시 그 대상 쪽으로 돌아선다. 그 대상도 여러분을 끌어들인다.
여러분의 자기 투쟁이 시작된다. 여기에서 일정한 힘이 나온다.
이 힘은 다른 어떤 힘보다도 유해한 힘이다.

이 힘은 다른 어떤 힘보다도 위험한 힘이다. 이 힘은 누군가에게 상처를 입히는 데 쓰일 것임에 분명하다.
왜냐하면 마찰에서 생기는 힘은 폭력적인 힘이기 때문이다. 폭력에서 나온 힘은 폭력에 쓰이는 일밖에 없다. 이 힘은 파괴적으로 작용하지 않을 수가 없다.
평화, 비마찰, 비투쟁, 비조작에서 나오는 힘은 장미꽃의 힘이다. 조그만 장미꽃의 힘이다. 아이의 웃음 같은 힘이다. 걸핏하면 우는 여자의 힘이다. 눈물 안에 있고 아침 이슬 안에 있는 힘이다.
참으로 보잘 것 없는 힘이다. 그러나 남을 고통스럽게 하는 힘이 아니다.
참으로 무한한 힘이다. 그러나 폭력적인 힘이 아니다.

집중은 여러분을 '의식 있는 인간'으로 만든다. 그러나 명상은 여러분을 하나의 '공'으로 만든다.

불타가 사리자에게 말한 것이 바로 이것이다.
'반야바라밀다$^{prajna-paramita}$'는 명상을 의미한다.
저쪽에 대한 지혜에의 명상.
그것은 가지고 올 수 있는 것이 아니다. 그러나 그쪽으로 열릴 수는 있다. 그것을 이 세상으로 가지고 오려고 할 필요는 없다. 그것은 여러분 너머에 있다.
그것이 오기 위해서는 여러분이 사라지지 않으면 안 된다. 명상이 있기 위해서는 마음이 사라져버리지 않으면 안 된다.
집중이라는 것은 마음의 노력이다.
그러나 명상이라는 것은 무심無心 상태를 말한다. 명상이란 순수한 각성이다. 명상은 그 안에 어떤 동기도 거느리지 않는다.

명상이란, 씨앗 없이 싹트는 나무다. 이것이 명상의 기적이다. 마술이 아닌가, 신비가 아닌가!
집중은 그 안에 씨앗을 갖는다.
여러분은 특정 목적을 위해 집중한다. 거기에는 동기가 있다. 말하자면 동기 지워져 있다.
그러나 명상에는 어떤 동기도 없다.
아무 동기도 없는데 왜 사람은 명상 같은 것을 해야 하는 것일까?

여러분이 갖가지 동기를 들여다보고도 그것이 넉넉하지 않음을 알았을 때, 여러분이 동기라는 것을 그 마지막 하나까지 제거하고 그 안이 비었음을 깨달았을 때, 동기라는 것을 끌고 다니면 안 된다. 혼자서 한다는 사실을 깨달았을 때, 이때 비로소 명상이 그 모습을 나타낸다.

동기는 여러분을 선도하고, 쫓고, 갖가지 새 욕망을 지어내고 여러분을 끝없이 괴롭힐 뿐이다.

그러나 이 동기만으로는 아무것도 달성되지 않는다. 여러분의 양손은 여전히 비어 있을 뿐이다.

이를 꿰뚫어볼 수 있을 때 여러분은 여러분 인생을 바로 보고 모든 동기를 무찌른다…….

일찍이 어떠한 동기도 성공으로 결과한 적이 없다. 일찍이 어떠한 동기도 그 동기를 의지한 사람을 축복받게 한 일이 없다.

동기라는 것은 약속하는 것일 뿐, '사물'일 수는 없다.

하나의 동기가 실패하면, 또 다른 동기가 묻어 들어와 한 마디 해명도 없이 여러분에게 약속한다. 그리고 여러분은 한 번 실패 했는데도 불구하고 그 약속에 속아 넘어간다.

몇 번 이 동기에 속아 보아야 여러분은 어느 날 문득 정신을 차리고 동기의 속성을 꿰뚫어본다.

이 꿰뚫어보는 것이야말로 명상의 시작이다.

명상은 그 안에 어떤 씨앗도 갖지 않는다. 명상은 그 안에 어떤 동기도 갖지 않는다.

여러분이 만일 무엇인가를 위하여 명상하고 있다면, 여러분은 명상하는 것이 아니다. 여러분이 있는 곳은 세속이지 명상이 아니다.

여러분의 마음은 참으로 하찮은 일, 혹은 하려고 해도 되지 않는 일에 흥미를 느낀다. 여러분은 세속적이다. 가령 신의 경지에 이르려고 명상한다고 해도 여러분은 여전히 세속적이다.

너바나(열반)에 이르려고 명상한다고 해도 여러분은 여전히 세속적이다.

왜냐하면 명상은 어떤 목적도 갖지 않는 것이기 때문이다.

명상이란 일체의 목적이 허구라는 것을 꿰뚫어보는 하나의 통찰에 다름 아니다. 명상이란, 욕망이 여러분에게 어떤 것도 안겨줄 수 없음을 꿰뚫어 아는 하나의 이해에 다름 아니다.

이것을 알아야 한다.

명상이라는 것은 여러분이 나를 통하여 불타를 통하여, 혹은 예수를 통하여 손에 넣을 수 있는 어떤 신조가 아니다.

명상은 지식이 아니다.

이것을 알아야 한다.

지금도 여러분의 눈에 보인다.

여러분은 살아 왔다. 많은 동기를 보아 왔다. 여러분은 소동 속을 지나왔다. 여러분은 해야 할 일과 하지 않아야 할 일을 나누어 헤아리고, 실제로 많은 일을 해 왔다.

그 모든 일이 여러분을 어디에 이르게 하던가?

이것을 꿰뚫어보아야 한다.

나는 나에게 동의하라고 이러는 것이 아니다. 나는 나를 믿으라고 이런 말을 하는 것이 아니다. 나는 여러분이 거부해 온 하나의 사실을 지적하고 여러분의 눈을 열어주고자 할 뿐이다.

이것은 이론이 아니다. 이것은 극히 단순한 사실의, 단순한 표명에 다름 아니다. 너무 단순해서, 여러분 눈에는 보이지 않을지도 모른다.

마음이라는 것은 복잡한 것에 더 흥미를 갖는 버릇이 있다.

왜냐하면 복잡한 것에는 손댈 만한 데가 있기 때문이다. 너무 단순한 현상에서는 정말 실마리를 끌어내기가 쉽지 않다.

단순한 것이 지나쳐 버려진다. 단순한 것이 소홀한 대접을 받는다. 단순한 것이 무시당한다. 단순한 것은 너무 명백하고 분명해서, 여러분은 그 안을 들여다보려고 하지 않는다.

여러분은 복잡한 것을 즐겨 추구한다. 복잡한 것에 대한 추구는 하나의 도전일 수 있기 때문이다.

복잡한 현상, 복잡한 문제, 복잡한 상황은 여러분에게 도전의 기회를 베푼다. 그 도전을 통하여 에너지가, 마찰이, 투쟁이 생긴다.

여러분은 이 문제를 기어이 해결해야겠다고 생각한다. 여러분은, 자신이 이 문제를 해결하겠다는 자신감을 표명하지 않고는 견디지 못한다.

하나의 문제가 거기에 있을 때 여러분은 흥분에 사로잡힌다. 무엇인가를 입증할 가능성을 붙잡았으므로.

그러나 내가 표명하고 있는 것은 하나의 단순한 '사실'이다. 그것은 문제가 아니다.

'사실'은 여러분에게 도전의 기회를 베풀지 않는다. 그것은 단지 거기에 있을 뿐이다. 회피할 수도 있다. 그것은 소리를 질러 자신의 존재를 알리지도 않는다. 그것은 너무나 단순하다. 자기 안에서 들리는 '조용하고 여린 소리'(하느님의 음성을 표현하는 데 사용된 말. 열왕기 상 19:12)라고 불러도 좋을 정도다. 속삭임에도 미치지 못할 소리이다.

그것은 거기에 있을 뿐이다.

여러분은 그것을 볼 수도 있고 보지 못할 수도 있다.

그것을 보라.

내가 "그것을 보라"고 했으니, 이제 보인다. 지금 보인다.

기다릴 필요는 없다. "보라"고 하거든 지금 보라. 보는 것이다. 내 말을 듣는 즉시.

왜냐하면, 내 말을 듣고 생각하거나, 1초의 몇 분의 1이라도 망설이고 있으면 마음이 끼어들기 때문이다. 마음이 끼어들어 생각을 일으키면 안 된다. 마음이 끼어들어 사고를 시작하면 갖가지 편견이 끼어든다. 철학적인 분위기가 조성된다.

이렇게 되면 여러분의 선택은 엉뚱해진다. 사색이 시작되는 순간이 실존적인 순간을 놓치는 순간이다.

실존적인 순간이라는 것은 바로 지금 이 순간이다.

그저 한눈에 보라. 이것이 명상이다. 한눈에 보는 것, 이것이 명상이다. 하나의 사상事象이 지닌 한 상태의 사실성을 보는 것이 바로 명상이다.

명상은 어떤 동기도 갖지 않는다.

따라서 거기에는 어떤 중심도 없다.

그리고 동기도 중심도 없기 때문에 거기에는 자기도 없다.

명상 가운데서 여러분은 하나의 중심으로부터 기능할 수가 없다. 여러분은 '무'로부터 작동한다.

'무'에서 나온 감응이야말로 명상의 요체다.

마음이 어떤 곳에 집중한다. 그러면 그것은 과거로부터 작동한다.

명상은 현재에, 현재로부터 작동하는 것이다. 그것은 '현재'에서 순수한 감응이다.

그것은 반응이 아니다.

그것은 갖가지 '결론'으로부터 작동하는 것이 아니다. 그것은 '실존적인 것'을 보는 순간에 작동한다.

자기 인생을 관찰해보라. 여러분이 결론으로부터 마음을 움직인다면 결과는 엉뚱해질 것이다.

여러분이 한 남성을 본다. 여러분은 그 남성에게 매료당한다. 아름다운 사람, 참으로 보기에 좋다. 때 묻지 않은 사람으로 보인다. 그의 눈이 아름답다. 머릿결도 아름답다.

그런데 그 남성이 자기를 소개하면서, "나는 유대인입니다"라고 말한다.

그런데 여러분은 기독교도다.

이 순간 그만 스위치가 끊기고 만다. 거리가 생기게 되고 만다. 이제 그 사람은 때 묻지 않은 사람도 아니고, 아름다운 사람도 아니다.

여러분은 유대인에 대한 어떤 관념에 사로잡혀 있다. 그 남성이 기독교도이고 여러분이 유대인이라고 가정해도 결과는 마찬가지이다. 유대인인 여러분은 기독교도에 대해 특정한 관념을 가지고 있다.

기독교가 과거에 유대인을 어떻게 했던가, 특정 국가의 기독교인들이 유대인들을 어떻게 대접했던가, 대체 기독교도는 언제까지 유대인을 박해할 것인가. 이런 관념에 사로잡혀 있는 여러분은 모두 상대가 기독교인이라는 것을 알게 된다.

그 순간 여러분의 태도는 엄청나게 변한다.

결론에서부터, 선입관에서부터 마음을 움직이면 결과는 이렇게 된다.

상대를 보고 있는 것이 아니다. 왜냐하면, 그 남자는 전형적인 유대인이기 때문이다. 전형적인 기독교인이 아닐지도 모르기 때문이다. 개개의 유대인, 개개의 기독교인은 모두 서로 다르기 때문이다.

이와 마찬가지로 개개의 힌두교도는 모두 서로 다른 종류의 인간이다. 회교도도 마찬가지이다.

선입관에서부터 행동하는 것은 금물이다. 인간을 관념으로 분류·정리하는 것은 금물이다.

하나씩 나누는 것은 더더욱 안 될 일이다.

여러분이 백 명의 공산주의자들에게 속은 적이 있다고 가정하

자. 그런데 백한 번째의 공산주의자를 만났다고 치자. 여러분은 마음속으로, '공산주의자는 모두 사람을 잘 속이는 놈들이다.' 이렇게 생각할지도 모른다. 그러나 이런 식의 선입관에는 사로잡히지 말 일이다.

백한 번째는 다른 종류의 인간일지도 모른다. 왜냐하면, 어떠한 인간도 똑같을 수는 없을 것이기 때문이다.

여러분이 결론으로부터 행동할 때 여러분을 주도하는 것은 여러분의 마음이다.

오직 '현재'만을 꿰뚫어보고, 어떠한 관념에도 사로잡히지 않을 때, 있는 그대로 보되 사실을 은폐하지 않을 때, 오직 사실만을 보고 그대로 행동할 때, 여러분은 명상하고 있는 것이다.

명상이라는 것은 이래도 좋고 저래도 좋다는 상태가 아니다. 여러분이 자기 삶의 모든 순간을 살아야 한다고 생각할 때 여러분은 명상하고 있는 것이다.

걸을 때나, 꿈을 꿀 때나, 앉아 있을 때나, 이야기를 나누고 있을 때나, 이야기를 듣고 있을 때나, 명상은 일종의 '공기' 같은 것이어야 한다. 긴장을 푼 사람은 그 안에 머문다. 과거를 던져버리는 사람은 명상에 머무는 사람이다.

결론으로부터 행동을 일으키지 말 것. 그런 결론은 여러분이 스스로 올무지우는 조건이며, 선입관이며, 욕망이며, 공포이며, 쓰레기통일 뿐이다. 결국 거기에는 여러분이 없는 것이다.

여러분이라는 사람은 여러분의 과거를 의미한다. 여러분이라는 사람은 여러분의 과거 경험 전부를 의미한다.

죽은 것에 살아 있는 것의 지배를 맡기지 말 것. 과거가 현재에 영향을 입히게 하지 말 것. 죽음이 여러분의 삶을 압도하게 하지 말 것.

이것이 명상의 요체다.

명상에는, 명상 안에는 여러분이 없다. 죽은 것이 산 것을 지배하게 해서는 안 된다.

이 명상이라는 것의 체험은, 여러분 삶에 전혀 새로운 삶의 질을 부여하는 그런 것이다.

여러분은 힌두교도, 회교도, 혹은 인도인, 독일인으로 살아서는 안 된다. '의식'만으로 살아서는 안 된다.

여러분이 삶의 순간순간을 살고, 이러한 삶을 방해하는 요소가 하나도 끼어들지 않을 때 여러분의 주의력은 전체적이다. 여기에는 여러분의 정신을 산란하게 하는 것이 하나도 없기 때문이다.

산란하게 하는 것은 과거나 미래에서 온다.

주의력이 최고조에 이를 때 행위는 전체성을 믿는다. 이런 행위는 어떤 잔재도 남기지 않는다. 이런 행위는 여러분을 끝없이 자유롭게 한다. 이런 행위는 결코 새장 같은 것을 만들지 않는다. 결코 여러분을 가두지 않는다.

그리고 이것이 불타가 겨냥하던 목적지이다. 이곳이, 그가 너바나라고 부르던 곳이다.

너바나. 자유라는 뜻이다. 온전하고, 절대적이고, 가려지지 않는 상태.

여러분은 넓고 넓은 하늘이 된다. 거기에는 어떤 경계도 없다. 무한하다.

그것은 거기에 있다. 여러분이 여기에 이를 때 여러분 주위에는 '무'가 있다. 안에도 밖에도 '무'가 있다.

'무'라는 것은 명상 상태에 든 의식의 기능에 다름 아니다.

그리고 그 '무' 안에 천혜^{天惠}가 있다. '무' 자체가 곧 천혜인 것이다.

그러면 경문으로 들어가 보자.

"(그러므로) 얻을 것이 없으므로 보살은 지혜의 완성에 의지하여 마음에 걸림이 없다. 걸림이 없으므로 두려움이 없고 뒤바뀐 생각을 버리고 영원한 열반에 들어간 것이다."

유념하기 바란다.

이 '그러므로'라는 것은, 불타가 이미 사리자의 '무'를 들여다보고 있음을 나타내는 하나의 지표에 다름 아니다.

불타는 사리자의 에너지가 차분하게 가라앉아 있어서 더 이상 어떤 관념에 흔들리지 않으리라는 것을 알고 있다. 사리자가 어떤 생각에 사로잡혀 있는 것이 아니라 단지 거기에 불타와 함께 있고, 함께 현존하고, 함께 열려 있으며, '기다리는' 상태에 있음을 느끼고 있다.

이 '그러므로'는 사리자가 실존을 전개시키고 있음을 나타내는 말이다.

불타는 이제 그로 하여금 새로운 꽃을 피우게 할 수 있다. 그와 함께 일보 전진할 수가 있다.

불타는 사리자를 더 깊은 곳으로 데려갈 수 있음을 알고 있다. 사리자는, '언제든, 올 테면 오라'는 상태에 있는 것이다.

이 '그러므로'는 논리적인 표현이 아니다. 이 '그러므로'는 실존적인 표현이다.

사리자는, 불타 안으로 들어가 꽃필 수가 있다. 그리고 불타에게는 사리자 안으로 들어가, 사리자를 저쪽으로 데려갈 준비가 되어 있다.

이제부터는 한 마디 한 마디의 말이 더 깊고, 더 귀한 진리로 들린다.

"얻을 것이 없으므로 보살은 지혜의 완성에 의지하여 마음에 걸림이 없다."

한 마디 한 마디를 우리는 명상하지 않으면 안 된다.
집중이 아니다. 주의가 아니다.
우리는 이 한 마디 한 마디를 명상하고, 이 한 마디 한 마디에 귀를 기울이고, 그 안을 들여다보아야 한다.
깊이 생각해야 하는 것이 아니다. 여러 모로 생각해야 하는 것이 아니다.

이 사상思想의 차원은 사고보다 훨씬 높다. 사고보다 훨씬 크다. 사고라는 것도 이러한 영역에서는 난센스에 지나지 않는다.

그는,
"마음에 걸림이 없다"라고 말한다.

명상은 달성될 수 있는 것이 아니다. 왜냐하면 명상에는 동기가 있을 수 없기 때문이다.
여러분이 무엇인가를 달성할 때 달성은 어떤 동기를 통한 달성이다. 여러분이 무엇인가를 달성하려면 반드시 미래를 겨냥하고 미래를 위해 계획해야 한다.
지금 이 시점에 달성될 수 있는 것은 아무것도 없다. 명상을 제외하고는.
되풀이해서 말한다.
명상을 제외하고, 여러분이 지금 이 시점에 달성할 수 있는 것은 아무것도 없다.
왜냐?
여러분이 돈을 갖고 싶어 한다고 가정해보자. 그 욕심은 지금 이 시점에는 이루어지지 않는다.
여러분은 그 목표를 향하여 전심전력을 던져 넣어야 한다. 합법적으로든 비합법적으로든, 여러분은 그 목표를 향하여 매진해야 한다.

천천히 이 목표에 접근하는 방법도 있다. 사업가가 되는 것이 바로 그 방법이다.

빨리 이 목표에 접근하는 방법도 있다. 정치가가 되는 것이 바로 이 방법일 수 있다.

그러나 천천히 하든 빨리 하든, 무엇인가를 해야 하는 것만은 분명하다. 어쨌든 시간은 걸린다. 시간은 필요 불가결이다. 시간을 들이지 않고 돈을 손에 넣을 수는 없다. 시간이 없다면, 지금 이 순간에 어떻게 그 목적을 달성시킬 수 있다는 말인가?

도둑질을 한다고 해도, 가까이 있는 사람의 지갑을 노린다고 해도 시간은 걸린다. 시간은 필요 불가결한 요소다.

여러분이 유명한 사람이 되고 싶어 한다고 하더라도 시간이 필요하다. 정치권력을 쥐고 싶어 한다고 하더라도 시간이 필요하다.

그런데 오직 명상만이 지금, 바로 이 순간에 이루어질 수 있다.

무슨 까닭인가? 그것은 여러분의 본성이기 때문이다.

무슨 까닭인가? 그것은 이미 거기에 있기 때문이다.

여러분은 아직 그 권리를 주장하지 않고 있을 뿐이다. 그러나 여러분이 그 권리를 주장하지 않았을 뿐이지 그것은 의연하게 거기에 있다.

여러분은 지금 그 권리를 주장할 수 있다. 한 순간이라도 망설일 필요는 없다.

"……마음에 걸림이 없다."

그리고 너바나(열반)라는 것은 명상의 고리가 완결된 것에서 더도 덜도 아니다. '신'이란, 명상의 꽃봉오리가 꽃으로 피어난 것에서 더도 덜도 아니다.

이러한 것은 달성되는 것이 아니다. 이러한 것은 여러분의 리얼리티와 같은 것이다. 여러분은 몇 달이고 몇 년이고 이 리얼리티라는 것을 무시할 수 있다. 보아 넘겨버릴 수도 있다. 그러나 그것은 없어지는 것이 아니다. 그것은 여러분의 내부에 똬리를 틀고 앉아 있다. 언제든 좋다. 눈을 감아 보라. 아마 자신도 모르는 사이에 웃음이 날 것이다.

여러분은 이 축복을 기다려 왔다. 그것도 엉뚱한 곳에서, 여러분은 '무'로부터 오는 이 축복을, 이 안정감을 구하여 왔다. 그러나 여러분은 그것을 돈이나 은행 예금 계좌를 통하여 얻으려고 해 왔다. 이러저러한, 엉뚱한 곳에서 찾아 왔다.

그것은 이러저러한 것을 통해서 얻어질 수 있는 것이 아니다. 그런 것을 통해서는 올 수가 없는 것이다. 여러분 바깥에 있는 신은, 그것이 무엇이든, 여러분의 삶을 안전하게 지켜줄 수 있는 것이 아니다. 바깥에 있는 것은 본질적으로 위태로운 것뿐이다. 그런 것이 어떻게 여러분의 삶을 안전하게 지켜줄 수 있다는 말인가?

정부가 여러분의 삶을 안전하게 지켜줄 수는 없다. 왜냐하면, 정부는 자체가 위태로운 것이기 때문이다. 혁명이 정부를 전복시킬지도 모르기 때문이다.

은행이 여러분의 삶을 안전하게 지켜줄 수도 없다. 왜냐하면 은행도 파산할 수 있기 때문이다. 파산할 수 있는 것, 그것이 바로 은행이다.

그러면 누가 여러분의 삶을 안전하게 지켜줄 수 있다는 말인가?

여러분이 사랑하고 있는 사람 또한 여러분의 삶을 안전하게 지켜줄 수 없다. 그 사람이 다른 사람을 사랑하느라고 여러분을 배신할 수도 있기 때문이다. 사랑하는 남자에게 여러분의 안전을 맡길 수가 있기는 하다. 그러나 그 사람은 언제 죽을지 모른다.

지금까지 말한 이러한 것들은 결코 영속하는 것이 아니다. 그러므로 바깥에 있는 것에다 자신의 안전을 맡기면 맡길수록 여러분은 그만큼 마음을 놓을 수 없게 된다. 왜? 여러분의 안전을 은행에 맡기는 순간부터 여러분은 은행이 파산하면 어쩌나하고 불안해 할 것이기 때문이다.

만일 여러분에게 은행 구좌가 없다면 어떨까? 은행이 파산하더라도 여러분과는 상관이 없다.

불안은 이렇게 해서 여러분을 찾아오는 것이다.

외적인 것에다 믿음을 걸어놓는 한 여러분은 불안에서 벗어날 수가 없다. 사람이 돈이 많으면 많을수록 그만큼 더 불안을 느끼는 것은 이 때문이다.

나는 가난을 지지하고자 이런 말을 하고 있는 것이 아니다. 내 말을 오해하지 말기 바란다. 나는 "거지가 되시오." 이렇게 말하고 있는 것이 아니다. 가난에는 어떤 신성한 것도 없다.

나는 가난한 자가 안전하다고 말하고 있는 것도 아니다. 가난한 자에게도 불안은 있다. 물론 부자의 불안은 가난한 자의 불안보다 복잡하다. 가난한 자의 불안은 상대적으로 단순하다. 그러나 불안하다는 사실만은 마찬가지이다. 내 말은, 가난이라는 것이 특별한 것이라는 뜻도 아니고, 가난이라는 것이 특별한 의미를 지닌다는 뜻도 아니며, 가난한 자는 자기 가난을 자랑스럽게 여겨도 좋다는 뜻은 더더욱 아니다.

가난이라는 것은, 그 주체의 정신성과는 아무 관계도 없다. 부자라는 것 역시 주체의 정신성과는 아무런 관계도 없다. 가난과 부는 서로 아무 관계도 없는 두 가지 관념에 지나지 않는다.

가난한 사람도 부자와 마찬가지로 외적인 것에 집착한다. 가난한 사람이 마차를 가지고 있다면 부자는 캐딜락을 가지고 있다는 차이밖에 없다. 마차나 캐딜락이나 똑같이 외적인 물건이다. 이 양자는 똑같이 외적인 것에 집착하고 있다.

부자에게는 예금이 많은 계좌가 있을지도 모른다. 가난한 사람에게는 빈 지갑만 있을지도 모른다. 그러나 이런 것은 문제가 아니다. 중요한 것은 이 양자가 다 외적인 것에 집착하고 있다는 사실뿐이다.

안전은 내적인 것에서만 유래한다. 왜냐하면, 여러분 안에는 때가 되면 죽는 것, 고통 받고 있는 것이 하나도 없기 때문이다. 그 안에는 순수한 '공空'밖에 없기 때문이다.

구름은 오고가지만 하늘은 한 곳에 가만히 있다. 갖가지 생명도 오고가고 갖가지 모양도 오고가지만 '무'만은 늘 한 곳에 머문다.

이 '무'는 본래 거기에 있던 것이다. 그래서 불타는 말한다. 그것은 달성될 수 있는 것이 아님을 이해할 때 비로소 달성될 수 있는 것이라고.

그것은, 여러분이 기본적인 두 가지 사실을 이해할 때 비로소 달성될 수 있는 것이다. 즉 그것이 본래 거기에 있다는 사실과, 그것은 본래 하나의 실상이라는 사실을 이해할 때 비로소 달성될 수 있는 것이다.

거기에 있는 '공'은, 어떤 형태로든 발달되거나 발전될 수 있는 것이 아니다.

그것은 완전한 형태로 거기에 있다. 이런 이유 때문에 우리는 한순간 거기에 이를 수 있다. 불타는 그것을 '가득 찬 공(full emptiness)'이라고 부른다. 왜 이렇게 불렀느냐 하면, 만일 그것이 거기에 있다면 가득 차 있을 수밖에는 없기 때문이다. 그것이 가득 차 있다는 것은, 공 이외의 어떤 것도 거기에는 없다는 뜻이다. 이 어떤 것은 우리의 접근을 방해하는 속성을 갖는다.

이 어떤 것은 이원대립二元對立을 만들어낸다. 이 어떤 것은 마찰을 일으킨다. 이 어떤 것은 긴장을 불러일으킨다. 이 어떤 것은 불안을 불러일으킨다.

여러분은 이 어떤 것이 있는 한 안심할 수가 없다.

'공'은, 그것이 가득 차 있을 때, 일체의 방해물이 사라졌을 때, 여러분 안에서 일체가 사라졌을 때, 그것을 관찰하는 자도 없을 때, 비로소 거기에 있다.

불타는, "이 공은 경험도 아니다"라고 말한다. 여러분이 만일 이 '공'을 체험할 수 있다면, 이것은 체험하는 여러분이 있다는 뜻이다. 그것은 여러분인 것이다.

그러면 여러분은 그것을 체험할 수가 없다. 여러분이 체험할 수 있는 것은 여러분이 아닌 것에 한한다.

'체험'이라는 것은 이원대립을 의미한다. 관찰하는 자와 관찰당하는 것, 아는 자와 알려지는 것, 주체와 객체, 보는 자와 보이는 것, 이것이 모두 이원대립되는 것들이다.

그러나 거기에는 '공'밖에 없다. 그것을 보는 자도 없고, 보이는 그것도 없다. 주체도 없고 객체도 없다. 비이원적인 '공'은 그저 차 있을 뿐이다. 완전히 차 있다.

이 이상으로 세련될 수도 없고, 이 이상의 손길을 필요로 하지도 않는다.

아무것도 없기 때문에, 거기에는 없어질 수 있는 것도 없다. 무엇을 보탤 수도 없다.

온전하게 충실한 상태이다.

'가득한 공'이라는 것은 체험이 아니다. 왜냐하면 거기에는 어떤 체험자도 없기 때문이다.

그래서 불타는, '정신성'이라는 것은 하나의 체험이 아니라고 말한다.

'신'은 체험될 수 없다.

"나는 신을 체험했다"고 말하는 사람들은, 그러므로 자기가 무슨 말을 하고 있는지 알지 못하거나 극히 부정당한 말을 하고 있는 것이다.

여러분이 신을 체험하다니……, 그것은 가능한 일이 아니다. 그 체험 안에서는 여러분 자신도 발견되지 않는 것이다.

그 체험은 그곳에 있다. 그러나 체험자는 거기에 없다. 그러므로 그것은 여러분이 뽐낼 만한 것은 아닌 것이다.

누군가가 불타에게,

"당신은 신을 체험했습니까?"라고 묻는다면, 그는 침묵을 지킬 것이다. 그는 한 마디 말도 하지 않을 것이다.

그는 즉석에서 화제를 바꾸어 다른 이야기를 시작할 것이다.

평생, 그는 이런 질문이 건너올 때마다 침묵으로 일관했다.

신을 체험한 적이 없다. 그래서 침묵을 지키는 것이다. 많은 사람들이 이렇게 생각했다.

그러나 그분이야말로, 소극적으로든 적극적으로든, 이런 질문에 대답하지 않은 유일한 인물이다.

그리고 그가 침묵을 지키는 것은, 체험하지 않았기 때문이 아니다. 그는 체험했다. 그러나 그것은 하나의 체험이라고 말할 수가 없는 것이었다. 그가 침묵한 것은 그 때문이었다.

폰티우스 필라투스(본디오 빌라도)가 "진실이란 무엇인가?" 하고 물었을 때 예수가 침묵을 지킨 것도 바로 그 때문이었다.

지두 크리슈나무르티는 이런 말을 하고 있다. 그는 '체험'과 '체험하는 일'에는 미묘한 차이가 있다고 말한다. 참으로 옳은 말인 듯하다.

그는 말한다.

"그것은 '체험하는 것'이지 '체험'이 아니다."

그것은 하나의 프로세스라는 말이다.

'물物'이 아니다.

그것은 살아 있다. 죽은 것이 아니다. 그것은 진행 중인 것이지 끝난 것이 아니다.

여러분은 신 안으로 들어간다. 이것은 진행 중인 현상이다. 영원히 계속되는 현상이다. 여러분은 여기에서 나올 수가 없다.

그것은 '체험하는 일'이다. 냇물 같은 프로세스, 꽃이 피고 또 피는 것과 같은 살아 있는 프로세스다.

거기에는 끝이 있을 수 없다.

신을 체험했다는 말은 터무니없다. 경솔하고 어리석다.

모크샤(moksha, 解脫)를, 너바나를, '진실'을 체험했다고 하는데, 이런 말에는 아무 의미도 없다.

왜냐하면, 그러한 것들은 달성이라는 범주에 드는 것들이 아니기 때문이다.

그래서 불타는 말한다.

"마음에 걸림이 없다."

마음이 이윽고 종점에 이르러, 그 이상의 어떤 것을 달성하는 데도 흥미를 갖지 않을 때, 그때에 마음은 불성佛性을 이룬다.

마음이 완전히 멎어 어떤 곳으로도 향하지 않을 때 비로소 마음은 그 안쪽을 지향하기 시작한다. 이로써 그 사람 자신의 실존, 바닥 모를 나락으로의 침잠이 시작된다.

'가득한 공'은, 이루는 것에 집착하면 안 된다. '달성'이라는 문맥에서 마음을 일으키면 안 된다.

나는 이러저러한 것을 이루어야 한다. 나는 신의 경지를 이루어야 한다. 이러한 것은 하나의 게임에 지나지 않는다. 마음이 여러분을 속이고 있는 것이다.

게임의 이름이 바뀌는 수는 있다. 그러나 게임은 게임이다. 미묘한 게임이라는 사실 자체는 변하지 않는다.

보살은, 이루는 바가 없음을 통하여, '지혜의 완성'을 통하여 이루어진다.

이것은 참으로 중요한 성명이다.

불타는, 그것이 무엇이든 절대로 거기에 의존해서는 안 된다고 말한다. 그런데 이것은 일반적인 불교의 가르침과는 모순이다.

왜 그런가?

일반적인 불교는 세 가지 근본적인 귀의에 대해 가르친다.

즉, 붓담 사라남 가차미(buddham saranam gacchmi, 불佛에의 귀의),

삼감 사라남 가차미(samgham saranam gacchami, 승僧에의 귀의),

그리고, 담만 사라남 가차미(dhamman saranam gucchami, 법法에의

귀의)가 바로 삼보귀의三寶歸依다.

  제자는 불타 있는 곳으로 와서 그 발밑에 머리를 숙이고 마음을 비운 뒤에,

"저는 부처님 비호 아래로 들어갑니다" 하고 말한다. 이것이 붓담 사라남 가차미, 곧 불보佛寶에의 귀의다.

"저는 부처님 사회의 비호 아래로 들어갑니다" 하고 말한다. 이것이 삼감 사라남 가차미, 곧 승보僧寶에의 귀의다.

"저는 부처님께서 가르치시는 법의 비호 아래로 들어갑니다" 하고 말한다. 이것이 담만 사라남 가차미, 곧 법보法寶에의 귀의다.

  그런데도 《심경》의 이 부분에서 불타는, 사람은 어떤 것에도 의존해서는 안 된다, 머리에 어떤 피난처도 없다고 말한다.

  이 《반야심경》은 불경의 혼이라고 부르고, 불타의 교단은 그 몸이라고 불러 왔다. 이 삼보귀의는 은둔처, 버팀목, 의지가지가 될 만한 것을 찾아다니는 극히 평범한 마음의 소유자들을 위한 것이다.

  이와는 달리 이 《심경》에 나오는 성명은, 여섯 번째 가로장에 이르러, 여섯 번째 가로장과 일곱 번째 가로장 사이에 매달린, 한 발만 더 내밀면 최고의 경지에 이를 만한 영혼의 소유자들을 위한 것이다.

  "그러므로 사리자야……"

불타가 한 최초의 설교는 법의 바퀴를 돌리는 설교, 즉 담마 차크라 프라바탄 수트라(Dhamma-chakra-pravatan Sutra, 轉法輪經)라고 부르고 있다. 이것은 베나레스 가까이에서 그가 처음으로 한 설법인데, 일반 대중을 위한 일반적인 모든 불교는 여기에서 비롯되었다.

이 설법에서 그는 이렇게 선언하고 있다.

"불타의 비호 아래로 오라.

불타가 가르치는 법의 비호 아래로 오라.

불타가 이루는 사회의 비호 아래로 오라."

20년 뒤에 그는 이 《심경》에 기록된 제2의 섭리를 선언했다. 그가 많은 사람들을 최고의 경지에까지 끌어올리는 데 20년이 걸린 것이다.

이것이 제2의, 가장 중요한 설교라고 일컫는 설법이다.

처음 그가 사람들에게,

"내 비호 아래로 오라. 나는 성취하였다.

내 비호 아래로 오라. 나는 당도하였다.

나를 동무하러 오라. 나는 도착하였다. 나를 따르라."

이렇게 말한 것은 베나레스에서 가까운 사르나트[鹿野苑]에서였다.

이것은 일반적인 마음의 소유자들을 위한 것이었다. 그것은 당연했다.

불타는 《심경》을 선언하기에 이르렀다. 그러나 대중은 그것을 이해할 수 없었다.

그래서 20년간 그는 제자들을 가르쳤다.
사리자가 바싹 그에게 접근했다. 그래서 그는 말했다.

"그러므로 사리자야……"

이제야 나는 여러분에게 말할 수 있다. 나는 '지혜의 완성에 의지하여'라는 말에 대하여 여러분에게 말할 수 있다.
사람이 딱 한 가지 이루어야 할 것이 있다. 그것이 명상이다.
사람이 딱 한 가지 이루어야 할 것이 있다. 그것이 각성이다.
사람이 딱 한 가지 딛고 서야 할 것이 있다. 그것은 그 사람 자신의 내적인 근원, 내적인 실존이다.
다른 것은 모두 버려야 한다. 일체의 비호까지도.

명상의 완성 이외의 어떤 것에도 의존하지 않고 사람이 마땅히 해야 할 일은, 세속적인 것에도 그렇지 않은 것에도 의존함이 없이 일체를 놓아버리는 일이다. 그 결과로 나타나는 '공'을 배회하되, 어떤 것에도 방해받지 않고, 어떤 것에도 의지하지 않고, 어떤 비호도 의지도 구하지 않는 일이다.
이것이 참 '방기放棄'이다.
우리의 분리된 '자기'라는 것은, 의지할 만한 버팀목을 찾는 행위를 통해서만이 그 자체를 유지시킬 수가 있다. '자기'라는 것은 가장된 실체일 뿐이다.
은둔처로서 삼보에 귀의하는 것은 불교의 중심적인 종교 행위의 하나가 되어 있다.

　불타에의 귀의, 삼가(samgha, 僧加)에의 귀의, 다르마(Dharma, 法)에의 귀의.

　여기에서 불타는 그것도 반박한다.

　이것은 모순이 아니다.

　나는 여러분이 이해할 만한 말을 하고 있는 데 지나지 않는다. 여러분은 내가 하는 말에도 엄청나게 많은 모순이 있다고 생각할 것이다.

　까닭이 있다. 내 말이, 서로 다른 많은 사람을 겨냥하고 있기 때문에 그렇다.

　여러분의 삶이 깊어지면 깊어질수록 내가 하는 말, 내 말 속의 모순도 그만큼 다양해질 것이다.

　왜냐하면, 내가 하는 말은 여러분에 대한 하나의 감응에 다름 아니기 때문이다.

　나는 벽을 보고 말하는 것이 아니다. 나는 여러분을 향하여 말하고 있다. 그리고 나는 여러분이 받아들이는 것 밖에는 줄 수가 없다.

　여러분의 의식이 높아지면 높아질수록, 여러분의 의식이 깊어지면 깊어질수록 어떤 사상事象에 대하여 내가 하는 말도 그만큼 다양해질 것이다.

　당연히, 이런 식의 서로 다른 진술은 서로 모순된 것으로 보일 것이다.

　여러분이 논리적 일관성을 요구한다고 하더라도 불타의 말에는 그런 것이 없다. 불타의 성명에서는 어떤 논리적 일관성도 찾아볼 수 없다.

불타가 열반에 든 날, 불교가 36개 유파로 나뉘고 만 것도 그 때문이다. 열반한 바로 그날에!

제자들은 36개 유파로 분열되었다. 왜 그런 일이 일어났을까?

그것은 불타가 그 제자들의 서로 다른 의식과 이해에 맞추어 설법했기 때문이다. 서로 다른 사람들에게 이루 셀 수 없을 만큼 다양한 설법을 했기 때문이다.

그들은 입씨름하기 시작한다. 그들은 이렇게 말한다.

"부처님이 내게는 이렇게 말씀하셨다!"

자, 좀 생각해보기로 하자.

최초의 다섯 제자에게 그는 이렇게 말했다.

"나는 이루었다. 자, 내게로 오라. 내가 너희를 그곳으로 데리고 가마."

자, 이 다섯 제자가 사리자를 만났다고 치자. 사리자가 그들에게 이렇게 말했다고 치자.

"그 경지는 일종의 무달성을 통하여 달성되는 경지다. 스스로 이루었다고 공언하는 자는 이룬 것이 아니다. 왜냐, 그것은 성취될 수 있는 것이 아니므로."

그러면 다섯 제자들은 무엇이라고 말할까? 이렇게 말할 것임에 분명하다.

"도대체 그대는 무슨 말을 하고 있는가? 우리야말로 가장 오래 전부터 그분을 모신 제자들이다. 고참 제자들이라는 말이다.

부처님께서는 분명히, '나는 달성했다!' 하고 말씀하셨다.

실제로, 그분이 만일 그렇게 선언하시지 않았더라면 우리는 그분을 따르지 않았을 것이다. 그분이 그렇게 선언하셨기 때문에 우리는 그분을 따랐던 것이다.

우리의 동기는 명백했다.

그분이 달성하셨기 때문에 우리도 그같이 달성하고 싶었던 것이다. 그래서 우리는 그분을 따랐던 것이다.

그분은 우리에게 말씀하셨다.

'나는 너희의 피난처다. 와서 나에게 귀의하라. 나를 너희의 피난처로 삼아도 좋다.'

그런데 그대는 무슨 엉뚱한 소리를 하고 있는가? 부처님께서 그런 말씀을 하셨을 리 없다. 그대가 오해한 것임에 분명하다. 아니면 그대가 날조한 것임에 분명하다."

그런데 이 성명, 이《반야심경》은 어느 개인을 위한 것이다. 사리자를 겨냥하여 불타가 말한 것이다. 사리자라는 개인이 그 과녁이 되어 있는 것이다.

이것은 편지 같은 것이다.

사리자는 물론 이를 입증할 만한 증거를 제시하지 않고 있다. 당시에는 녹음기 같은 것이 없었기 때문일 것이다.

그는 이렇게 말할 수밖에 없다. 이렇게 맹세하는 수밖에 없다.

"나는, 진실이 아닌 것은 어떤 것도 말하지 않는다. 부처님께서는 나에게 분명히, '어떤 것에도 의존하지 말라. 오직 명상에만 의존하라.' 이렇게 말씀하셨다."

다른 어떤 것에 의존하는 마음은 가짜 '자기'의 마음이다. 즉 자아인 것이다.
자아라는 것은 지팡이 없이는 존재할 수 없다. 자아는 지팡이를 바란다. 무엇인가를 짚어야 하기 때문이다.
이 지팡이를 빼앗아버리면 자아는 땅바닥에 쓰러져 그 모습을 감춘다. 그리고 자아가 쓰러질 때 비로소 여러분 안에 영원한 의식, 시간을 초월한 불사不死의 의식이 솟아오른다.
여기에서 불타는 말한다.
"숨을 데는 없다, 사리자야. 치료법 같은 것도 없다, 사리자야. 아무것도 없고, 갈 곳도 없다. 너는 이미 거기에 있는 것이다."

이 '가득한 공'이 아무 준비 없이 이르렀다면 이 '가득한 공'이 여러분을 전율하게 한다. 여러분이 문득 이곳으로 던져진다면…….
때로 사람들은 내게로 와서 경의를 표하고, 이렇게 말한다.
"라즈니쉬 선생님, 왜 저를 뒤에서 좀 세게 밀어주시지 않습니까?"
여러분에게 준비가 되어 있지 않은데, 내가 그 속으로 떠밀어봐야 그건 쓸데없는 일이다. 여러 생에 걸쳐 계속될 여러분의 진보를 방해하는 행위에 다름 아니다.
준비가 되지 않은 상태에서 그 '무' 안으로 들어가면, 여러분은 너무 충격을 받고, 너무 겁을 먹고, 너무 기겁을 한 나머지, 두세 번의 생을 살 동안 '무'에 대해서 말하는 사람, '신'에 대해서 말하는 사람이면 그 근처에도 가지 않으려 할 것이다.

근처에 가지 않음은 물론 만나도 피해 다니기만 할 것이다.
그 공포는 여러분 안에서 하나의 씨앗이 되고 만다.

준비가 되지 않은 상태로 밀려들어가는 것은 금물이다. 여러분은 등을 밀려도 아주 천천히 밀려야 한다. 여러분에게 준비가 되는 딱 그만큼씩만 밀려야 한다.

현대 실존주의의 창시자인 덴마크의 철학자 키에르케고르의 저 유명한 말을 들어본 적이 있는지.
그는 이렇게 말했다.
"인간이란 전율이다. 끊임없는 전율이다.
왜? 죽음이 거기에 있기 때문이다.
왜? 어느 날 문득 공포가 그 모습을 드러내기 때문이다. 죽을지도 모른다는 공포가."

범용한 마음의 소유자들에 대한 말이라면 그의 말은 옳다. 모두 떨고 있다.
문제는 "죽느냐 사느냐(to be, or not to be)"이다.
그것은 이미 거기에 걸려 있다.
죽음.
여러분에게는 '무' 안으로 사라져 간다는 사실을 승인하기가 어렵다. 그것은 고통스럽다. 무섭다.
그리고 만일에 자기 자신의 내면을 깊이 들여다본다면, 여러분은 자기 자신이 '무'라는 관념 앞에서 전율한다는 사실을 알아낼 수 있을 것이다.

여러분은 살고 싶어 한다. 여러분은 남아 있고 싶어 한다. 여러분은 이번 생에 머물고 싶어 한다.

자신의 내적 실존에 대하여 아무것도 모르는 사람들이 영혼의 불사성不死性을 질기게 믿고 있는 것은 이 때문이다.

그들이 그런 것을 알고 있을 리 없다. 그것은 공포 때문이다. 전율 때문에 그들은 영혼의 불사성이라는 것을 믿지 않을 수가 없다. 그것은 일종의 성취원망成就願望이다.

그래서 영혼의 불사성에 대한 말은, 아무리 잠꼬대 같은 것이라도 여러분의 흥미를 자극한다. 여러분은 끌려들고 만다.

여러분은 영혼의 불사성을 말하는 사람의 말뜻을 이해하지 못한다. 그 자신도 이해하지 못하고 있을지도 모른다.

그런데도 여러분에게는 그게 매력적인 말로 들린다.

인도에서는 많은 사람들이 영혼의 불사성을 믿는다. 그리고 인도인만큼 겁이 많은 사람들은 다른 데서 찾아보기 어려울 것이다.

그들은 천 년이라는 오랜 세월을 노예로 살아 왔다. 조그만 나라의 노예로 노릇해 왔다. 누구든 인도에 와서 인도를 정복하기는 별로 어렵지 않았다. 어찌나 쉬운지 맥이 빠질 정도였다.

영혼의 불사성을 믿는 사람들이 이 모양이다.

사실, 영혼 불멸을 믿는 나라는 정복되지 않아야 옳다.

왜냐하면 죽음을 두려워하지 않는 백성들의 나라일 것이기 때문이다. 죽음을 두려워하지 않는 사람들을 무슨 수로 정복한다는 말인가. 이런 사람들은 하나도 남김없이 죽는 한이 있어도 피정복이라는 굴종은 받아들이지 않는다. 어떤 정복자에게도 굴복할 수가 없는 것이다.

그런데도 인도는 천 년간 노예 노릇을 해 왔다. 고분고분 노예노릇을 해 왔다.

영국은 참으로 작은 나라다. 인도에는 영국보다 큰 주(州)도 몇 개 있다. 영국은 이 큰 나라를 지배할 수 있었다. 별로 어려운 일도 아니었다.

왜?

인도인들이 영혼 불멸을 믿었기 때문이다.

이 신조는 인도인들의 체험이 아니다. 이 신조는 그들의 공포에서 나온 것이다.

이제 설명이 가능하다. 인도인들은 겁쟁이들이었다. 무서워하고 있었다. 금방 죽을 듯이 무서워하고 있었다. 그래서 그들은 영혼 불멸이라는 관념을 만들어내었던 것이다.

그들은 알고 있는 것도 아니고 체험하고 있는 것도 아니었다. 그들은 그런 것을 체험하려고 하지 않았다. 그들은 단지 그들의 주위를 얼쩡거리는 죽음을 체험하고 있었을 뿐이다.

그들은 죽음에 대한 공포 때문에 두려워하고 있었다. 그래서 한편으로 그들은 영혼 불사를 믿고 다른 한편으로는 양심의 가책을 느낄 수가 있었다. 그래서 그들은 항복하고 압제를 받아들일 준비를 했다.

불사에 대한 믿음은 공포에서 온다. 신에 대한 믿음은 공포에서 온다. 전율에서 오는 것이다.

범용한 마음의 소유자에 대해서라면 키에르케고르의 말은 옳다.

또 한 명의 실존주의자 장 폴 사르트르는 말한다.

"인간은 자유라는 형벌을 받고 있다."

왜 하필 '형벌'인가? 왜 하필이면 '자유라는 형벌'이라는 추한 말을 쓰고 있는가?

자유를 누리려면 어떤 형벌을 감수해야 한다는 뜻일까?

그렇다. 범용한 정신의 소유자에게는 그렇다.

왜냐하면 자유는 위험을 의미하기 때문이다.

자유로워지면 여러분은 어떤 것에도 의존할 수가 없다. 여러분은 홀로 서지 않으면 안 된다. 자유와 함께 지팡이는 그 모습을 감춘다. 모든 버팀목이 없어져 버린다.

자유란, 근본적으로는 '무'를 의미한다. 여러분은 여러분이 '무'일 때 비로소 자유롭다.

사르트르의 말에 귀를 기울여보자.

"자유로운 인간은 불안을 느낀다."

불안? 자유로부터?

그렇다.

여러분에게 자유를 누릴 준비가 되어 있지 않으면, 여러분에게 그 안으로 들어갈 준비가 되어 있지 않으면 여러분은 불안하다.

그래서 어떤 사람도 자유로워지고 싶어 하지 않는다. 사람들이 자유라는 것은 대단히 좋은 것이라고 말하는데도 불구하고 어느 누구도 자유로워지고 싶어 하지 않는다.

사람들은 오히려 노예가 되고 싶어 한다.

왜냐하면 노예 상태에 있으면 책임을 모조리 다른 사람에게 떠넘겨버릴 수 있기 때문이다. 노예 상태에 있으면 여러분에게는 책임이 없다. 그저 노예일 뿐이다. 할 수 있는 일? 시키는 대로만 하면 된다.

그러나 자유로워지면 여러분은 두려워한다. 책임이 생긴다. 하나하나의 행위를 할 때마다 여러분은 책임을 느낀다. 이렇게 하면 이렇게 될지도 모르고 저렇게 하면 저렇게 될지도 모른다. 다른 것을 하면 엉뚱한 일이 벌어질지도 모른다.

이제 선택은 여러분의 것이다. 그리고 이 선택이 전율을 불러일으킨다.

그러므로 장 폴 사르트르의 말은 범용한 정신의 소유자에 대해서는 옳다.

자유는 불안을 낳는다.

그는 말한다.

"인간은 자유라는 형벌에 처해져 있다. 왜냐하면, 자유는 공포를 낳기 때문이다. 자유는 무서운 것이다. 내가 자유로워진다면, 나 자신의 행위를 정당화시켜 줄 것이 없어지기 때문이다. 나를 고무해주던 어떤 가치도 이제는 부여되지 않는다. 그러한 가치는 나 자신이 창출해야 한다. 내가 나 자신과 내 우주의 의미를 결정한다. 누구 하나 정당화시켜 주지도, 동조해 주지도 않는다. 나는 너울을 벗은 하나의 자유, 너는 또 하나의 다른 자유다. 즉, 내 자유는 내 존재의 끊임없는 드러냄이고, 네 자유도 그러하다. 우리가 각기 독립된 존재라는 사실은, 우리 하나하나가 나름의 방법으로 자신을 드러낸다는 사실로써만 확인된다."

그러나 사르트르는, 자유는 불안을 불러일으키는 것이며 일종의 형벌, 일종의 저주라고 생각하고 있다.
그리고 키에르케고르는 말한다.
"인간은 끊임없이 전율한다."
불타는 여러분에게 이 자유 안으로, 이 '무' 안으로 들어갈 것을 요구하고 있다. 물론 여러분에게는 이렇게 들어갈 준비가 되어 있어야 한다.

사리자에게는 지금 준비가 되어 있다.
"얻을 것이 없으므로 보살은 지혜의 완성에 의지하여 마음에 걸림이 없다. 걸림이 없으므로 두려움이 없고 뒤바뀐 생각을 버리고 영원한 열반에 들어간 것이다."

"뒤바뀐 생각을 버리고……."
그는 이 '무'로 들어가는데도 전혀 전율하지 않는 것이다.

보통의, 범용한 마음의 소유자에게는 불가능한 일로 보인다. 자기가 사라지려고 하는데 어찌 전율이 없을 수 있는가? 자신이 '미지'의 세계 속으로 녹아들어가는 판인데 어찌 떨리지 않을 수 있으랴? 어찌 도망치지 않고 배길 수 있으랴? 어찌 지팡이를 찾지 않을 수 있으며, 어찌 버팀목을 찾지 않을 수 있으며, 어찌 자아라고 하는, 자기라고 하는 감각을 세우는 우를 되풀이하지 않을 수 있다는 말인가?

불타가 20년을 기다린 것도 다 그 때문이었다.

그리고 그 20년이 되었는데도 불타는 이 진실을 공개적으로 설법하는 대신, 사리자에게 개인적인 대화 형식을 빌려 말했다.

그러므로, 사람들이 사리자를 믿지 않았다고 하더라도 그들은 옳다.

왜냐하면, 불타는 그들에게 따로 말하지 않았기 때문이다.

나에 대해서도 이 점을 이해해주기 바란다. 이 점에 유념해주기 바란다.

내 말은 서로 모순이다. 왜냐하면, 내 말은 서로 다른 많은 사람들을 겨냥하고 있기 때문이다. 서로 다른 의식을 겨냥하고 있기 때문이다. 그리고 여러분이 성장하면 성장할수록 내 말은 그만큼 더 모순처럼 들릴 것이다. 나 역시 앞에서 내가 한 말을 반박해야 할 것이다.

왜냐하면, 그 말은 이미 여러분에게 아무 의미도 없는 말이 되었을 것이므로.

여러분의 의식이 성장하면 성장할수록 나는 그만큼 서로 다른 응답을 마련하지 않으면 안 된다. 여러분 의식이 갖는 하나하나의 전환이, 내 말에서는 하나하나의 전환점이 될 것이다.

그러나 내가 죽더라도 36개 유파로 갈리지는 말 일이다. 36개 유파가 너무 적을 정도로 내 말은 다양하다는 뜻이다.

'무'는 자유를 낳는다.

자기로부터의 자유야말로 구극적인 자유다. 이보다 높은 차원의 자유는 없다.

'무'는 자유다.

그것은 사르트르가 말하는 불안도 아니요, 키에르케고르가 말하는 전율도 아니다. 그것은 축복이다. 그것은 지복이다.

그것은 전율이 아니다. 그 안에서는 전율하는 자가 없으므로.

명상이 거기에 이르려는 여러분을 도와준다.

명상에 들면, 여러분은 자신이 어디론가 사라져 간다는 사실을 깨달을 수 있을 것이다. 그리고 자기 자신을 찾는 기회가 적으면 적을수록 그만큼 여러분이 받는 축복, 천혜, 그리고 지복은 늘어난다.

여러분은 천천히, 천천히 여러분 내부 세계의 수확을 배운다. 있으면 있을수록 이 세계는 여러분에게 지옥이요, 없으면 없을수록 이 세계는 여러분에게 천국이다.

여러분이 없어지는 그날, 그날이 여러분이 너바나에 드는 날이다. 구극적인 여러분의 집에 도착하는 날이다.

여러분은 온전하게 한 바퀴 돌아왔다.
여러분은 다시 한번 아이가 된다. 거기에는 어떤 '자기'도 없다.

잘 듣기 바란다.
자유라는 말은 자기의 자유라는 뜻이 아니다. 자유란 자기로부터의 자유를 뜻한다.
사르트르에게 그것은 '자기의 자유'를 의미한다. 그 자유가 형벌로 느껴지는 것은 그 때문이다.
자기가 남아 있다. 자유로워지기는 한다. 그러나 남아 있다는 사실에는 변함이 없다. 거기에 공포가 남아 있는 것은 이 때문이다.
만일 자유가, 그 안에서 자기가 소멸된 자유라면, 그래서 그 안에는 오직 자유만 있을 뿐 자유로운 것은 아무것도 없다면 누가 전율할 것인가? 누가 그것을 형벌로 받아들일 것인가?
그렇다면 거기에는 선택의 문제가 있을 수 없다. 그 자유가 혼자서 행동을 일으킨다. 그러면 사람은 전혀 선택하는 일이 없이 행동한다. 여기에는 어떤 책임의 문제도 남지 않는다.
왜냐? 여기에는 책임을 느낄 주체가 없기 때문이다.
'무'가 행위한다.
'위무위爲無爲'의 경지다.
무행위가 행위한다.
그것은 내적인 무와 외적인 무의 호응에 다름 아니다. 방해하는 것은 하나도 없다.

"얻을 것이 없으므로 보살은 지혜의 완성에 의지하여 마음에 걸림이 없다."

이제 마음에 걸림(생각에 덮여 싸임)은 아무것도 아니다. 그리고 이 마음에 걸림이야말로 여러분을 외적인 '무'로부터 갈라놓는 장벽인 것이다.

이것이 내가 이제 마크에게 한 말이다.

어젯밤에 그는 산야스[修行三昧]에 발을 들여놓았다. 그는 닐람버^{neelamber}가 되었다. 닐람버……, 푸른 하늘이라는 뜻이다.

무엇이 내적인 하늘로부터 외적인 하늘을 가로막고 있는 것일까?

'생각에 덮여 싸임'이다.

그런 옷이 여러분 알몸과 공과의 접촉을 가로막고 여러분 알몸과 공 사이의 흐름을 막고 있는 것이다.

'나는 힌두교도다' '나는 기독교도다' '나는 마르크스주의자다' '나는 파시스트다' 이러한 생각이 이 흐름을 가로막는 것이다.

'나는 아름답다' '나는 추하다' 이런 생각이 이 흐름을 가로막는 것이다.

'나는 지성적이다' '나는 비지성적이다' 이런 생각이 이 흐름을 가로막는 것이다.

어떤 종류의 생각에도 이것과 저것을 구분하는 바가 있다.

여러분은 각기 몇 백만 가지의 생각을 한다.

여러분은 양파 껍질을 벗기듯이 자기 자신을 벗겨야 한다. 한 겹, 또 한 겹.

한 겹을 벗기면 또 한 겹이 있다. 그것을 벗겨보라. 거기에 또 한 겹이 있다.

양파 껍질을 벗기고 있으면 눈물이 난다. 양파 껍질을 벗기는 행위에는 고통이 따른다.

여러분이 여러분의 실존을 벗길 때는 이보다도 훨씬 고통스럽다. 그것은 옷을 벗기는 것과는 다르다. 껍질을 벗기는 행위인 것이다.

계속해서 껍질을 벗기다 보면, 이윽고 양파는 사라져버리고, 손 안에는 '무無'밖에 남지 않는 때가 온다.

그 '무'야말로 지복이다.

불타는 말한다. 보살은 마음에 걸림이 없다고.

그는 여기에 있다. 그러나 그는 아무도 아니다.

그는 여기에 있다. 그러나 그에게는 어떤 관념도 없다.

그는 여기에 있다. 그러나 그에게는 어떤 생각도 없다. 그가 생각을 하지 않는 것이 아니다. 그는 끊임없이 생각하고 있다.

나는 지금 여러분을 겨냥해서 말하고 있다. 나는 마음과 생각을 동원해야 한다.

그러나 마음과 생각은 나를 덮지[覆] 않는다. 마음과 생각은 내 옆에 있는 것이다.

언제든 필요하다고 여겨질 때 나는 이것을 쓴다. 내가 쓰지 않을 때 이것은 거기에 없다.

내 내적인 하늘과 외적인 하늘은 하나다. 그리고 나는 알고 있다. 내가 마음과 생각을 동원하고 있는데도 그것이 나를 둘로 나누지 않음을.

마음과 생각은 도구와 같은 것이다. 여러분은 이런 것들을 쓸 수 있다.

그러나 어떠한 형태로든 이런 것들에게 덮이면 안 된다.

"마음에 걸림이 없다……."
불타는, 이 '마음의 걸림'에는 세 종류가 있다고 말한다.
첫째는 카르마 아바라나(karma avarana, 業障).
미완결의 행위, 비전체적인 행위가 여러분의 실존을 덮어버린다.
하나하나의 행위는 완결되는 것을 요구한다. 모든 사물 안에는 그 자체를 완결하려는 본래적인 충동이 있다.
어떤 행위가 우리의 염두를 떠나지 못할 때, 즉 미완결인 채 끝났을 때 이러한 행위는 우리를 덮어버리는 카르마이다.

클레샤 아바라나(klesha avarana, 번뇌장煩惱障).
욕심, 증오, 질투 같은 것, 이런 것들은 클레샤(klesha, 부정不淨한 것)라고 부른다. 이런 것들이 여러분을 덮는다.

이런 것을 관찰해본 적이 있는가.
화를 잘 내는 사람은 늘 화가 나 있다. 어떨 때는 조금 화가 나 있고, 어떨 때는 몹시 화가 나 있다. 그러나 화가 나 있다는 사실에는 변함이 없다.

이런 사람은, 어떤 일에든 뛰어들 준비가 되어 있다. 이런 사람은 어떤 일에든 격노할 태세가 되어 있다.

그는 안으로 끓고 있는 것이다.

질투가 많은 사람도 마찬가지다. 질투가 많은 사람은 늘 질투할 거리를 찾아다닌다. 질투가 많은 아내는 늘 남편의 주머니를 뒤진다. 뭐가 있을까, 편지에, 서류에, 뭔가 미심쩍은 부분이 없을까 하고.

무라 나스르딘은 귀가할 때마다 아내와 대판으로 싸운다.

그의 아내는 뭘 뒤지기를 좋아하는 사람이다. 그의 아내는 늘 뭔가를 찾느라고 늘 혈안이 되어 있다.

그의 일기장에 누군가의 전화번호가 적혀 있다. 그러면 아내는 대뜸 의심부터 한다. 그의 외투에 낯선 머리카락이 하나라도 묻어 있으면 그의 아내는 심문을 시작한다. 어디에서 묻혀 온 것이냐고.

어느 날 그녀는 아무것도 찾아낼 수가 없었다. 머리카락 한 올도 찾아낼 수가 없었다. 무라가 먼저 알고 손을 썼던 것이다.

아내는 울음을 터뜨렸다. 무라가 말했다.

"아니 왜 그래? 내 외투에는 머리카락 한 올 묻어 있지 않을 텐데······."

무라의 마누라가 말하기를,

"안 울게 생겼어요? 드디어 당신이 대머리 여자를 만나기 시작했는데······."

대머리 여자를 만나고 다닌다면 아닌 게 아니라 큰일이다.

그러나 이것이 질투 많은 여자의 마음이다. 이런 것을 '덮어쌈[被覆]'이라고 한다.

불타는 이것을 '클레샤(부정한 것)'라고 부른다.

자아라는 것은 늘 의기양양해하거나 늘 자기에게 상처를 입힐 만한 것을 찾는다.

소유욕이 많은 사람은 늘 그 소유욕을 채워줄 만한 것을 찾아다닌다. 그러다가는 또 그 반대되는 것을 찾아다닌다.

그 때문에 그는 늘 싸운다.

사람은 채워지지 않는다.

그러나 나는 그 사람들에 관해 이야기하고 있는 것이 아니다. 나는 여러분에 관해 이야기하고 있는 것이다.

자기 마음을 한번 들여다보라. 무엇을 찾고 있는지. 자기 마음을 들여다보라. 24시간.

그러면 여러분은 이러한 덮어쌈의 정체, 아바라나의 모든 것을 바라볼 수 있을 것이다.

완결되지 않은 행위, 혹은 부정한 것.

세 번째의 덮어쌈은 즈나나 아바라나(jnana avarana, 識障)라고 부른다. 신조, 의견, 주의 곧 지식의 덮어쌈이다.

이러한 것들은 여러분이 제대로 아는 것을 방해한다. 이러한 것들은 여러분들로 하여금, 보기에 충분한 공간을 주지 않는다.

이 세 가지 덮어쌈에서 벗어나지 않으면 안 된다.

이 세 가지 덮어쌈에서 벗어났을 때 비로소 사람은 '무'에 산다. 이 '산다'는 말을 제대로 이해해야 한다.

불타는 말한다.

"그는 '무' 안에 산다. '무'가 그의 집인 것이다."

'무'가 그의 집이다. 그것은 사는 집이다.

그는 그 집을 사랑한다. 그는 완전히 그 집에 동조하고 있다. 그것은 그와 동떨어진 곳이 아니다. 그는 그것의 아웃사이더라고는 느끼지 않는다. 호텔에 들었을 경우와는 달라서 그는 '내일이면 떠나야 하는구나.' 이런 생각은 하지 않는다. 그곳은 그가 사는 집이다.

사고思考의 덮어쌈이 벗겨졌을 때 '무'가 여러분의 집이 된다.

여러분은 그 집과 온전히 한 덩어리가 되는 것이다.

키에르케고르나 사르트르는 한 번도 거기까지 가본 적이 없다. 그들은 그것에 대하여 사색한 데 지나지 않는다. 그들은 그저, 그게 과연 무엇일까, 하고 생각해보았을 뿐이다.

키에르케고르가 전율을 느낀 것은 그 때문이다.

그는 오로지 생각한다.

자, 함께 생각해보자.

우리가 죽고 나면 화장 나무더미 위로 올려지고, 그러고 나서 영원히 끝난다. 이게 대체 무슨 변고인가?

그렇게 되면 아름다운 숲, 아름다운 사람들과는 더 이상 만날 수가 없게 된다. 두 번 다시 웃을 수도 없고, 두 번 다시 사랑할 수도 없게 된다. 별들을 볼 수도 없을 것이다.

세계는 계속해서 존재하는데도 우리는 이곳에 없다. 그런데도 전율하지 않을 수 있겠는가? 두려움으로 떨지 않을 수 있겠는가? 일체가 지속한다. 새들은 계속 노래를 부르고 태양은 계속해서 떠오른다. 바다는 구비치고, 독수리는 하늘 높이 날아오른다. 꽃도 전과 다름없이 향기를 풍긴다. 젖은 대지의 향긋한 냄새.

그 모든 것은 거기에 있다. 그런데도 어느 날 우리만 여기에서 사라지고 만다.

우리의 몸은 죽는다. 우리와 함께 살던, 우리가 늘 정성스럽게 손질하던 아름다운 몸. 그 몸이 병에 들면서 우리를 고통스럽게 한다. 그러던 어느 날 우리는 더 이상 그 몸을 쓸 수 없게 된다.

그 몸을 사랑하던 사람들이 그 몸을 화장 나무더미 위에다 올린다.

생각해보라.

전율이다.

키에르케고르도 거기에 대해 사색해보았을 것이다. 그는 참으로 공포 지향적인 인간이었음이 분명하다.

그에 대해서는 이런 이야기가 있다.

그는 부자의 아들이었다. 그 아버지가 세상을 떠나면서 많은 돈을 남겨주었기 때문에 키에르케고르는 한 번도 노동을 해본 적이 없었다.

그는 끊임없이 심사숙고했다.

그는 여유 있는 사람이어서 노동 같은 것은 할 필요가 없었다. 그의 예금 계좌에는 돈이 넉넉하게 들어 있었다. 매일 은행으로 가서 돈을 찾아오면 되는 것이었다. 이것이 그가 한 일의 전부였다.

이런 식으로 생활하면서 그는 명상했다. 명상이라는 것은 심사숙고, 생각에 잠기는 일, 생각하는 일을 말한다.

영어의 '명상^{meditation}'이라는 말은 그런 뜻이다. 그러나 이 말은 '디야나^{dhyana}'에 어울리는 역어는 못 된다.

내가 사람들에게, 명상하라고 말하면 그들은, "무엇을요?" 하고 말한다.

영어의 명상은, 어떤 대상에 대한 명상을 의미한다. 그러나 인도의 '디야냐'라는 말은 '보람이 있다'는 뜻이지, 어떤 대상을 명상한다는 뜻은 아니다. 그것은 하나의 상태이지 행동이 아니다.

그는 심사숙고하고, 생각하고 철학화했다.

그러던 그가 아름다운 여인을 사랑하게 되었다. 사랑했는데도 불구하고 그는 결혼해야 할지 말아야 할지 결심을 못 했었다고 한다. 사랑이라는 현상이 그에게는 하나의 전율이 되고 말았던 것이다.

3년 동안이나 심사숙고한 결과 그는 결혼하지 않기로 마음먹었다. 그는 사랑하고 있었는데도 불구하고 결혼하지 않기로 마음먹었던 것이다.

왜? 사랑에 대한 생각부터가 그의 내부에 전율을 불러일으켰기 때문이었다.

사랑은 일종의 죽음이다.

여러분이 어떤 대상을 진정으로 사랑한다면 여러분은 그 대상 안에서 죽는다. 여러분은 그 대상 안에서 사라진다.

여러분이 사랑을 나눌 때……, 나는 이 '나누다'라는 말을 쓰지 않을 수 없다. 그러나 이 말은 맞지 않다. 그러나 여기에 알맞은 말은 없다.

그러니까 잘 들어주기 바란다.

나는 말이라는 것을 그 한계 상황에 이르기까지 써야 한다고 믿는다.

사랑은 '만드는' 것이 아니다. '사랑을 만드는'이라는 것은 틀린 표현이다.

사랑은 일어난다.

그러나 그것이 일어날 때, 여러분이 누군가와의 사랑으로 가득 찬 공간에 있을 때 공포가 온다.

여러분 자신이 사라지지 않으려고 하기 때문이다. 많은 사람들이 사랑의 극치에 이르지 못하는 것은 이 때문이다. 오르가슴이라는 것은 하나의 죽음이다.

키에르케고르는 자신이 이 여성 안으로 사라져버리면 어쩌나 하고 두려워했을 만큼 그 여자를 사랑했다.

그 공포는 견디기 어려울 만큼 컸다. 그래서 그는 그 여자에 대한 생각을 버렸다. 그는 자신이 여자 안으로 사라지는 것을 거절했다. 그래서 결혼 같은 것을 할 수가 없었다.

그는 평생을 괴로워하면서 살았다.

왜?

공포 때문이었다. 그는 공포 지향적인 인간이었다.

그는 경제적으로는 어떤 문제에도 시달리지 않고 살았다. 아무 노동도 하지 않고 오직 철학만 하면서 살았다.

그런데 그가 죽었다. 그의 죽음에 관한, 이런 기묘한 일화가 남아 있다.

그는 은행에서 돌아오는 도중에 죽었다.

그달 초하루에 있었던 일이었다. 그는 돈을 찾아 가지고 은행에서 집으로 돌아오는 중이었다. 그날 그가 찾은 돈은 마지막으로 남은 돈이었다. 그는 길에서 죽었다.

그가 공포 때문에 죽은 것이라고 생각하는 사람들이 많다. 은행에는, 그가 그날 찾은 돈 말고는 단 한 푼도 남아 있지 않았던 것이다.

그는 완벽하게 건강했다. 그는 병을 모르는 사람이었다. 따라서 갑자기 죽을 만한 이유가 없었다. 그런데 은행에서 돌아오는 도중에……

은행의 지배인은 그에게 말했다.
"이 돈이 마지막입니다. 이제 돈은 한 푼도 남아 있지 않습니다."

그는 자기 집에 도착할 수가 없었다. 그는 길에서 죽었던 것이다.

그는 불타가 말하는 '무'를 경험해볼 수가 없었다. 그는 그것에 대해 생각해본 데 지나지 않았다.

공포 때문이었다.

장 폴 사르트르도 '명상'이라고 부르는 공간으로 들어가본 적이 없었다.

그는 명상가가 아니었다. 그는 사상가였다. 그는 참으로 서양적이었다. 그는 동양적인 내면에의 길을 알지 못했다.

그래서 그는 자유를 형벌로 보았다. 그래서 그는 자유를 불안으로 파악했다.

그러나 사실은 그 반대다.

여러분이 자유 안으로, '무' 안으로 들어간다면 거기에는 참 행복이 있다.

여러분이 사랑이라고 부르는 온전한 죽음 속으로 들어간다면 거기에는 깨달음 곧, 사마디가 있다.

불타는 자기는 '무' 안에 산다고 말한다.

그곳이 그의 집이었던 것이다.

그곳은 불안이 아니다. 전율이 아니다. 형벌이 아니다.

그는 그곳에 산다. 그곳이 그의 집인 것이다.
그곳은 불안이 아니다. 전율이 아니다. 형벌이 아니다.
그는 그곳에 산다. 그곳이 그의 집이었던 것이다.

"걸림이 없으므로 두려움이 없고 뒤바뀐 생각을 버리고 영원한 열반에 들어간 것이다."

불타는 이 말밖에는 하지 않는다.
그는 이 무의 경지에 들어가는 것이 곧 너바나에 들어가는 것이다, 결국 이 둘은 하나다, 이렇게 말한다.
그런 것에 대하여 조바심할 필요는 없다. 여러분은 그것이 이렇든 저렇든, 어떻게 해볼 수가 없다. 여러분은 그저 이 '무' 안으로 들어가기만 하면 된다.
그러면 이 '무'가 성장하여 자꾸만 자라고, 어느 날 여러분의 전 존재가 된다.
그때 거기에 너바나가 있다.
여러분은 이제 없다. 여러분은 우주 안으로 소멸한 것이다.

누군가가 불타에게 물었다.
"선생님의 모습이 사라지고 두 번 다시 육체로 돌아오지 않는다면, 선생님은 어떻게 되는 것인지요?"
그러자 그가 대답했다.
"나는 존재 안으로 사라질 것이다. 나는 나를 체험할 것이다."

그렇다. 그것은 진실이다.

여러분이 존재를 체험한다는 것은 모든 부처들을 체험하는 것이다.

크리슈나, 그리스도, 불타, 마하비라(Mahavira, 불타와 같은 시대 사람으로 카스트 제도에 반대하고 자이나교를 열었음), 자라투스트라(Zarathustra, 기원전 6세기경 페르시아의 예언자로서 조로아스터교를 열었음), 노자, 카비르(Kabir, 15세기 사람으로 현실의 생활 속에서 신을 섬기고 현세의 해탈을 실천했음), 나나크(Nanak, 수피즘에서 강한 영향을 받아 시크교를 열었음. 유일신 신앙을 강조하고 우상 숭배와 고행을 배척하며 종교의 도덕적 측면을 강조했음).

여러분은 이 모든 부처들을 체험하는 것이다. 여러분이 그 '무' 안으로 발을 들여놓는 날, 여러분은 이 모든 부처들의 환영을 받을 것이다.

전 존재는 불성(佛性)으로 고동치고 있다. 이루 셀 수 없이 많은 부처들이 그 안으로 사라졌기 때문이다.

그들은 존재의 레벨 자체를 드높이고 있다.

여러분은 운이 좋다.

왜냐하면, 여러분 이전에 수많은 부처들이 존재 속으로 들어가 있으므로.

여러분은 그곳에 가도 푸대접은 받지 않을 것이다.

"과거 현재 미래의 모든 부처님도 이 지혜의 완성에 의지하여 최상의 깨달음을 얻는다."

하나의 피난처가 있다면, 지혜의 완성, 명상의 완성이 바로 그것이다.
과거에도 그러했다. 현재도 그러하다. 미래에도 그러할 것이다.
누가 부처가 되든, 그 일은 명상을 통해서 일어난다.
명상에 귀의하라.
무에 귀의하라.

다섯 번째 이야기

저쪽에서 오는 메시지

ॐ

Tasmaj jnatavyam:
prajnaparamita maha–mantro maha–vidyamantro
'nuttara–mantro' samasama–mantrah,
sarva–duhkhaprasamanah, satyam amityatvat,
prajnaparamitayam ukto mantrah.
tadyatha: gate gate paragate parasamgate bodhi svaha.
iti prajnaparamita–hrdayam samaptam.

ॐ

故知般若波羅蜜多 是大神呪是大明呪 是無上呪 是無等等呪
能除一切若眞實不虛
故說般若波羅蜜多呪 卽說呪曰
羯諦 羯諦 波羅羯諦 波羅僧羯諦 菩提薩婆訶

ॐ

"그러므로 지혜의 완성은 가장 신비한 진언眞言이며
가장 밝고 가장 높고 무엇에도 견줄 수 없는 진언이다.
그것은 온갖 괴로움을 없애고 거짓이 없으므로
진실한 것임을 알아라.
진언은 지혜의 완성에서 다음과 같이 말해진다.
가테 가테 파라가테 파라상카테 보디 스바하
(가는 이여, 가는 이여, 피안으로 가는 이여,
피안으로 온전히 가는 이여, 깨달아지이다)."

테이야르 드 샤르댕(Pierre Teilhard de Chardin, 프랑스의 제수이트 파 신부, 기독교 신비주의의 완성자)은 인간의 진화를 네 단계로 나누고 있다.

제1단계는 광물권(geosphere),

제2단계는 생물권(biosphere),

제3단계는 정신권(noosphere),

제4단계는 그리스도 권(christosphere).

이 네 단계는 참으로 중요하다. 먼저 이것을 이해해야 한다. 이것을 이해하면 《반야심경》의 클라이맥스를 이해하는 데 도움이 될 것이다.

광물권―.

의식이 잠들어버린 상태, 즉 물질의 상태다.

물질의 상태는 의식이 잠들어버린 상태와 다르지 않다. 물질이라는 것은 의식과 대립되는 것이 아니다. 물질 상태라는 것은 의식이 잠들어버린 상태, 아직 눈을 뜨지 않은 상태다.

한 덩어리의 바위는 잠든 부처다. 언젠가 그 바위는 하나의 부처가 될 것이다. 그렇게 되기까지 몇 백만 년이라는 세월이 걸릴지도 모른다.

그러나 그것은 문제가 아니다.

달라지는 것이 있다면 시간의 차이가 있을 뿐이다. 그리고 시간이라는 것은, 영원을 놓고 따져 보면 대수로운 문제가 못 된다.

동양 사람들이 석상石像을 만들어 온 것은 그 때문이다.

바위와 부처가 석상을 통하여 넘나들고 있다. 바위는 최저, 부처는 최고다.

석상은, 돌 안에도 부처가 깃들 수 있음을 언표^{言表}하고 있다. 석상은, 부처라는 것은 바위가 현현^{顯現}하기에 이른 것에 다름 아니라고 말하고 있는 것이다.

바위가 그 안에 잠재하는 일체의 가능성을 구현시키고 있다.

이것이 제1단계, 광물권이다. 그것은 물질이다. 그것은 무의식이다. 그것은 잠이다. 그것은 생명 이전의 단계다. 이 단계에는 어떤 자유도 없다.

왜냐하면 자유라는 것은 의식을 통하여 들어오는 것이기 때문이다.

이 상태에는 오직 원인과 결과밖에 없다. 이 법칙은 절대적이다. 변화의 가능성조차 없다. 자유라는 것은 들어본 적도 없다.

자유라는 것은 의식의 그림자로서 개입해 온다. 의식적이면 의식적일수록 그만큼 자유롭다.

이 때문에 붇타는 '묵타^{mukta}'라고도 부른다. 완전한 자유라는 뜻이다.

바위는 완전히 속박되어 있다. 모든 곳, 모든 방향, 모든 차원에서 구속되어 있다.

바위라는 것은 감금된 혼이다.

부처란, 혼의 날개에 탄 것이다. 거기에는 사슬도, 어떤 속박도, 어떤 형태의 감금도 없다. 어떤 벽도 부처를 둘러싸고 있지 않다.

그의 실존에는 어떤 경계선도 없다. 그의 실존은 존재 그 자체와 마찬가지로 광대하다. 그는 '전체'와 하나인 것이다.

어찌되었든, 광물권의 세계에서는 원인과 결과가 유일한 담마(dhamma, 法)다. 유일한 법칙, 유일한 도^{道}이다.

과학은 구태의연하게 그 광물권에 갇혀 있다. 왜냐하면, 과학은 구태의연하게 원인과 결과라는 문맥을 벗어나고 있지 못하기 때문이다.

현대 과학은 극히 초보적인 과학이다. 극히 원시적이다. 왜냐하면, 현대 과학으로는 물질 이상의 어떤 것도 이해할 수 없기 때문이다.

현대 과학의 개념은 극히 한정되어 있다. 그래서 문제를 해결하기보다는 비극을 지어내고 있는 것이다. 그 시계^{視界}는 너무 한정되어 있고 너무 빈약하고 너무 비좁아서 존재의 전체성과는 조화될 수가 없다.

현대 과학은 그 빈약한 구성으로 내다보고 그것이 모든 것이라고 생각한다. 과학은 구태의연하게 광물권에 갇혀 있다. 과학은 여전히 속박되어 있다. 그것은 아직 날개를 갖지 못했다. 그것은 원인과 결과를 뛰어넘어야 비로소 날개를 가질 수가 있을 것이다.

몇 개의 조그만 불꽃은 있다.

원자 물리학자들은, 원인과 결과를 초월해 있는 세계로 들어가고 있다. 그 경계선을 넘고 있다. 그래서 불확정성원리(不確定性原理, 양자론으로 유명한 독일의 하이젠베르크가 제창한 원리)라는 학설이 나타난 것이다. 대단한 힘과 함께 나타난 학설이다.

원인과 결과는 확정성의 원리이다.

이렇게 하면 반드시 이런 일이 일어난다. 물을 100℃ 가열하면 물은 증발한다. 이것이 원인과 결과이다.

물에는 어떤 자유도 없다.

물은 "오늘은 그럴 기분이 아니다. 100℃가 되어도 증발하지 않겠다. 누가 뭐라고 해도 증발하지 않겠다." 이렇게 말하지 않는다. 어림없다. 물은 이렇게 말할 수 없다. 물은 저항할 수 없다. 법칙에 어긋나는 짓은 할 수가 없다. 엄격하게 법을 준수한다. 순종한다.

어느 날 아주 기분이 좋다고 해서 물이, "그렇게 끓이지 않아도 돼. 내가 50℃에서 증발해줄 테니까. 내가 좋은 일 한번 하지." 이렇게는 말하지 않는다. 어림없다. 그것은 불가능하다.

옛날의 물리학, 옛날의 과학에서는 불확정성의 원리라는 것은 상상도 할 수 없는 학설이었다. 불확정성의 원리라는 것은 자유의 원리라는 말이다.

이제야 무엇인가가 보이기 시작한다.

이제야 그들은 확신의 일부를 버리기 시작했다. 이제야 그들은 물질의 가장 깊은 곳에서 자유를 보고 있다.

거기에는 모종의 자유가 있다. 전자電子가 미립자微粒子인지 파동波動인지 확언하기 어려운 것이다.

전자는 미립자와 파동 노릇을 한다. 어떤 때는 이렇게 작용하고 또 어떤 때는 저렇게 작용한다. 도무지 예측할 도리가 없는 양자量子인 것이다.

그것뿐만이 아니다. 전자는 어찌나 자유로운지 때로는 미립자 노릇과 파동 노릇을 동시에 하기도 한다. 이것은 옛날의 과학자들이 상상하거나 이해할 수 없던 일이다. 아리스토텔레스도 이해할 수 없었고 뉴턴도 이해할 수 없었다.

그런 것은 어떤 사람에게도 납득이 가지 않는다. 선線이면서 동시에 점點인 것이 있다고 하면 납득할 수 있겠는가. 그것은 비논리적이다. 어떻게 선 노릇과 점 노릇을 동시에 하는 것이 있을 수 있겠는가. 선이거나, 점이거나 어느 한쪽이어야 한다.

그러나 이제 물리학자는 내오무비內奧無比한 물질의 핵심을 넘겨보기 시작하고 있다. 먼 길을 돌고 있긴 하지만, 그들은 생명의 요소 중 가장 중요한 요소의 하나에 다가가고 있는 것이다.

바로 자유에 다가가고 있는 것이다.

그러나 그것은 광물권에 존재하지 않는다. 그것은 '수수프티susupti'이다. '수수프티'라는 말은 '절대적인 잠'이라는 뜻이다. 여기에는 꿈도 없다.

바위는 꿈조차 꾸지 않는다. 바위는 꿈을 꿀 수도 없는 것이다.

꿈을 꾸려면 조금이나마 의식적이어야 한다. 그러나 바위는 그저 거기에 있을 뿐이다.

바위에는 어떤 퍼스낼리티도 없다. 바위에는 어떤 혼도 없다. 그저 현실 그 자체일 뿐이다.

바위는 꿈도 꾸지 않는다. 바위는 잠을 설치지 않는다. 밤이나 낮이나 바위는 줄기차게 잔다. 바위는 몇 천년간이나 잠을 잤다. 앞으로도 몇 천년간 잠을 잘 것이다. 꿈도 꾸지 않고, 잠을 설치는 일도 없이.

요가에서, 우리는 의식을 네 단계로 나누고 있다. 이 네 단계는 드 샤르댕의 구별과 아주 깊은 관련이 있다.

첫째 단계는 수수프티, 깊은 잠이다.

광물권은 여기에 해당한다.

광물권이라는 것은 살아 있다기보다는 죽은 것에 가깝다. 물질이 죽은 것으로 보이는 까닭이 여기에 있다.

그러나 그렇게 있을 뿐이다.

물질은 그 생명이 자라기를 기다리고 있다. 씨앗과 같은 상태다. 겉보기에 그것은 죽어 있다. 그것은 생명으로 작렬하는 데 어울리는 순간을 기다리고 있다.

그럼에도 불구하고 지금 현재 그것은 죽어 있다. 거기에는 어떤 마음도 없다.

기억하기 바란다.

최종 단계에서도 거기에는 어떤 마음도 없다. 부처가 무심無心 상태에 있듯이 바위 역시 무심 상태에 있다. 석상石像이 중요한 의미를 갖는 까닭이 여기에 있다. 석상은 두 대극對極의 만남이 이루어지는 곳이다.

바위가 무심 상태에 있다는 것은 바위가 마음 이하의 상태에 있다는 뜻이다. 부처가 무심 상태에 있다는 것은 부처가 마음을 뛰어넘었다는 뜻이다. 이 점이 유사하다. 아이와 성인聖人이 유사하듯이.

아이는 마음 이하에 머물러 있다. 성인은 마음 너머에 있다.
바위는 부처가 통과한 생의 모든 혼란을 통과하지 않으면 안 된다.
부처는 가고, 가고 또 가서 뛰어넘는다. 완전히 뛰어넘는다.
그러나 거기에는 유사성이 있다.
부처는 다시 무심 상태 안에 존재하고 있다. 그는 마음이 필요하지 않을 정도의 완전한 의식 상태에 있다. 바위의 경우는 완전한 무의식 상태에서 마음이 존재할 수가 없다.
바위에는 무의식이 절대적이다. 그래서 마음이 있을 수가 없다. 부처에게는 의식이 절대적이다. 그래서 마음이 있을 필요가 없다.
이것을 여러분에게 설명해보이겠다. 여러분이 반드시 배우고 반드시 이해해야 할 중요한 것 가운데 하나이므로.

마음이 필요한 것은, 여러분이 사실은 의식적이지 못하기 때문이다. 만일 여러분이 정말 의식적이라면, 거기에는 '통합'이 있다. 통합이 있을 때는, 생각 같은 것은 하지 않는다. 이때 여러분은 통찰로부터 행위한다. 마음으로부터 행위하는 것이 아니다.
그렇다면 마음은 필요 없다.
여러분이 어떤 것을 진실이라고 여기고 바라본다면, 본다는 것 자체가 여러분의 행위가 된다.

가령 여러분이 집에 있는데, 집에 불이 났다고 하자.

여러분은 그것을 본다. 생각하는 것이 아니다. 그저 볼 뿐이다.

여러분은 기다리지 않는다. 궁리 같은 것은 하지 않는다. 생각 같은 것은 하지 않는다. 누구에게 묻지도 않는다. 책을 펼쳐보지도 않는다. 누군가를 찾아가 어떻게 했으면 좋겠느냐고 조언을 구하지도 않는다.

여러분이 밤중에 산보하다가 돌아오는 길에, 길 한복판에서 뱀 한 마리를 본다고 하자.

여러분은 깜짝 놀라서 비켜선다! 무슨 생각을 하기에 앞서 우선 비켜서고 본다. 비켜서는 것은, 여러분이 생각하고 나서 하는 행동이 아니다.

그것은 통찰에서 온 것이다.

위험이 거기에 있다. 그 위험이 여러분을 생생한 인간, 강렬한 인간, 의식적인 인간으로 만든다. 여러분은 의식의 힘으로 비켜서는 것이다.

그것은 무심無心의 도약이다.

그러나 이러한 순간이 여러분의 인생에는 드물다.

왜냐하면, 여러분에게는 자기 의식을 강력하게 할 준비, 전체적으로 생생하게 만들 준비가 되어 있지 않기 때문이다.

불타에게 이것은 보통이다. 그는, 마음이 필요 없을 정도로, 마음의 상담을 받지 않을 정도로, 전체적으로 살고 있다.

제1의 영역, 광물권은 무심권無心圈이다. 거기에는 어떤 '자기'도 없다. 그것은 명백하다. 왜냐하면, 마음 없이는 '자기'가 존재할 수 없기 때문이다.

제4의 영역에도 '자기'가 없다. 마음이 없는데 어떻게 자기가 존재할 수 있는가? 마음이라는 것은 하나의 중심으로부터 작동할 필요가 있다. 그래서 마음이 자아를 만들어내는 것이다.

마음은 그 마음 자체를 통제해 나가야 한다. 마음은 그 마음 자체를 일정한 패턴, 일정한 질서에 따라 통제해 나가야 한다.

마음은 그 마음 자체를 유지할 필요가 있다. 그 자체를 유지하기 위해 마음은 하나의 중심을 만든다.

왜냐하면 중심이 있어야 비로소 통제 기능이 생길 수 있기 때문이다. 중심이 있으면 통제 기능이 있을 수 없다.

그래서 일단 마음이 들어서면 자아도 들어선다.

조만간 마음은 자아를 필요로 한다. 자아 없이 마음은 기능할 수가 없다. 자아가 없는데 누가 통제한다는 말인가? 누가 처리하고, 조작하고, 계획하고, 꿈꾸고, 기획한다는 말인가?

거기에 변하지 않는 누군가가 있다. 이것은 이 생각에서 저 생각으로 끊임없이 변한다. 사고思考의 행렬, 이것이 마음이다.

자아가 없다면 여러분은 미아가 되고 말 것이다. 자신이 누구인지, 자신이 어디로 가고 있는지, 무엇 때문에 가는지 그것도 모르게 되고 말 것이다.

광물권에는 마음도 없고, 자기도 없고, 시간도 없다. 시간 이하의 영역이다. 시간은 아직 들어와 있지 않다.

바위는 과거도, 현재도, 미래도 알지 못한다.

그리고 붓타도 마찬가지이다.
그 역시 시간을 넘어서 있다.
그는 어떤 과거도, 어떤 현재도, 어떤 미래도 알지 못한다.
그는 '영원'에서 살고 있다.
실제로는 그것이 '현재'라는 것의 참뜻이다. 현재라는 것은, 과거와 미래 사이에 있는 어떤 공간을 의미하는 것이 아니다.
사전에는 그렇게 씌어 있다. 사전은 과거와 미래 사이에 있는 스페이스를 '현재'라고 부른다. 그러나 그것은 현재가 아니다. 그게 어찌 현재인가? 현재는, 우리가 현재라고 말하는 순간에 과거가 되어 가고 있다.
현재는 존재로부터 나온 '이 순간'이다.
우리가 이 순간을 '현재'라고 부른다고 치자. 이것을 현재라고 부르는 순간, 이것은 이미 과거가 되어 있다. 그러므로 더 이상 현재가 아니다.
그리고 여러분이 미래라고 부르는 그 순간도, 여러분이 미래라고 부른 그 순간에 현재가 되어 있다. 그러고는 과거를 향해 나아간다.
이러한 현재는 진짜 현재가 아니다. 과거와 미래 사이에 있는 현재, 이것은 과거와 미래라는 시간 행렬의 한 부분에 지나지 않는다.

내가 말하는 현재, 내가 말하는, 혹은 붓타가 말하는, 혹은 그리스도가 말하는 '지금'은 그렇지 않다.

그리스도는 이렇게 말한다.

"내일 일을 걱정하지 마라. 들의 백합을 보아라. 수고도 하지 않고 길쌈도 하지 않는다. 그런데도 백합은 얼마나 아름다우냐? 믿어지지 않을 만큼 아름답지 않으냐? 솔로몬이 아무리 차려입은들 이만큼 아름답겠느냐? 들의 백합을 보아라."

그 백합은 일종의 '지금' 안에서 살고 있다.

백합은 과거를 알지 못한다. 백합은 미래를 알지 못한다.

불타는 어떤 과거도 어떤 미래도 어떤 현재도 알지 못한다. 그는 이를 구별하는 법조차 알지 못한다. 그것이 '영원'이라는 상태다. 이때 '지금'은 절대적으로 그곳에 있다. 그곳은 오직 '지금', 오직 '여기'일 뿐 다른 어떤 것도 아니다.

그러나 바위 또한 그런 상태에 있다. 무의식이다.

말할 것도 없다.

제2의 영역은 생물권이다. 그것은 생명, 전의식前意識을 의미한다.

최초의 영역은 물질이었다.

두 번째 영역은 생명이다. 나무, 동물, 새.

바위는 움직이지 않는다. 바위에는 어떤 생명도 없다. 눈에 보이는 형태로는 어디에도 없다.

나무에는 많은 생명이 있다. 동물에게는 더 많은 생명이 있다. 새에게도 있다.

나무는 땅에 뿌리를 박고 있다. 많이는 움직이지 않는다. 그러나 조금은 움직인다. 흔들린다. 나무에게는 그만큼의 자유가 있다. 약간의 자유는 확실히 있다.

그러나 동물은 이보다 훨씬 더 자유롭다. 동물은 움직일 수가 있다. 동물은 어디로 갈 것인지, 무엇을 할 것인지 선택할 수가 있다. 새는 이보다 조금 더 많이 자유를 누린다. 새는 날 수가 있다.

이것이 생물권, 혹은 생명권이라고 부르는 영역이다.

전의식前意織의 영역이다. 극히 초보적인 의식이 모습을 나타내는 영역이다.

바위는 완전한 무의식 상태에 있다. 나무는 절대적인 무의식 상태에 있다고는 말할 수 없다. 무의식이긴 하다. 그러나 의식이라고 부를 수 있는 것이 스며들고 있다. 의식의 빛이 스며들고 있는 것이다.

그리고 동물은 조금 더 의식적이다.

제1의 상태는 파탄잘리(Patanjali, 4~5세기경의 요가 학자)의 '수수프티'에 해당한다. 깊고 깊은 잠에 빠진 상태를 말한다.

제2의 상태는 파탄잘리의 '스와브나^{swabna}'에 상당한다. 꿈을 꾸는 상태를 말한다.

의식은 꿈처럼 들어온다. 그렇다. 개들은 꿈을 꾼다. 실제 우리 눈으로 확인할 수 있다. 개가 잠자고 있는 것을 관찰하면 개가 꿈을 꾼다는 사실을 확인할 수 있다. 개는 꿈속에서 파리를 잡는지 이따금씩 파리 잡는 시늉을 한다. 어떤 때는 슬퍼하는 시늉을 하고 어떤 때는 기뻐하는 시늉을 한다.

고양이를 관찰해보라. 때로는 꿈속에서 쥐를 쫓고 있는지 쥐 쫓는 시늉을 한다. 잘 보면, 고양이가 무슨 꿈을 꾸고 있는지 알 수 있다. 고양이는 잠을 자면서도 쥐를 먹는 시늉, 수염을 닦는 시늉을 한다.

고양이를 관찰해보라.

꿈이 시작된다. 꿈의 내용물이 의식의 세계를 행한다. 그러면 의식이 떠오른다.

인과 관계는 여전히 우세하다. 그러나 바위 속의 인과 관계만큼 우세한 것은 아니다.

다소간의 자유가 가능해진다. 그리고 이 자유 때문에 갖가지 변화가 시작된다.

동물에게는 자유가 조금 있다. 동물은 몇 가지 일 중에서 한 가지를 선택할 수 있다. 애완동물은 변덕을 부린다. 기분이 좋으면 여러분에게 아첨한다. 기분이 나쁠 때도 있다.

애완동물의 실존 안에는 결단의 여지가 조금 있다. 그러나 아주 조금이다. 그리고 겨우 시작이다.

자기라는 것은 아직 완전히 마무리되어 있지 않다. 극히 유동적인 자기, 아직은 잡탕이다.

그러나 곧 자기가 자리를 잡는다. 구조가 짜이면 그 모습이 나타난다.

동물은 과거 지향적이다. 동물은 과거로부터 산다. 동물에게 미래라는 관념은 없다. 동물은 미래를 위해 계획할 줄 모른다. 앞일에 대한 생각도 극히 단편적이다.

가령 동물이 배고픔을 느끼면 앞일을 생각할 수 있기는 하다. 겨우 몇 시간 앞의 일을. 먹이를 갖다줄 테니까 기다리자. 이런 정도다.

그것뿐이다. 한 달, 두 달, 석 달 앞에 대한 걱정, 동물로서는 생각할 수 없는 일이다. 몇 년 앞의 일, 그것은 동물로서는 상상도 할 수 없는 일이다.

동물에게는 어떤 달력도 어떤 시간 개념도 없다. 동물은 과거 지향적이다. 그것이 어떤 일이든, 동물은 과거에 일어났던 일이 미래에도 일어날 것이라고 예상한다. 그 미래는 대체로 과거와 같은 것이다.

미래는 과거의 반복에 지나지 않는다. 동물은 과거에 지배당하고 있다. 시간은 과거를 통하여 동물의 의식으로 들어온다. 자기도 과거를 통하여 들어온다.

제3의 영역은 정신권이다. 마음, 자의식이 생긴다. 첫 번째는 무의식無意識이다. 두 번째는 전의식前意識이다. 세 번째는 자의식自意識이다. 의식이 온다. 자기라고 하는 하나의 '재난'을 따라서. 의식은 이런 방법을 통하지 않으면 오지 않는다. 자기라는 것은 하나의 필요악이다. 의식은 '자기'라고 하는 관념과 함께 온다.

내성內省이 시작된다. 사고가 시작된다. 퍼스낼리티가 그 모습을 나타낸다. 그리고 마음과 함께 미래 지향성이 생긴다. 인간은 미래에 산다. 동물은 과거에 산다.

발달된 사회는 미래에 산다. 발달되지 않은 사회는 과거에 산다. 원시인들은 지금도 과거를 살고 있다.

미래를 사는 것은 문명인뿐이다. 미래를 산다는 것은 과거를 산다는 것보다 훨씬 차원이 높은 상태다.

젊은이는 미래를 산다. 노인이 되면 과거를 살기 시작한다. 젊은이들은 노인들보다 훨씬 생생하게 산다.

신생국들, 새로운 문화는 미래를 산다. 그러나 인도는 과거를 살고 있다. 5천 년, 혹은 1만 년 전의 과거, …… 인도는 그것을 짊어지고 걸어가고 있다. 참으로 무거운 짐이다. 그것을 지고 걷는다는 것은 쉬운 일이 아니다. 짐이 인도인들을 짓누른다. 그러나 인도인들은 그 짐을 지고 걷는다. 그것은 유산遺産이다. 인도인들은 그것을 뽐낸다.

과거를 뽐낸다는 것은 아직도 미개한 상태에 있다는 증거다. 사람은 마땅히 미래를 향하여 손을 내밀어야 한다. 사람은 마땅히 미래를 더듬어야 한다.

과거는 이제 끝났다. 미래는 이제부터 온다. 우리는 그 미래를 맞을 준비를 해야 한다. 그래야 미래를 여러 모로 관찰하고 예측할 수 있다.

인도인들은 과거의 일이 아니고는 감동하지 않는다. 지금도 사람들은 라마(대서사시 《라마야나라》의 주인공) 극의 상연을 계속하고 있다. 매 년. 그리고 그들은 이 극에 감격하고 있다. 그 극이 씌어진 지 몇 천년이 지났는데도 인도인들은 같은 극을 해마다 무대에 올린다. 앞으로도 그럴 것이다.

그런데도 그들은 미칠 듯이 감격한다. 그들은 인간이 최초로 달에 내려 달 위를 걸었을 때도 그만큼은 감격하지 않았다. 라마 극에 감격한 만큼은. 그들은 극의 내용을 훤히 알고 있다. 여러 차례 보았기 때문이다. 그러나 그것은 그들의 유산이다. 그들은 그것을 큰 자랑으로 여기고 있다.

내 이야기를 들으면 아마 여러분은 놀랄 것이다. 인도의 힌두교 마하트마[大聖者]들, 그리고 자이나교의 마하트마들 가운데는, 인간은 달 표면에 내린 적이 없다, 그것은 미국인들의 거짓말이다, 이렇게 주장하면서 그것을 증명하려는 사람들이 있다.

왜? 달은 그들의 신이기 때문이다. 그런 달 위를 어떻게 걷는다는 말인가? 더욱 놀라운 것은, 그들의 말에 귀를 기울이고, 그들의 말을 믿는 사람들이 많다는 사실이다.

한 자이나교 승려가 어느 날 나를 만나러 왔다. 그는 나에게 이렇게 말했다.

"나를 지지해주시오. 내게는 수천 명의 신봉자가 있습니다."

수천 명의 신봉자가 있다는 말은 거짓말이 아니었다. 그가 내게 한 말의 내용을 간추리면 이렇다.

"미국인들이 지금 우리를 속이고 있다. 그들이 우리에게 보여주는 달 사진은 모두 영상 속임수로 만들어낸 사진이다. 그들이 가져 왔다는 달 표면의 돌은 시베리아 같은 곳에서 가져 온 것임에 분명하다. 달에는 누가 간 일도 없고, 달이라는 것은 누가 갈 수 있는 곳도 아니다."

자이나교 승려들이 이러는 데에는 까닭이 있다. 자이나교의 사스트라^{shastra}, 즉 자이나교의 경전에는 달이 신으로 되어 있다. 그래서 자이나교 승려들은, 사람이 어떻게 신 위를 걸을 수 있느냐고 하고 있는 것이다.

이것은 과거 지향적이다. 참으로 답답한 노릇이지만 할 수 없다. 인도가 성장하지 못했던 것도 다 이 때문이다. 인도는 진화하지 않는다. 인도는 진보하지 못한다. 인도는 과거로 들어가고 있다.

정신권에 이르면, 마음, 자의식, 내성^{內省}, 사고, 퍼스낼리티, 미래 지향성이 그 모습을 나타낸다.

그리고 미래로 들어갈 준비가 진척되면 진척될수록 여러분은 그만큼 불안해진다. 미국인들이 이 지구에서 가장 긴장해 있는 국민인 까닭이 여기에 있다.

그들은 느긋해 할 수가 없다. 인도인들은 늘 느긋하다. 지나칠 정도로 느긋하다. 그들에게 능률 같은 것은 쥐뿔이다.

들은 적이 있는지 모르겠다. 인도인들은 전구 하나 갈아 끼우는 데도 세 사람이 붙는다. 한 사람은 전구를 갈아 끼우고 두 사람은 사다리를 붙잡고 있는 것이다. 이 얼마나 느긋한 사람들인가?

그들은 불안으로 괴로워하는 일이 없다. 그들은 불안이 무엇인지 제대로 알지도 못한다.

불안이라는 것은 늘 미래에 묻어 들어온다. 미래를 계획해야 할 때 우리는 불안을 느낀다.

우리는 언제까지나 옛 방식을 고집하면서 살 수만은 없다. 그래서 새로운 삶을 계획한다.

이 새로운 계획에는 늘 성사되지 못할 가능성이 들어 있다. 말하자면 되기보다는 안 되기가 쉬운 것이다. 그래서 우리는 새로운 것을 계획할 때마다 불안을 느낀다.

심리학자들의 말을 따르자면 미국은 세계에서 가장 불안한 나라, 인도는 가장 불안하지 않은 나라이다.

동물에게 불안 따위는 없다. 과거를 산다는 것은 그 마음의 상태가 보다 낮은 레벨에 있다는 뜻이다. 이런 상태에서는 과거에 사는 편이 좀 더 쾌적하고 편리하다. 그래서 힌두교의 마하트마들은 세계를 향하여 이렇게 말한다.

"보라! 우리는 얼마나 평화로운가? 우리는 노이로제 같은 것을 모른다. 우리는 배가 좀 고파도 조용히 배를 곯는다. 우리는 죽을 때가 되어도 조용히 죽음을 맞아들인다. 우리들에 비하면 여러분들이야말로 미친 사람들처럼 날뛰고 있지 않은가?"

그러나, 잘 듣기 바란다. 진보라는 것은 불안을 통해서 온다. 진보의 바탕자리에는 불안이 있다. 거기에는 전율이 있다. 우리 계획이 잘못되었을지도 모른다. 우리가 무슨 과오를 범하고 있는지도 모른다. 목표 설정이 잘못되었는지도 모른다……. 진보의 바탕자리에는 이러한 불안이 있다.

과거에는 문제가 있었다고 하더라도 그것을 되풀이하지 않으면 그뿐이다. 과거라는 것은 고착되어 있다. 과거의 길은 이제 잘 알려져 있다.

여러분은 그 길을 걸어왔다. 여러분의 부모들도 그 길을 걸어왔다. 저 아담과 이브에 이르기까지 과거의 사람들은 모두 그 길을 걸어왔다.

그 길을 벗어날 가능성은 별로 없다. 오직 새로운 일을 계획하고 있을 때만 근심, 불안, 공포, ……실패에 대한 공포가 마음속으로 들어온다.

이 제3의 영역, 정신권은 불안과 긴장의 영역이다. 여러분이 만일 두 번째와 세 번째 중 하나를 선택해야 한다면, 세 번째를 선택하기 바란다. 두 번째를 선택하면 안 된다. 그러나 두 번째와 세 번째 가운데서 꼭 하나를 선택해야 할 필요는 없다.

세 번째와 네 번째 가운데서 하나를 선택하면 된다. 이 경우에는 네 번째를 선택하라. 보다 높은 레벨을 선택하라는 것이다.

유념하기 바란다.

나는 인도인을, 인도인의 마음을 비난한다. 그러나 이 말은, 내가 불타를 비난한다는 뜻이 아니다. 내가 크리슈나를 비난한다는 뜻이 아니다.

그들은 네 번째를 선택하고 있다. 그들은 참으로 느긋하다. 그들은 참으로 편안하다.

그러나 그들은, 시간 그 자체를 던져버렸기 때문에 유유자적하는 것이 아니다. 과거를 살기 때문에 유유자적할 수 있는 것이 아니다. 그들은 완전히 풀려 있다. 그들에게는 이런 불안도 노이로제도 없다. 그들의 마음은 조용한 호수, 물결 하나 일지 않는 호수이다.

두 번째를 선택하고 있어서 이런 상태에 있는 것이 아니다. 네 번째를 선택하고 있어서 이런 상태에 있는 것이다. 마음 이하에 머물고 있어서 그런 것이 아니고 마음을 뛰어넘었기 때문에 그런 것이다. 이것이 그 까닭이다.

인도인들은 불타를 보고 있다. 인도인들은 그의 정적을 보고 있다. 인도인들은 그 천혜^{天惠}를 보고 있다. 그들은 그 기품을 보고 있다. 그들은 인생이 그렇게 유유자적한 것임을 알고 있다. 그래서 그런 인생을 살고 있는 것이다.

그러나 그들은 이 네 번째를 선택하려고 노력 같은 것은 하지 않는다. 그래서 반대로 그들은 세 번째에서 두 번째로 떨어지고 만다. 그들이 머물러 있는 상태는 불타의 정적 같은 상태에 해당한다. 그러나 그것은 '……같은 상태'에 지나지 않는다. 정적 그 자체는 아닌 것이다.

그들에게는 과거에 안주하여 편리하게 쾌적하게 사는 편이 쉬운 것이다.

그러나 불타는 과거에 안주하지 않는다. 그는 미래에 안주했던 것도 아니다. 그는 어떤 곳에도 앉지 않았다. 그는 시간을 떨쳐버린 것이다.
그는 시간을 만들어내는 마음을 떨쳐버린 것이다.
그는 불안을 만들어내는 자아를 떨쳐버린 것이다.

인도인은 미래를 떨쳐버리는 방법을 택하고 있다. 아무래도 그것이 불안을 불러일으키고 있는 것 같아 보였기 때문이다.
미래는 불안을 지어낸다. 여러분은 미래를 떨쳐버릴 수도 있다.
그러나 그러면 여러분 자신도 떨어져버린다. 여러분은 그 전 상태로 돌아가버리게 되고 만다.
자아를 떨쳐버리기 바란다.
그러면 여러분은 넘어갈 수 있다.

세 번째 영역은, 파탄잘리가 '깨어 있는 상태'라고 부른 것에 가깝다.
제1은 잠, 제2는 꿈, 제3이 깨어 있는 상태.
여러분은 물론 깨어 있다.
여러분이 깨어 있는 상태는 눈을 뜨고 있는 상태다. 그러나 눈만 뜨고 있을 뿐 안에는 갖가지 꿈이 우글거리고 있다.
여러분은 눈을 뜨고 있다. 그러나 여러분 내부에는 잠이 가득 들어 있다. 여러분은 눈을 뜨고도 잠을 자고 있다.
이것이 세 번째 상태다. 그리고 이러한 상태는 일상생활에 필요한 상태이기도 하다.
낮에 이러저러한 일로 지치면 여러분은 꿈속으로 떨어진다. 그

잠이, 그 꿈이 여러분에게 평화를 준다. 그래서 여러분은 깊이 잠든다. 이 깊은 잠이 여러분을 평화롭게 한다.

아침에 일어나는 여러분은 다시 심심하다.

여러분은 후퇴하여 휴식을 취한다. 여러분은 물러서야 휴식을 취할 수 있다는 걸 잘 알고 있다. 이러한 현상은 이제 여러분의 내부에 조직되어 있다. 여러분은 이 조직화된 현상 안으로 들어갈 수가 있다.

제4의 상태는 만들어지지 않으면 안 된다.

이것은 여러분 안에 조직화되어 있지 않다. 이것은 여러분의 잠재성이다. 그러나 여러분은 한 번도 그 안으로 들어가 본 적이 없다.

아주 힘이 든다. 흐름을 거슬러 올라가는 것만큼이나.

제4의 상태는 그리스도 권, 불타권이라고 해도 좋다. 같은 뜻이다.

크리슈나 권이라고 불러도 좋다. 역시 같은 뜻이다.

세 번째 상태에는 일종의 자유, 가짜 자유, 선택의 자유라고 부르는 자유가 있다. 이것을 이해해야 한다. 그만큼 중요하다.

제3단계에서, 여러분에게는 의사자유^{疑似自由}밖에는 없다. 그 자유가 바로 선택의 자유다.

가령 여러분은 "우리나라에는 종교의 자유가 있다"고 말한다.

여러분이 종교를 선택할 수 있다는 뜻이다. 여러분은 교회에 나가도 좋고 절에 가도 좋다. 그리고 국가도 법률도, 어떤 종교는 진짜고 어떤 종교는 가짜라고 말하지 않는다. 여러분은 회교도가 되어도 좋고, 힌두교도가 되어도 좋고, 기독교도가 되어도 좋다. 여러분은 선택할 수가 있다.

자유로운 나라라는 말은, 어디에 살 것인지, 무엇을 할 것인지, 무슨 말을 할 것인지, 이것을 선택할 수 있는 나라라는 뜻이다. 인생을 선택할 수 있는 나라라는 뜻이다.

표현의 선택, 표현의 자유가 거기에는 있다.

이것이 자유라고 하는 것이다. 여러분은 이 자유 안에서 하고 싶은 말을 할 수 있고, 하고 싶은 것을 할 수 있다. 종교나 정치 집단을 선택할 수도 있다. 마르크스주의자가 되어도 좋고, 파시스트가 되어도 좋고, 자유주의자가 되어도 좋다.

그러나 이것은 가짜 자유에 지나지 않는다. 왜 내가 이것을 가짜 자유라고 하는지 아는가?

사고로 가득한 마음은 자유로운 마음일 수 없기 때문이다.

여러분의 나이가 50세쯤 되었다고 하자. 여러분의 마음은 부모, 스승, 사회로부터 영향을 받았다. 그런데 어떻게 여러분이 선택할 수 있는가? 여러분은 그 영향권 안에서 선택할 것이다. 그것이 어찌 선택인가.

여러분은 어떤 조건에 묶여 있다. 말하자면 최면술에 걸린 상태다.

누구라도 좋다. 우리의 최면술사 산토슈에게 데려가 보라. 그러면 최면술사는 그에게 최면을 걸면서 이렇게 말할 것이다.

"내일 아침 당신은 슈퍼마켓에 가서 이러저러한 담배를 살 것이다" 하고.

그 사람은 최면 상태에서 이 말을 듣고는 강한 암시를 받고 만다. 다음 날 아침 이 사람은 눈을 떠도, 자기가 슈퍼마켓으로 가서 이러저러한 담배를 사야 할 것이라고는 생각하지 않는다. 왜냐하면, 이 사람에게 지워진 조건은 이미 무의식에 가라앉아 있기 때문이다.

그 사람의 의식은 이것을 전혀 모른다. 그는 슈퍼마켓에 갈 필요도 느끼지 않는다.

그러나 그는 이유를 만들어낼 것이다.

"오늘은 무얼 좀 사러 가야겠구나." 하고 말할 것이다.

왜 하필 오늘인가? 왜 내일이면 안 되는가? 왜 모레면 안 되는가? 어째서 하필 오늘이지?

그는 이렇게 말할 것이다.

"그거야 내 자유지. 언제라도 상관없다. 가고 싶으면 가면 된다. 왜 말려? 가건 말건 그건 내 자유다."

그래도 그는 자기가 무슨 짓을 하고 있는지 모른다. 그는, '나는 자유'라고 생각하면서 슈퍼마켓으로 간다.

그는 한 번이라도 이러저러한, 말하자면 특정 상표의 담배를 사야겠다고 마음먹어 본 적이 없다.

담배 가게 앞에 이르자 그는 자기 자신에게 이렇게 말한다.

"담배를 좀 살까? 담배를 오래 못 피웠구나."

그는 자기가 이 아이디어를 생각해내었다고 믿는다.

그는 가게 안으로 들어가,
"'파이브 파이브 파이브' 한 상자 주시오" 하고 말한다.
가게 주인이,
"아니 왜 하필 그 담배를 달라고 하십니까? '파나마'는 왜 안 됩니까? '버클레'는 왜 안 됩니까?" 하고 물었다고 한다면, 그는,
"선택의 자유는 내게 있다" 하고 대답할 것이다.
그리고 그는 '파이브 파이브 파이브'를 산다.
그는 자유를 누렸다. 적어도 그가 생각하기에는.
그러나 그는 자유롭지 못하다. 그는 어떤 조건에 매여 있을 뿐이다.

여러분은, 힌두교도, 기독교도, 회교도, 혹은 인도인, 중국인, 독일인이라는 조건에 매여 있다. 그런 여러분이 어떻게 자유롭다고 할 수 있겠는가?
여러분은 부모, 이웃, 초등학교, 중학교, 고등학교, 대학교가 지은 조건에 매여 있다. 이런 여러분을 어떻게 자유롭다고 할 수 있는가?
여러분의 자유는 엉터리 자유다. 가짜 자유다.
이런 자유는, 여러분에게 자유롭다는 감각을 갖게 하여 여러분을 기분 좋게 만들어주는 것에 불과하다. 이것뿐이다. 그 안에서, 여러분은 자유로울 수가 있다.
교회에 갈 때, 여러분은 완전한 여러분의 자유의사로 갈 수 있는가? 힌두교 사원에 갈 때 여러분은 온전한 여러분의 자유의사로

갈 수 있는가?

잘 생각해보라.

그러면 여러분은, 자신이 온전한 자유를 누리지 못하고 있음을 알게 될 것이다.

여러분이 교회에 가는 것과 기독교 가정에서 자라난 것, 힌두교 사원에 가는 것과 힌두교 가정에서 자라난 것, 여기에 아무 관계도 없는가?

때로는 이런 일도 있을 수 있다.

가령, 여러분은 기독교 가정에서 태어났다. 그런데도 불구하고 여러분은 힌두교 사원에 가고 싶어 했다.

이것도 조건의 사슬 중 하나다. 좀 특별한 종류의 조건일 뿐.

여러분의 부모는 도가 지나친 기독교도였다. 여러분은 그들의 난센스를 더 이상은 도저히 참을 수 없었다. 여러분은 부모를 적대하게 되었다. 반역하기 시작했다. 반동하기 시작했다.

여러분의 부모는, 목에다 끈을 묶어서라도 여러분을 교회로 끌고 가려고 했다. 그들에게는 힘이 있었다. 그래서 어린 여러분은 어쩔 도리가 없었다. 여러분은 무력했다.

그래서 여러분은 늘, "두고 보자"고 별러 왔다.

드디어 여러분에게 그럴 만한 힘이 생긴 날, 여러분은 교회에 가는 것을 그만두었다.

그러나 '두고 보자'는 생각은, 교회에 대한 부모의 협박 때문에 생긴 것에 다름 아니다.

그것 역시 하나의 최면술이다. 거꾸로 작용하고 있을 뿐, 최면술인 것은 마찬가지이다.

여러분은 반동하고 있다. 여러분은 자유롭지 못하다. 교회에 가고 싶어도 여러분은 가지 않을 것이다. 이때 여러분은 자신의 발길을 돌려세우는 또 하나의 자기를 발견할 수 있을 것이다.

여러분이 교회에 가지 않는 것은, 그 교회가 부모에게 끌려갔던 교회이기 때문이다. 여러분은, 이런 교회에는 갈 수가 없다.

그래서 여러분은 힌두교도가 된 것이다. 여러분은, 부모가 바라지 않는 행동을 하기 시작한 것이다.

나는 여러분이 자유롭지 못하다고 말했다. 여러분이 조건에 매여 있기 때문에, 내가 그렇게 말한 것만은 아니다.

여러분은 양자택일한다. 그러나 여러분이 이 양자 중 늘 어느 하나에 매여 있는 것은 아니다. 이 세상에는 여러분의 조건과 전혀 상관없는 사상⁂이 얼마든지 있다.

여러분이 양자택일할 때, 여러분은 혼란 가운데서 선택할지도 모른다. 혼란 가운데서 선택했다면 여러분은 자유로울 수가 없다.

여러분은 어느 쪽으로 결정할 것인가? 여러분은 이럴 때 혼란에 빠지고 만다.

나는 매일 많은 사람들의 편지를 받고 있다.

"저는 두 여성 사이에서 헤매고 있습니다. 어떻게 하면 좋은지요. 한 여성은 육체적으로 아름답습니다. 몸맵시도 좋고, 특히 눈이 너무 아름답습니다. 요컨대 아주 독특한 매력이 있는 여자입니다. 몸은 날씬하고 싱싱합니다. 그러나 정신적인 면은 모자라는 데가 많습니다. 또 한 여성은 정신적인 면을 보면 참으로 아름다운데, 그 몸이 추합니다. 어떻게 했으면 좋을는지요?"

이 사람의 마음은 두 갈래로 찢기고 있다.

결혼을 앞둔 어느 사내의 이야기를 들은 적이 있다.

그는 한 여성을 사랑하고 있었다. 이 여성은 가난한 집안의 딸이었다. 참 아름다운 여성이긴 하나 가난한 집안의 딸이었다.

그에게는 그를 사랑하는 또 한 여성이 있었다. 이 여성은 참으로 유복한 집안의 처녀였다. 그러나 아주 못생긴 처녀였다.

그러나 이 못생긴 처녀에게도 아름다운 데가 있었다. 목소리가 그렇게 아름다울 수가 없었다. 그래서 가수 못지않게 노래를 잘 불렀다.

이 사내는 두 여성 사이를 헤매야 했다.

미인 처녀의 목소리는, 못생긴 처녀의 옥이 구르는 듯한 목소리와는 거리가 멀었다.

그는 음악을 무척 좋아했다.

미인 처녀는 용모가 아름다웠다. 그러나 그에게 겉모습은 목소리만큼 중요하지 않았다.

사내는 가난했다. 그래서 사내는 자기 생활을 안정시켜 주고, 음악에도 몰두하게 해줄 수 있는 여성을 찾던 참이었다. 그는 음악에 일생을 바치려는 사람이었다.

그런데 못생긴 여성에게는 돈과 아름다운 목소리, 말하자면 두 가지가 다 있었다. 흠이 있다면 못생겼다는 것뿐이었다. 이 여성을 바라보고 있자면 참을성이 필요했다. 그만큼 못생긴 여성이었다.

가난한 여성 쪽은 아름다웠다. 그러나 그 목소리는 형편없었고 돈도 없었다. 그래서 만일 이 여성과 결혼한다면 그는 음악과의 '정사情事'를 포기하지 않으면 안 되었다. 이 여성과 결혼하면 그는 시시한 회사 사무원이 되거나 교사 노릇을 하지 않으면 안 되었다. 그렇게 되면 그는 음악에 몸을 바칠 수 없었다.

그에게 있어서 음악은 전면적인 현실을 요구하는 것, 참으로 질투심이 강한 '정부情婦'였다. 음악은, 외출하고 싶어지는 그에게 외출을 허용하지 않을 터였다. 음악은 그를 온전히 소유해야 만족할 터였다.

그는 갈등하지 않을 수 없었다.

그러나 결국 음악에 대한 그의 사랑이 승리했다. 그는 못생긴 여성과 결혼한 것이다.

두 사람은 함께 잤다. 그는 어둠을 좋아했다. 아내의 얼굴이 보이지 않았기 때문이다.

그래서 밤에는 별 문제가 없었다.

그러나 아침이 되어 방 안이 밝아지면 그는 어쩔 수 없이 아내의 얼굴을 보아야 했다. 아내의 얼굴은 참으로 못생긴 얼굴이었다.

그는 그럴 때마다 여자를 깨우며 소리쳤다.

"노래를 불러줘! 빨리 노래를 불러줘! 지금, 지금 노래를 부르란 말이야!"
그 못생긴 얼굴로부터 자신을 지키기 위해서였다.

사람들은 내게 이런 편지를 보낸다.
"두 여성(혹은 남성) 사이에서 방황하고 있습니다. 어찌하면 좋을까요."
이런 혼란이 왜 일어날까?
여러분에게 어떤 동기가 있기 때문이다. 거기에는 돈, 음악, 안정된 생활…… 같은 동기가 있다.
거기에 사랑은 없다. 여러분이 방황하는 것은 그 때문이다.
사랑이 있으면, 격렬한 사랑이 있으면, 치열한 사랑이 있으면 선택의 여지는 있을 수가 없다. 그 열정이 스스로 선택할 것이므로.
그러므로 여러분은 선택할 필요가 없다. 방황할 일도 없다.
그러나 사람들은 이만큼은 지성적이지 못하다. 이만큼 강력하게 살지 않는다. 그들의 생에는 어떤 불꽃도 없다.
진정한 자유는, 여러분 삶의 순간순간이 전체적이어서 따로 무엇을 결정할 필요가 없을 때 비로소 가능하다.
결정은 여러분이 하는 것이 아니라 그 토털리티(전체성)가 결정한다. 잘 들어야 한다. 여러분이 결정하는 것이 아니라 토털리티가 결정한다.
여러분은, 이 여자와 결혼할까 저 여자와 결혼할까, 이렇게 시시한 양자택일에 쫓기지 않는다. 여러분의 마음은 전면적으로 한 곳에 쏠려 있다.

거기에는 어떤 동기도 없다. 따라서 여러분은 헤맬 필요도 없다. 혼란도 없다.

혼란스러운 상태에서 결정하면 갈등이 남는다. 혼란이 여러분을 더욱 혼란스럽게 만든다.

혼란스러운 상태에서 결정하지 않도록 해야 한다.

크리슈나무르티가 무선택성無選擇性 이야기를 자주 하는 것도 다 그 때문이다.

무선택성이야말로 자유다.

여러분은 선택하지 않는다. 여러분은 전체적인 힘의 소유자가 된다. 여러분의 눈은 완전히 열린다. 여러분의 주의는 한 곳에 쏠린다.

여러분은 내 이야기를 듣고 있다. 여러분은 내 말을 건성으로 들을 수도 있다.

반쯤은 잠든 상태, 반쯤은 깨어 있는 상태에서 하품을 하면서 온갖 생각을 다 한다. 이런저런 계획도 세워보고, 지난밤에 있었던 일도 이것저것 생각한다.

그런데도 여러분은 듣고 있다.

그러다 보면, 내가 '진실'을 말하고 있는지 헛소리를 하고 있는지 모를 순간이 온다. 여러분은 내 말이 옳은지 그른지 도무지 알 수가 없다.

만일 여러분이 정성스럽게 귀를 기울였다면, 여러분이 온전히 지금 여기에 있다면 내 말이 옳았는지 글렀는지는 여러분의 정열 자체가 결정한다.

여러분의 마음이 강렬했다면 여러분은 무엇이 '진실'이고 무엇이 헛소리인가도 알게 된다. 내가 진실을 말하면, 그것은 그 자리에서 여러분의 가슴을 친다.

왜냐하면 여러분은 그만큼 지성적인 상태에 있기 때문이다. 어찌 놓칠 수가 있겠는가? 여러분의 지성은 더할 나위 없이 완벽한 경계 상태에 있는데.

진실이 아닌 말이 나오면, 여러분은 그 자리에서 알아차린다. 여러분의 비전[視覺]은 이때 비로소 여러분을 지배하기 시작한다.

여러분이, '이 사람의 말을 들을까 말까'를 결정할 필요는 없다.

이런 결정은 혼란에서 나온다. 이래 가지고서는 나를 '들을' 수 없다. 나를 '볼' 수 없다.

요점을 파악해야 한다.

'진실'에 대해서는 찬성하거나 반대할 필요가 없다. '진실'에는 전적으로 귀를 기울여야 한다. 감수성을 가지고. 그것뿐이다.

그러면 감수성 그 자체가 결정한다.

그러면 여러분은 본다. 여러분은 그 진실을 감청感聽한다. 여러분의 느낌이 '진실' 속으로 파고든다.

찬성하거나 반대하는 것이 아니다.

나에게 설득당하거나, 개심改心의 세례를 받거나 하는 것이 아니다.

나는 어떤 사람도 개심하게 만들려고 하지 않는다. '진실'이 개심하게 만들 뿐이다.

그리고 '진실'이라는 것은 '신조'가 아니다. 진실이라는 것은 논의도 아니다.

진실이란 '현존'이다.
만일 여러분이 현존하고 있다면 진실을 느낄 수 있을 것이다. 여러분이 현존하고 있지 않다면 그것을 느낄 수 없을 것이다.

이같이 제3단계, 즉 정신권에는 가짜 자유가 있다.
여러분은 혼란스러운 가운데서 결정한다. 이 때문에 혼란은 날이 갈수록 심해진다. 혼란은 다툼을 불러일으킨다. 왜냐하면 여러분 안에는 이미 두 가지 면, 즉 할 것인가 말 것인가, '죽느냐 사느냐(to be, or not to be)'의 두 가지 측면이 있기 때문이다.
그리고 어떻게 결정하든, 결정되지 못한 한 가지 측면은 거기에 머물며 반격할 때가 오기를 기다린다.
자유라는 것은 네 번째 단계에서 비로소 그 모습을 나타낸다.

그리스도 권(圈)이 바로 네 번째 단계이다.
그리스도 권과 함께 '무심(無心)'이 모습을 드러낸다.
불타의 무심. 그리스도의 무심.
그 안에, 어떤 자기도 없는 의식이 생긴다. 어떤 경계선도 없는 순수한 의식, 무한의 의식이.
이때 여러분은, "나는 의식하고 있다"고 말하지 않는다. 여기에는 어떤 '나 혹은 자기'도 없다. 오직 의식일 뿐이다.
여기에는 어떤 이름도 붙어 있지 않다. 모양도 없다.

그것은 '무'다. '공'이다.

이렇게 되면 의식은 필요 없다.

'통찰'이 기능하기 시작한다.

'직관'이 기능하기 시작한다.

지능은 '가르침'에 의해 생겨난다. 다른 사람들이 가르침을 베풀어야 여러분에게 지능이 생긴다. 이것이 '가르침'이다.

'직관'은 가르침을 받지 않아도 저절로 생긴다.

직관은 안에서 나온다. 직관은 여러분 안에서 성장한다. 직관은 여러분 실존의 개화開花다.

이것이 바로 명상이라고 부르는 의식의 특징이다.

직관, 통찰, 중심이 없는 의식. 무시간성.

혹은 '지금'이라고 불러도 좋다. '현재'라고 불러도 좋다.

유념하라.

그것은 과거와 미래 사이에 있는 현재가 아니다. 그것은 과거가 될 수도 있고 미래가 될 수도 있고, 둘 다 될 수도 있는 현재인 것이다.

샤르댕은 그것을 '오메가 점(Omega point)'이라고 부른다.

불타는 그것을 '너바나(열반)'라고 부른다.

자이나 교도들은 그것을 '모크샤(해탈)'라고 부른다.

기독교도들은 그것을 '아버지 하느님'이라고 부른다.

이 모든 말은 그것의 다른 이름에 지나지 않는다.

이 경전은 제3단계에서 제4단계로 전환되기까지의 과정을 다루고 있다.

정신권에서 그리스도 권으로, 지능에서 지성으로, 자의식에서 무의식으로.

제3단계는 일어나고 있는, 보통 일어나고 있는 상태 같은 것이다.

그리고 제4단계는 파탄잘리가 '투리야^{turiya}', '제4'라고 부르는 상태이다. 그는 이 단계에 이름을 붙이고 있지 않다.

어쨌든 아름답게 들린다. 그리스도 권이라는 이름을 붙이면 기독교 개념 같아 보일 것이고, 크리슈나 권(權)이라는 이름을 붙이면 힌두교 개념 같아 보일 것이며, 불타권이라는 이름을 붙이면 불교 개념 같아 보인다.

파탄잘리는 이렇게 순수하다. 그래서 그는 그것을 그저 '제4'라고 부른다.

그것은 모든 것을 싸안고 있다. 그는 거기에 특정한 이름을 붙이지 않는다. 앞의 세 단계에 그는 이름을 붙였다. 이 세 단계에는 모양이 있기 때문이다.

그것이 어디에 있든 모양이 있으면 이름도 의미를 지닌다.

'무형인 것'은 어떤 이름도 갖지 않는다.

투리야(제4).

이《반야바라밀다심경Prajna-paramita Sutra》전체는 제3단계에서 제4단계로의 프로세스에 다름 아니다.

사리자는 제3단계의 정점에 있다.

정신권, 내성內省, 사고, 자의식, 이런 것들의 정점에 있다.
그는 제3단계의 극한까지 여행했다.
그는 그 한계까지 이르러 있다.
그 이상 갈 데는 없다. 그는 경계선에 서 있다.

"그러므로 사리자야······."

불타는 경계 저쪽에 서서 사리자에게 손짓한다.
"오너라, 오너라, 어서 오너라······."
이 경문 전체는 마지막 구절로 응축되고 있다. 지금까지 우리가 공부한 경문 전부는 이 최후의 정점에 이르는 준비에 지나지 않았다.

"그러므로 지혜의 완성은 가장 신비한 진언眞言이며 가장 밝고 가장 높고 무엇에도 견줄 수 없는 진언이다. (Tasmaj jnatavyam: prajnaparamita maha-mantro maha vidyamantro 'nuttara-mantro' samasama-mantrah······.)"
그러므로 사람은 알아야 한다.

"그러므로 지혜의 완성은(Tasmaj jnatavyam)······."
그러므로 알 가치가 있는 유일한 것은 이것이다.

이것이 이 아름다운 대화 전체의 결론이다. 이 대화는 불타와 사리자라는 두 에너지 사이에 있었던 대화다. 그러나 사리자는 실제로는 한 마디도 하지 않고 있기 때문에 나는 이것을 에너지 간의 대화라고 했다.

이것은 기타(Bhagavadgita, 거룩한 노래)에 나오는, 아르쥬나와 크리슈나 사이의 대화에 비하면 까마득하게 높은 대화다.

왜냐하면 아르쥬나는 말을 하고 있기 때문이다. 그것은 혀끝에서 나오는 대화에 머문다.

아르쥬나는 제자라기보다는 학생에 가깝다. 그는 마지막에 제자가 된 유일한 학생이다.

그가 제자가 될 때 크리슈나는 스승이 된다. 제자가 제자 아닌 터에 어떻게 스승이 스승일 수 있는가? 제자가 유일한 '학생'이었다면 스승도 유일한 '교사'에 지나지 않는다.

기타가 끝나는 부분, 이것이 이 《반야심경》의 출발점이다.

사리자는 제자다.

그는 완전히 침묵하고 있다. 한 마디도 하지 않는다. 한 마디도 묻지 않는다, 입으로는.

그는 하나의 '탐색'이다. '질문'이 아니다.

그의 전 존재가 묻고 있다. 그의 마음이 묻고 있는 것이 아니다.

그는 말로 하지 않는다. 그의 존재가 하나의 의문 부호 그 자체다.

그는 불타 앞에 서 있다. 그의 전 존재가 불길을 받아 말라 가고 있다. 타오르고 있다.

그의 그런 상태를 보고 불타는 혼자서 말하고 있다. 제자가 가르침을 구할 필요도 없다.

스승은 제자가 자신을 필요로 할 때를 알고 있다. 스승은 제자가 무엇을 필요로 하는지 제자 자신보다 더 잘 알고 있다. 제자는 기다려야 한다.

사리자는 오랜 세월을 기다렸는지도 모른다. 근 20년간이나.

스승이 그의 목마름과 배고픔을 안다.

제자는, 스승의 가르침을 받을 만하다는 인가를 얻는 순간까지 기다린다.

드디어 그날이 왔다. 그 행운의 순간이 왔다.

"그러므로 지혜의 완성은(Tasmaj jnatavyam)……"

불타는 말한다.

"그러므로 사리자야, 이것이 알 가치가 있는 유일한 것이다."

그리고 이어서 그는 그 엄청난 소식을 몇 마디, 몇 개의 짧은 문장에, 하나의 만트라[眞言]로 응축시킨다. 이것은 정말 엄청난 진언이다.

왜냐하면 불타는 이 안에다 '무'의 여행에 필요한 일체를 응축시켰기 때문이다. 그는 모든 것을 이 짧은, 극히 짧은 문구 안으로 모아들이고 있다.

그러므로, 알 가치가 있는 유일한 것은, '가장 신비한 진언이며 가장 밝고 가장 높고 무엇에도 견줄 수 없는 진언'인 반야바라밀다(prajana-paramita)이다.

불타는 그것을 넉넉하게 칭송하고 있다. 최상급 찬사를 있는 대로 동원하고 있다.

그는 이것을 가장 신비한 진언眞言이라고 말한다.

진언, 즉 만트라mantra는 불가사의한 문구를 의미한다. 먼저 만트라가 무엇인지 이해해야겠다.

'만트라'라는 것은 우리가 반드시 이해하고 넘어가야 할 참으로 특수한 개념이다. 이 만트라에는 여러분이 있을 것이라고 생각하는 것은 없고, 없을 것이라고 생각하는 것은 있다.

마법의 문구가 필요하다.

여러분이 이런 것을 필요로 할 만큼 여러분을 괴롭히는 문제는 진짜 문제가 아니다. 마법의 문구가 필요한 것은 이 때문이다.

예를 하나 들어보자.

어떤 사내가 도깨비를 몹시 무서워했다. 그런데 그는 재수 없게도 매일 집으로 돌아오려면 묘지를 지나야 했다. 일이 늦게 끝나면 한밤중에 그 묘지를 지나야 했다. 그의 집은 묘지 뒤쪽에 있어서 어쩔 수 없었다.

그는 어찌나 도깨비를 무서워하는지 인생살이를 고문당하는 것으로 여길 정도였다.

그는 잠도 제대로 자지 못했다. 밤중에도 도깨비 생각에 시달리기 때문이었다. 도깨비들은 한밤중에 그의 방문을 두드리기도 하고, 집 안을 돌아다니기도 했다. 그의 귀에는 도깨비의 발걸음 소리와 도깨비가 수군거리는 소리가 들렸다.

때로 도깨비들은 숨소리가 들릴 만한 거리까지 접근하기도 했다. 그에게는 세상살이가 지옥이었다.

그는 한 도사를 찾아갔다.
도사는 말했다.
"그거 아무것도 아니다. 너는 사람을 제대로 찾아왔다."
나 같아도 그렇게 말했을 것이다. 도사는 말을 이었다.
"내가 만트라를 하나 줄 터이니 가지고 가거라. 그것으로 충분하다. 걱정할 것은 하나도 없다. 이 만트라를 쇠 상자 안에 넣고 그 쇠 상자를 늘 몸에 지니고 다니도록 해라. 끈을 달아 목에 걸어도 좋다."

이 상자는 내가 여러분에게 주는 펜던트(마법의 상자. 라즈니쉬는 제자에게 자기 자신이 든 펜던트, 혹은 자기 머리카락이 든 상자를 사제師弟의 징표로 준다고 함)와 같다. 말하자면 하나의 만트라다. 펜던트가 아니면, 나와 멀리 떨어져 있는 산야신들에게 주는 저 '마법의 상자'와 비슷하다. 이것도 만트라다.

도사는 또 말한다.
"이 만트라를 가지고 다녀라. 욀 필요는 없다. 욀 필요가 없을 만큼 효과가 있을 게다. 쇠 상자에 넣기만 하면 된다. 그 상자를 가지고 다니면 도깨비 때문에 괴로움을 당하는 일은 없을 것이다."

정말 그랬다.

그날 그는 산보라도 하는 것처럼 천천히 그 묘지를 지나왔다. 그렇게 천천히 걸어서 지나와 본 적은 지금껏 단 한 번도 없었다. 여느 때는 달음박질로 지나던 묘지였다. 소리를 지르며 지나갔던 묘지, 억지로 노래를 부르며 지나갔던 그 묘지였다.

그러나 그날 그는 쇠 상자를 들고 천천히 걸어서 지나왔다. 정말 효과가 있었다.

그는 묘지 한복판에서 걸음을 멈추고 주위를 둘러보기까지 했다. 그러나 도깨비는 한 마리도 눈에 띄지 않았다. 묘지는 고요했다.

그는 집으로 돌아왔다.

그는 잠자리 밑에다 그 상자를 놓았다. 그날 밤, 도깨비는 문을 두드리지 않았다. 수군거리는 소리도 들리지 않았다. 도깨비는 얼씬도 하지 않았다.

그는 난생 처음으로 아주 깊이 잠들 수 있었다.

정말 굉장한 만트라였다.

그런데 이 사내는 이 상자에 너무 집착했다. 그는 그 상자 없이는 아무 일도 할 수 없었다. 하루 종일 가지고 다니지 않으면 마음이 놓이지 않았다.

사람들이 그에게 물었다.

"왜 늘 그런 상자를 들고 다니지?"

그는 대답했다.

"이게 날 지켜주거든. 안전장치 같은 것이야."

그에게는 새로운 고민거리가 생겼다. 그는 생각했다.

'이 상자가 없어지면 큰일 난다. 도깨비들은 틀림없이 반격해 올 거다.'

그래서 그는 밥 먹을 때도 그 상자를 들고 밥을 먹었고, 화장실에 갈 때도 들고 갔다. 어디를 가든 그는 늘 그 상자를 들고 다녔다. 여자와 잘 때도 그 상자를 들고 잤다.

그는 미치광이가 된 것 같았다. 그의 공포는, 만트라가 없었을 때의 공포에 비할 바가 아니었다.

도둑맞으면 어쩌지? 누가 장난하느라고 감추면 어쩌지? 어디서 잃어버리면 어쩌지? 이 상자에 무슨 일이 생기면…….

'그런 일이 생기면 도깨비들이 사방에서 나를 공격할 거다. 놈들은 나를 죽이고 말거다.'

어느 날 도사는, 이 사내가 어쩌고 있는가 보려고 찾아왔다.

사내가 말했다.

"잘 되고 있습니다. 정말 완벽하게 잘 되고 있습니다. 하지만 이번에는, 제 마음 안에서 생긴 공포 때문에 고통을 받고 있습니다. 도무지 잠을 잘 수가 없습니다. 한밤중에도 상자가 있는지 없는지 확인해야 합니다. 몇 번이고 잠을 깨어 상자를 찾아보아야 합니다. 상자가 얼른 손끝에 닿지 않으면 소름이 다 끼칩니다. 이러다가는 제 명을 다 못 누릴 것 같습니다."

도사는 이렇게 말했다.

"이번에는 다른 만트라를 하나 주마. 그 상자는 이제 버려라."
"그러면 어떻게 그 도깨비를 물리칩니까?"
도사가 이르기를,
"그런 걱정은 말아라. 이 상자는 아무것도 아니다. 도깨비 역시 아무것도 아니다. 이 상자가 효과가 있었던 것도 그 때문이다. 도깨비는 네가 상상한 것에 불과하다. 도깨비가 정말 있다면 도깨비는 네가 가진 상자 같은 것을 두려워하지 않는다. 도깨비는 네 관념이다. 도깨비는 네 마음이 만들어내었다. 너에게는 상자보다 나은 것이 있다. 내가 있다는 말이다.

나는 너에게 마법의 문구를 주었다. 잘 들어라. 도깨비는 원래 있었던 것이 아니다. 그 상자가 도움이 되었던 것은 그 때문이다. 이제 상자 같은 것의 도움을 빌 필요는 없다. 그러니 상자를 버려라."

만트라는, 사실은 거기에 없는 것을 쫓는 하나의 주문^{呪文}이다.

가령 여러분이 자아를 버리려 할 때 만트라는 여러분에게 도움을 줄 수 있다. 자아라는 것은 일종의 이 도깨비와 같은 것이다. 관념에 지나지 않는다는 말이다. 그래서 나는 여러분에게 이렇게 말한다.

"내가 여기에 있는 것은, 사실은 여러분 안에는 없는 것을 몰아내고, 사실은 거기에 있는 것을 여러분에게 주기 위함이다. 내 역할은, 여러분이 이미 가지고 있는 것을 여러분에게 주는 것이며, 여러분이 한 번도 가지고 있다고 생각해본 적이 없던 것을 여러분으로부터 빼앗는 일이다."

여러분의 비극, 여러분의 상처, 여러분의 야심, 여러분의 질투, 여러분의 공포, 욕망, 증오, 집착.

이 모두가 도깨비다.

만트라라고 하는 것은 속임수다. 여러분의 도깨비를 몰아내는 데 도움을 주는 하나의 책략에 다름 아니다.

그런 도깨비를 몰아내면, 만트라도 버려야 한다. 도깨비가 사라졌다고 느끼는 사람은 더 이상 만트라를 가지고 있을 필요가 없다. 그런데도 만트라를 가지고 있으면 여러분은 바보라고 손가락질을 받는다.

도깨비는 허상이었다.

만트라도 허상이었다.

그러나 도움이 되긴 했다.

이런 일도 있었다.

어떤 남자가 뱀 한 마리가 자기 입으로 들어가 뱃속으로 내려가는 꿈을 꾸었다. 그는 그 뱀의 움직임을 실제로 느끼기 시작했다.

이런 뱀 이야기는 여러분도 잘 알 것이다. 다들 아는 것이니까.

그는 몹시 당황하고 말았다. 그는 의사를 찾아갔다. 의사는 엑스레이를 찍었다. 그러나 뱀 같은 것은 찍혀 나오지 않았다.

그는 말했다.

"틀림없어요. 엑스레이는 모릅니다. 엑스레이가 알고 모르고는 문제가 아닙니다. 나는 고통을 당하고 있어요. 내가 고통을 당한다는 건 사실입니다."

그는 할 수 없이 수피 교^敎 도사를 찾아갔다.

"수피 교 도사를 찾아가보게. 이런 문제를 해결할 수 있는 분은 그분뿐이네. 의사들, 그거 별거 아니네. 의사는 진짜 병을 치료하고, 도사들은 진짜 병이 아닌 병을 치료하거든. 그러니까 그 분을 찾아가보아야 하네."

누군가가 이런 말을 해주었기 때문이다.

그가 찾아가자 도사는 말했다.

"내가 손을 써 주지. 뱀이란 놈, 내일 아침이면 나올 것이다."

다음 날 아침 도사는 손을 썼다. 그는 뱀 한 마리를 구하여, 그 사내의 아내에게 건네주면서 이렇게 말했다.

"이 뱀을 말이지요, 남편이 일어나는 즉시 볼 수 있는 데다 놓아두세요."

어떻게 되었겠는가.

아침에 그 뱀을 보고 사내는 기겁을 하며 소리를 질렀다.

"이놈이다. 여기에 있다! 바로 그 뱀이다. 돌팔이 같으니라고. 아무렇지도 않다더니, 뱀이 여기 이렇게 있지 않으냐!"

그의 문제는 그것으로 끝났다.

그것도 하나의 만트라다. 그 문제는 진짜 현실적인 문제가 아니었다.

여러분의 문제라는 것도 모두 여러분이 만든 창작품이다.

만트라는 여러분의 환각을 몰아내는 책략에서 더도 덜도 아니다.

그 환각을 몰아낼 때 거기에는 '진실'만 남는다.

만트라는 가짜만 몰아낸다. 만트라는 여러분에게 진짜를 주는 것이 아니다. 가짜를 몰아낼 수 있을 뿐이다.

그러나 그것으로 충분하다. 가짜가 제거되면, 가짜가 가짜로 이해되면 '진실'이 모습을 드러낸다. 그리고 '진실'은 여러분을 해방시켜 준다.

'진실'은 해방인 것이다.

불타는 말한다.

"그러므로 지혜의 완성은 가장 신비한 진언眞言이며 가장 밝고 가장 높고 무엇에도 견줄 수 없는 진언(sarva-duhkhaprasamanah)이다. 그것은 온갖 괴로움을 없애고……."

불타는, 이 짧은 만트라에는 그만한 효과가 있다, 여러분의 고통을 가라앉히기에는 충분하다고 말한다.

이 만트라만으로 족하다. 이 만트라는 여러분을 저 먼 강변으로 데려갈 수도 있다고 말한다.

"satyam amithyatvat—거짓이 없으므로 진실한 것임을 알아라."

불타는 그것을 여러분에게 가짜를 가짜로 보여주는 데 지나지 않는다고 말한다.

그리고 여러분이 '진실'을 알았는데 무슨 오류가 생기겠는가? 여러분이 '진실'을 알면 오류 같은 것은 있을 수 없다.

"satyam amithyatvat"

이 '아미티아amithya'라는 말은 '미티아mithya'라는 어원에서 나왔다. '미티아'라는 말은 거짓이라는 뜻이고, '아미티아'라는 말은 거짓이 없다는 뜻이다.

미티아라는 말은 영어의 '신화myth'라는 말 속에 존재하고 있다. 신화란 거짓말이라는 뜻이다. '신화'는 '미티아'와 같은 어원에서 온 말이다.

신화는 진짜 같아 보이지만 진짜가 아닌 이야기라는 것이다.

또 다른 영어 '빠뜨리다, 놓치다miss'에도 '미티아'의 어원이 남아 있다. '오해misunderstanding'의 '미스mis'도 '미티아mithya'에서 유래한 말이다.

'진실'이라는 것은 우리가 빠뜨리기[miss] 쉬운 것이다. 우리가 빠뜨리고 놓치는 것은, 우리가 가짜에 매달리고 있기 때문이다. 우리가 가짜를 몰아내버린다면 빠뜨리고 놓치는 실수는 저지르지 않는다.

그리고 그것이 '죄[sin]'라는 말의 어원적인 의미이기도 하다.

'빠뜨리는' 것, '표적을 놓치는' 것이 곧 죄다.

거짓에 매달릴 때 여러분은 죄를 짓는다. 왜냐하면 거기 매달려 있느라고 진실을 놓치니까.

여러분은 신이라는 관념에 매달린다. 그리고 그 관념은 거짓이다. 모든 관념이라는 것이 다 거짓이다. 여러분이 특정 관념에 매달리면 그 관념이 여러분의 장벽이 된다.

불타는, 이 만트라가 여러분의 장벽을 모두 허물어뜨릴 것이다, 이 만트라는 여러분에게 '무^{無}'만을 안겨줄 것이다, 라고 말한다.

'무' 안에서 진실이 솟는다. 거기에는 방해하는 것은 아무것도 없기 때문이다. '무'란 '그 이상 방해하는 것은 아무것도 없는' 상태를 뜻한다. 길을 막는, 모든 거짓 관념이 무너진다. 여러분은 비어진다[空]. 오직 받아들이기만 할 태세가 갖추어진다.

열려 있다. 여러분은 벌거숭이인 채로, 텅 빈 채로 '진실'이 있는 곳으로 온다. 거기로 오는 방법은 이것뿐이다.

그럴 때 거기에 오류가 있을 수 없다.

"prajna-paramitayam ukto mantrah"
"진언은 지혜의 완성에서 다음과 같이 말해진다."

그리고 불타는 말한다.
"나는 그 안에 최후의 것, 구극적인 것을 채워 넣고 있다. 거기에 덧붙일 것은 아무것도 없다. 이 이상 개선할 것도 없다."

나는 여러분에게 이렇게 말한다.

이 이상 개선할 여지는 없다고.

'무'야말로 최대의 만트라다.

여러분이 '무' 안으로 들어갈 수 있다면 그때에는 다른 아무것도 거기에 들어가지 않는다.

그리고 이것이야말로 《반야바라밀다심경》의 메시지다.

"tadyatha―그것은 이렇다[卽]."

지금 불타는 그것을 응축시킨다.

전체.

이 경전 전체, 이 대화 전체, 이 메시지 전체를 몇 마디로 응축한다.

'tadyatha―그것은 이렇다[卽]"

"gate gate paratate parasamgate bodhi svaha―가는 이여, 가는 이여 피안으로 가는 이여, 피안으로 온전히 가는 이여, 깨달으소서."

불타는 네 번 '가는 이여'를 말하고 있다. 바로 다음 네 계단의 '가는 이여'를 사용하고 있는 것이다.

광물권.

생물권.

정신권.

그리스도 권.

"가는 이여"―

물질로부터 가는 이여, 육체로부터 가는 이여, 가시적^{可視的}인 것으로부터 가는 이여, 만져지는 것으로부터 가는 이여.

"가는 이여"—
그는 또 이 말을 쓴다. 두 번째다.
생명으로부터, 생과 사의 바퀴로부터 가는 이여.

"피안으로 가는 이여"—
그가 사용하는 세 번째의 '가는 이여'.
마음으로부터, 사고로부터, 생각하는 것으로부터, 자기로부터, 자아로부터 가는 이여.

"피안으로 온전히 가는 이여."
이번에는 네 번째다.
(저 너머에 있는) 그리스도 권조차 넘어갔구나.
이제야 그는 창조되지 않은 것 속으로 들어가고 있다.
생명은 완전한 원을 그리고 있다.
이것이 오메가 점^{點}인 동시에 알파 점이기도 하다.
이것이 여러분이 많은 책이나 사원, 신비스러운 옛 문서에서 본 적이 있는 상징, 제 입으로 제 꼬리를 물고 있는 뱀의 상징이다.

"가는 이여, 가는 이여, 피안으로 가는 이여, 피안으로 온전히 가는 이여."

여러분은 여러분의 집으로 돌아왔다.

"깨달을지어다……."

깨어남이여 ! 사마디여!

이거야말로 깨달음, 불성^{佛性}의 깨어남이다.

"오호라!"

할렐루야('야훼를 찬양하라'는 뜻의 히브리어)!

아니타(Anita. 수피 춤을 지도하는 미국의 여성 산야신. '할렐루야'를 되풀이하면서 추는 수피 춤이 있음)에게 물어보라. 아니타는 늘 '할렐루야'를 노래한다. 이것이 할렐루야다. 이것이 할렐루야의 상태이다.

일체가 가 버렸을 때, 그 일체가 소멸하고 오직 순수한 '무'만 뒤에 남았을 때—

이것이 바로 천혜^{天惠}다.

할렐루야.

이것이 사람이면 누구나 좇는 엑스터시(무아지경)이다.

바르게 좇는 방법도 있고 그르게 좇는 방법도 있다. 그러나 누구든 이 엑스터시를 좇고 있다.

여러분은 하나의 부처인데 아직 부처는 아니다.

이것이 진퇴양난이요, 이것이 모순이다.

여러분은 부처가 되기로 되어 있다. 그러나 여러분은 기회를 놓치고 있다.

이 경전이 여러분을 그 경지로 건너게 해준다. 이 경전이 여러분을 도와 천명으로 정해진 곳으로 가게 해준다. 이 경전이 여러분을 도와 실존을 성취할 수 있게 해준다.

잘 들으라.

이 경전은 몇 세기에 걸쳐 중국이나 한국, 태국, 일본, 세일론에서 그렇게 했듯이 그저 되풀이해서 읊어대기 위한 경전은 아니다.

그들은 지금도 읊어대기만 한다.

"gate gate paragate parasamgate bodhi svaha"

그렇게 읊조리기만 해 가지고는 도움이 안 된다. 이 만트라는 그저 읊어대기 위해 만들어진 것은 아니다.

이것을 이해해야 한다. 이것이 여러분의 실존이 되지 않으면 안 된다.

모든 이름이나 그 모양을 뛰어넘어 가야 한다. 모든 아이덴티티(自己發明)를 뛰어넘어 가야 한다. 모든 한계로부터 떨어져 나가야 한다.

점 점 점 점 크게, 광대하게 되어야 한다.

하늘마저도 여러분의 한계는 아니다.

전진해야 한다.

"gate gate paragate parasamgate bodhi svaha"

"스바하 svaha"라는 말은 궁극적인 무아지경의 표현이다. 별 의미는 없다. 할렐루야와 같다고 보면 된다. 말하자면 환희를 드러내려는 감탄사다.

천혜가 왔다.

여러분은 가득 차 있다. 완전히 차 있다.

그러나 이 경전은 그저 읊조리기 위한 경전은 아니다.

기억하기 바란다.

불타는 여러분이 잘 기억할 수 있도록 이것을 몇 마디 말로 응축해 주었다. 이 몇 마디 말에다 그는 모든 메시지, 전 생애의 모든 메시지를 채워 넣었다.

여러분은 부처다. 이것을 인식하지 않는 한 여러분의 고통은 계속될 것이다.

이 경전은 여러분을 부처로 선언한다.

그것을 인식하라!

'인식(recognition)'이라는 말은 아름답다. 이 말은 되돌아보는 것을 의미한다.

여러분 자신을 존경하라.

'존경(respect)'이라는 말도 좋다. 다시(re) 본다(spect)는 뜻이다.

이것이 바로 예수가 말한 "회개하라(repent)!"인 것이다. 옛 아랍 말로는 '돌아온다(return)'는 뜻이다. 기독교의 '참회'라는 말과는 아무 관계도 없다.

'회개한다'는 것은 '돌아온다'는 뜻이다.

180도 회전.

파탄잘리는 이것을 '프라티야하르pratiyahar'라고 부른다. 안으로 들어가는 것, 안에 틀어박히는 것을 뜻한다.

마하비라는 그것을 '프라티크라마pratikrama'라고 부른다. 밖으로 나가지 않고 안으로 들어간다. 집으로 돌아간다는 뜻이다.

 진짜가 아닌 여러분과 진짜인 여러분 사이의 틈은 분명히 허구적인 사상事象이다.
 왜냐하면 여러분은 늘 진짜 여러분이기 때문이다.
 여러분은 그저 꿈을 꾸면서, 자기는 다른 사람일 거라고 생각하는 데 지나지 않는다.
 그 생각을 털어버리기 바란다.

 자신이 누구인지 똑똑히 보라. 그리고 신조나 이데올로기나 경전이나 지식에 속지 말 것. 이 모든 것을 떨쳐버리기 바란다. 무조건 털어버리는 것이다.
 여러분이 여러분의 실존 안으로 운반하고 있는 모든 '가구'를 내놓기 바란다. 오로지 여러분 실존을 '빈 방'으로 만들기 바란다. 이 빈 방이 여러분에게 진실을 밝혀줄 것이다.
 그 인식 안에서 스바하! 할렐루야! 크나큰 엑스터시가 노래가 되고, 춤이 되고, 정적이 되고, 창조성이 되어 솟아나온다.
 이제부터 어떤 일이 일어날지는 아무도 모른다. 그 엑스터시가 여러분에 의해 어떻게 표현될지 그것은 아무도 모른다. 누구든 그 사람 나름의 방법으로 그것을 표현할 테니까.

 예수는 예수 나름의 방법으로, 부처는 부처 나름의 방법으로, 미라(Mira Bai, 16세기경의 여류 시인. 크리슈나 찬양으로 유명함)는 미라 나름의 방법으로 표현한다.

침묵하는 사람도 있다. 침묵이 그의 노래다.

노래하는 사람도 있다. 미라와 차이타니야(Caitanya, 16세기의 크리슈나 신봉자). 노래가 그들의 침묵이다.

어떤 사람은 춤을 춘다. 말로는 나타낼 수 없어서 미친 듯이 춤을 춘다. 그것이 그 사람의 길이다. 어떤 사람은 그림을 그릴지도 모른다. 어떤 사람은 음악을 작곡할지도 모른다. 어떤 사람은 조각을 할지도 모른다. 다른 것을 하는 사람도 있다.

모르긴 하나, 사람 수만큼의 표현 방법이 있을 것이다.

그러나 절대로 흉내는 내지 말 것.

단지 여러분 자신의 표현이 여러분을 어떻게 지배하는지 지켜보기만 하면 된다.

여러분의 스바하, 여러분의 할렐루야를.

여러분의 것을 참 여러분의 것으로 만들기 바란다.

이런 일은 여러분이 하나의 '무無'가 되었을 때 일어난다.

'무'야말로 이 경전 전체의 맛이다.

'무'가 되기 바란다.

'무'가 되면 여러분은 모든 것이 될 것이다.

패자만이 이 게임에서는 승리자가 될 수 있다.

일체를 잃어버리기 바란다. 그러면 일체를 손에 넣을 수 있게 된다.

집착을 경계하라. 소유를 경계하라.

여러분은 모든 것을 잃을 것이다.

붙타는 '만트라 아디파티$^{manta\ adipatii}$'라고도 부른다.
진언을 준 자, 진언의 스승, 마하구루^{mahaguru}(큰 스승)라는 뜻이다.

근래에 와서 타락하고 오염된 그런 의미에서의 구루가 아니다. '구루'라는 말이 어쩌다 이렇게 외설적인 말이 되고 말았는가?
그런 의미에서의 '구루'가 아니다.
크리슈나무르티는 '구루'라는 말만 들으면 두드러기가 생긴다고 말한다.
옳은 말이다.

붙타는 정말 마하구루다.
구루라는 말은 천국만큼 무겁다, 하늘만큼 무겁다, 엑스터시만큼 무겁다, 스바하만큼 무겁다는 뜻이다.
비를 잔뜩 머금은 구름보다 무거워서 목마른 자들 위로 쏟아질 준비가 되어 있다.
나누어줄 준비가 되어 있다.
구루는 무겁다. 하늘만큼 무겁다라는 뜻이다.

구루는, 다른 사람들의 어둠을 깨뜨리는 자라는 뜻이기도 하다.
내가 말하는, 세상을 떠돌아다니는 구루 패거리가 아니다.
그들은 여러분의 어둠을 깨뜨리지 못한다. 그들은 그들의 어둠을 여러분에게 덮어씌운다. 그들은 그들의 무지를 여러분에게 덮어 씌운다.

그런데 그런 구루가 우후죽순처럼 솟아나고 있다. 그들은 도처에 있다.

묵타난다Muktananda(힌두의 전통적인 가르침의 계승자. 미국에서는 인기가 있는 구루)가 여기에서 얼굴을 내미는가 하면, 다른 마하리시 마헤시 요Maharishi Mahesi Yogi(대학에서 물리학을 전공한 과학자였으나 13년간 수행하고 운동을 시작했다. TM 명상은 구미에서 큰 인기가 있음)가 저쪽에서 얼굴을 내밀고 있다.

그들은 거리낌 없이 나타나고 있다.

그러나 진정한 구루는 여러분을 자유롭게 하는 자를 뜻한다.
구루는 여러분에게 자유를 보내주는 자를 말한다. 구루는 여러분을 해방시켜 주는 자를 말한다.
불타는 그런 마하구루의 한 사람이다.
그의 메시지는, 인간이 받아 본 메시지 가운데서 가장 크다.
그리고 그의 경전은 불교 최대의 표현 중 하나다.
그는 42년에 걸쳐 많은 것을 설법했다. 그러나 이 경전만한 것은 없다.
이것은 독특하다.
여기에 귀를 기울이면서 명상할 수 있는 여러분은 복이 많다.
이번에는 그 복을 더 누릴 수 있게 되기 바란다.
그렇게 되어야 한다!

옮긴이의 말

라즈니쉬가 '색즉시공'을 말하다

이 책은 20세기 인도인 구루[導師] 라즈니쉬Bhagwan Shree Rajneesh의 가르침을 기록한 책《반야심경[The Heart Sutra]》가운데서 〈문답〉 부분을 제외한 다섯 개 장을 우리 글로 옮긴 것이다. 원서는 라즈니쉬가 처음부터 책 꼴로 '쓴' 것이 아니고 제자들이 그의 강講을 기록하였다가 책 꼴로 펴낸 것으로 알려져 있다. 라즈니쉬의 책은 대개가 이런 형태인 것으로 역자는 알고 있다.

역자는《반야심경》에 대하여, 혹은 라즈니쉬에 대하여 특별히 더 아는 것은 없다. 물론 이 부분에 관심을 기울여 본 적이 있기는 하지만, 이 관심이 이른바 '존재론'에 있는 것도 아니다.

그러나 역자는, 역자 자신이 이 책의 번역자로서 부적당하다고는 생각하지 않는다. 이 책이 특정 종교의 교리를 강화하는 책이 아닌 바에, 특정 종교의 '사투리'를 쓰지 않는 역자의 어법이 오히려 독자들의 부담을 덜어줄 수도 있을 것이기 때문이다.

《반야심경》의 진리야 더 말할 나위도 없겠지만, 이 책을 우리 글로 옮기면서 역자가 탄복한 또 하나의 대목은 그 진리 앞으로 우리를 끌어다 붙이는 라즈니쉬 특유의 방법론이다. 그는 이른바 대가들이 대개 그러하듯이 '색즉시공色卽是空 공즉시색空卽是色'이라는 이 어마어마한 일구一句 앞에 어린아이처럼 떨고 서 있는 우리의 손을 이끌고, 흡사 사다리를 오르듯이 육체와 정신, 심리와 영성靈性의 가로장을 하나씩 올라 마침내 우리를 저 '초월'의 문 앞에다 데려다 놓는다. 말하자면 인식의 체계에 버릇 든 우리를 직관의 세계로 인도하기 위해 수많은 에피소드의 사다리를 마련해주고 있는 것이다. 그렇다고 해서 우리가 이로써《반야심경》을 우리 것으로 거저 따 담을 수 있게 되는 것은 아니다. 우리는 라즈니쉬의 눈을 통하여《반야심경》을 들여다본 데 지나지 않을 뿐이다.

사담이지만 역자는, 기독교 신학을 공부하는 사람은 '다른 종교가 진리라고 주장하는 교의를 기웃거려서는 안 된다'는 태도에 동의하지 않는다. 신화나 종교를 보는 눈이 병적인 교조주의, 경직된 흑백 논리에 길이 든 이 '진리의 편가르기' 바람에 동의하지 않는다. 역자는, '진리는 하나인데 현자들이 이를 여러 이름으로 언표한다'는 베다 경經의 말을 좇는다. 말하자면, 이념의 종교 정신을 주체롭게 곧추세우자면 다른 진리에 대한 이해가 있어야 한다고 믿는다.

이러한 믿음이 역자로 하여금 이 책을 우리 글로 옮기게 했다.

옮긴이 이윤기

반야심경

한국어판 ⓒ 섬앤섬 출판사, 2010

발행인 김현주 | **편집장** 한예솔 | **디자인** 김미성

등록 2008년 12월 1일 제 396-2008-000090호
주소 (10419) 경기도 고양시 일산동구 백석로 119, 210-1003호
주문 및 문의 전화 070-7763-7200 **팩스** 031-907-9420

2010년 10월 15일 박은 책(개정판 제1쇄)
2018년 04월 01일 박은 책(개정판 제4쇄)
2021년 03월 01일 박은 책(개정판 제5쇄)
2024년 05월 15일 박은 책(개정판 제6쇄)

이 책은 저작권법에 따라 보호받는 저작물이므로 무단 전재와 복제를 금하며,
이 책 내용의 전부 또는 일부를 이용하려면 반드시 저작권자와 섬앤섬 출판사의
서면 동의를 받아야 합니다.

* 값은 뒤표지에 있습니다. 잘못 만든 책은 교환해드립니다.